U0942024

本书为国家社会科学基金重点项目
《基本公共服务供给侧改革与农民工需求侧获得感提升研究》
（课题批准号：17ASH001）阶段性成果

中国社会变迁与社会治理若干问题研究

谢建社　主编

中国社会科学出版社

图书在版编目(CIP)数据

新时代中国社会变迁与社会治理若干问题研究/谢建社主编.—北京：中国社会科学出版社，2018.8

ISBN 978-7-5203-2712-1

Ⅰ.①新… Ⅱ.①谢… Ⅲ.①社会管理—研究—中国 Ⅳ.①D63

中国版本图书馆 CIP 数据核字（2018）第 140687 号

出 版 人 赵剑英
责任编辑 刘 芳
责任校对 王 龙
责任印制 李寡寡

出 版 中国社会科学出版社
社 址 北京鼓楼西大街甲 158 号
邮 编 100720
网 址 http://www.csspw.cn
发 行 部 010-84083685
门 市 部 010-84029450
经 销 新华书店及其他书店

印刷装订 北京明恒达印务有限公司
版 次 2018 年 8 月第 1 版
印 次 2018 年 8 月第 1 次印刷

开 本 710×1000 1/16
印 张 19
插 页 2
字 数 301 千字
定 价 80.00 元

序　一

各位专家、学者：

大家上午好！

非常高兴与在座的各位老师齐聚广州大学，共同出席“当代中国社会变迁与社会治理”高层论坛。党的十九大报告提出中国特色社会主义进入了新时代，并为我国要建成社会主义现代化强国提出了“两步走”“两个十五年”的新战略谋划。新时代的基本依据是我国社会主义初级阶段出现了新特点和我国社会主要矛盾发生了转化。我们必须认识到，中国加快了社会主义现代化强国建设的进程，但仍将长期处于社会主义初级阶段；中国社会主要矛盾的转化是关系全局的历史性转化。这些认识的深度和质量，不仅使我们可能领悟到，随着新时代我国全面深化改革的再出发，我国社会主义发展的内容、方式、动力都会相应地出现根本转变，而且也会使我们看到这个根本性转变决定了社会治理将成为一个具有总体性意义的概念。

社会治理已经被写入党章，表明了中国共产党要通过自身的建设引领社会转型的根本方向和任务。党的十九大报告明确提出“要打造共建共治共享的社会治理新格局”，可以认为，新时代的社会治理成为全党的重要工作。因此，我们社会学工作者需要深入理解社会治理写进党章并成为全党重要工作所具有的深刻意涵。

正当我们由此感到中国社会学面临诸多重要机会的时刻，由中国人民大学社会学理论与方法研究中心、广州大学公共管理学院、广州市社会科学界联合会，共同主办召开了主题为“当代中国社会变迁与社会治理”高层论坛，不仅主题选得好，而且为我们学习贯彻党的十九大精神提供了很好的载体，也为我们就如何更好地大有作为提供了交流思想的好机会。我愿借此机会谨代表中国社会学会向本次论坛表示热烈祝贺！向参加本次论坛的全国的社会学、社会工作专家们表示衷心的感谢！

改革开放40年来，广大的社会学和社会工作的研究者们理论联系实际，对中国特色社会主义的社会生活实践进行了许多深入研究，为推动中国社会学的学术知识积累和学科发展，尤其是在人才培养方面和资政服务方面做出了积极的贡献。

今天，“当代中国社会变迁与社会治理”高层论坛聚集了国内一大批知名专家和学者，我相信通过这次的学术交流，相互探讨，彼此促进、共同提高，以不断探索、勇于创新的精神，奋力续写中国社会学、中国人口学、中国社会工作等学科的华丽篇章。

最后，预祝“当代中国社会变迁与社会治理”高层论坛圆满成功！祝各位专家学者身体健康！事业进步！心情愉快！同时祝愿广州大学社会学学科的建设和发展不断取得好成绩！

谢谢！

李友梅

中国社会学学会会长，上海大学教授、博士生导师

2017年11月12日

序　　二

2017 年 11 月 12 日，中国人民大学社会学理论与方法研究中心、广州大学公共管理学院、广州市社会科学界联合会共同举办了“2017 中国社会发展高层论坛——当代中国社会变迁与社会治理”。本书辑录了参加该论坛的学者提交的部分论文，由论坛组织者之一谢建社教授选编。应主编之约作序，我就借机介绍一下论坛的背景和主题，对文集出版表达祝贺之意。

本次论坛实际上是中国人民大学社会学理论与方法研究中心发起的一个连续项目。1984 年，郑杭生先生在中国人民大学创办社会学研究所。1999 年，郑杭生先生主持，将该所改建为社会学理论与方法研究中心。2000 年，该中心被评为“教育部普通高等学校人文社会科学重点研究基地”。从那时以来，中心每年都会举办学术会议，并且常常与兄弟院校合作举办，借此加强交流、推进学术、共同发展。2009 年，郑杭生先生与我讨论如何进一步使中心举办的学术会议制度化、系列化、品牌化？如何更好地、更加持续地促进学术共同体关注和研究重大理论与实践问题？由于我们在 20 世纪 90 年代就承担了中国人民大学主持的“中国社会发展研究报告”的编写任务，自 2002 年该报告恢复出版后，我们又每年都在组织编写，所以，我向郑杭生先生建议围绕报告的撰写和发布，每年举办“中国社会发展高层论坛”。郑杭生先生接受了我的建议，从 2010 年开始与内蒙古大学、内蒙古师范大学合作举办第一届，到今年我们已经与不同高校合作举办了八届“中国社会发展高层论坛”。每届论坛聚焦的主题各有侧重，今年侧重的就是社会变迁背景下的社会治理。

社会学学科以其议题的广泛性、内容的丰富性和理论的多元性而广为人知。正因如此，社会学可以说是让人欢喜让人忧、令人着迷也使人困惑的一门学问。但是，社会学毕竟是关于社会的学问。如果说社会学有什么恒定不变的中心议题的话，我想社会体系的运行和发展应该就是这样的议题，至少是中心议题之一。从社会学诞生之日起，一代又一代的社会学家们都回避不了这样的问题：社会的基本秩序是如何形成并得以维持的？社会从哪里来，到哪里去，也就是社会变迁或发展的过程与趋势是什么？在一定程度上，我们可以说，社会学发展的历史就是对现代社会发展进行探究的历史。基于这样一种理解，我们连续举办"中国社会发展高层论坛"，并不仅仅是服务于编写中国社会发展研究报告这样一个具体目标，而且是希望抓住社会学学科的中心议题，在对中国社会发展的深入研究和探讨中，推进中国社会学的学术研究，深化中国社会学学科建设。这是社会学学术共同体的共同事业，自然需要学术共同体连续的、广泛的、深入的交流与合作。

当今中国社会发展确实面临着亘古未有之变局。党的十九大报告指出："经过长期努力，中国特色社会主义进入了新时代，这是我国发展新的历史方位"，"我国社会主要矛盾已经转化为人民日益增长的美好生活需要和不平衡不充分的发展之间的矛盾。"这些重大论断内涵丰富，影响深远，对于社会学研究和学科建设也具有重要意义。从社会发展的角度看，我们所面临的时代具有许多新的特征：稳定解决了十几亿人的温饱问题，总体上实现小康，不久将全面建成小康社会，并迈向社会主义现代化强国；人口分布发生重大变化，由乡村社会向城镇社会转变；人口结构发生深刻变革，老龄社会已经到来；现代社会福利体系逐步重构，公共服务日益发展；广大人民得到实惠，人类发展指数不断提升；社会日益分化，利益诉求日益多元化；信息技术深刻重塑社会生产与生活；社会动力日益多元化、复杂化，社会发展日趋呈现非同质性、非线性特点；等等。这样一个时代应该说是希望与痛苦并存、机遇与风险同在的时代。新时代社会主要矛盾的新概括实际上也凸显了我国发展与治理之间的紧张。我们可以说，新时代对有效的社会治理提出了更高水平、更加迫切的需求。

本次论坛聚焦于社会变迁与社会治理，具有重要的现实意义和理论意义。来自兄弟高校和科研机构的众多学者在论坛上贡献了真知灼见。会议组织者编进本书的一些文章，从标题和大纲看，就颇具代表性。大体上，这些文章中有的关注新时代的社会变迁与社会治理关系问题，从信息化时代社会变迁的背景探讨社会治理创新；有的关注社会治理的战略环境，从“四个全面”战略布局入手讨论社会治理议题；有的关注社会治理组织基础的深刻变革，特别是单位制变革与社会治理的组织创新；有的关注社会治理技术条件的变化，着力探讨信息化和网络技术对于创新社会治理的机遇与挑战；有的关注特定群体的治理与服务，特别是城市化进程中的农民、农民工群体；有的则着眼于社会成员初级生活圈的基础秩序，讨论如何应对初级生活圈面临的挑战以及如何增进家庭、社区等初级生活圈内的情感联系。毫无疑问，这些探讨关注了在社会发展新时代创新社会治理的一些重要方面，为改进社会治理，完善“党委领导、政府负责、社会协同、公众参与、法治保障的社会治理体制，提高社会治理社会化、法治化、智能化、专业化水平”，从而缓和发展与治理的紧张提供了一些新的启示。我相信，这些研究也有助于激发新的思考，为深化相关研究、推进理论建构和政策设计提供新的基础。

更为重要的是，我们持续举办这样的学术论坛，为社会学界同人搭建理论联系实际进行交流的稳定平台，体现了一种扎根中国大地推进中国特色社会学发展的倡导。现代社会学作为一门外来的学科，要在中国落地生根、持续成长、开花结果，就必须接上中国的地气，必须直面中国发展进程中的重大理论和实践问题，以我们党和人民所奋斗的事业为中心。学界前辈费孝通先生、郑杭生先生曾经倡导“文化自觉”“理论自觉”，呼吁社会学者对自身所处的文化环境、对自己从事的理论工作要有自知之明，这种倡导引导了中国社会学发展的正确方向，也包含了社会学者应该对自己的研究对象有自知之明的意涵。我们发掘这种意涵，似乎可以进一步明确提出“实践自觉”的概念，也就是说社会学者应该对自己身处的社会实践进程以及自身的学术实践有自知之明。特别是，中国特色社会主义新时代的到来，究竟意味着我们社会学研究对象的何种变化？如何研究和看待这些变化？这些变化具有何种社会学的理论意义和普遍意义？社会学研究者又如何看待自身学术实践与社会实践的关系，以及如何优化自身的学术实践？我想，诸如此类的问题迫切需要学界同人认真思考并做出回应。因此，我们将继续与兄弟高校和科研机构合作，共同把“中国社会发展高层论坛”办下去，不断地深化对中国社会发展实践的研究与思考，呈现日益清晰的实践自觉，加快推进中国特色社会学的健康发展。

最后，我也代表“中国社会发展高层论坛”的发起方，感谢学界同人长期以来的大力支持和积极参与，感谢本次论坛的合作举办单位广州大学公共管理学院、广州市社会科学界联合会，特别感谢刘少杰教授、谢建社教授为组织论坛和编辑文集所付出的巨大努力！

言不及义，权且代序。

洪大用　教授

中国人民大学副校长兼社会与人口学院院长，博士生导师

2017 年 12 月 29 日于北京

目　录

第一章

信息化时代的社会变迁与治理创新*

信息化时代的社会生活发生了日益复杂的变迁，人们的信息交流、社会交往、社会空间以及群体形式等，都呈现出十分深刻的变化，这些变化引发了大量新社会问题和新社会矛盾。明确认识信息化时代复杂而深刻的社会变迁，有效化解限制社会活力和影响社会秩序的社会问题与社会矛盾，是新形势下开展社会治理不可回避的重大时代课题。

一　信息化时代的社会变迁

信息化时代最明显的变化是海量信息供应引起了社会活跃程度大幅提高。人们的思想观念和社会行动都是依靠某种信息接受和信息判断而进行的。当信息供应匮乏时，思想观念和社会行动都会处于相对迟缓甚至保守的状态。而当信息充分供应时，思想观念和社会行动都会发生由迟缓、保守向活跃和积极的变化。自 20 世纪后期社会生活信息化程度大幅提高以来，特别是借助互联网和移动通信等信息技术的快速发展，人类获得了海量的信息供应，思想观念和社会行动都呈现出空前积极的变化，社会的活跃程度实现了难以估量的提高。

在海量信息支持下社会活跃程度的大幅提高，无疑能够增加社会

* 本研究为国家社科基金重大项目“网络社会的结构变迁与演化趋势研究”的阶段性成果（项目编号：15ZDA045）。

能量和推进社会发展。无论古今中外，当社会处于积极向上的快速发展时期，都是思想观念活跃和社会行动积极的历史时期。中国改革开放后思想解放、各阶层社会成员勇于实践和经济、社会同步快速发展，充分地证明了社会活跃程度和社会发展之间的联动效应。不过，对于社会治理而言，海量信息供应引发的一个问题是社会整合难度加大。在前信息化时代，虽然因为信息供应有限，人们的思想观念和社会行动的活跃程度不高，但社会整合却比较容易实现；而在信息化时代，海量的信息供应可以支持人们依据多样信息进行差别很大的不同选择，活跃的社会行动也会指向不同的目的，社会的差异化和分歧度会由此而大幅增加，社会整合的难度也随之加大。

海量信息是通过计算机和移动通信在互联网中向社会传播的，人们在互联网中接收信息、表达观念、开展交流，由此而形成了内容无限丰富、变化异常迅速的网络空间。注重人际关系、乐于社会交往，是中国社会最突出的文化传统。当互联网和移动通信在中国发展起来之后，广大社会成员得心应手地把这些信息技术应用于开展社会交往、联结社会关系之中。中国互联网络信息中心 2017 年 7 月发布的第 40 次《中国互联网发展状况统计报告》显示，截至 2016 年年底，中国网民已达 7.51 亿人，相当于欧洲人口总量，普及率达到 54.3%。并且，网络活动非常活跃，网民每周上网平均时长达 26.5 小时。网民在互联网中不仅表达、交流和传递各种信息，而且还结成了灵活多样的网络群体：微信群、朋友圈、QQ 群、博客群等。网络群体是网络社会的基本形式，形形色色的网络群体及其无限丰富的活动内容，说明网络空间是一种现实性很强的社会空间。

广大网民把本来在特定场所中存在的各种社会关系和社会交往上移到网络空间之中，社会生活由此实现了大规模脱域变化。人们不仅在互联网中接收信息、表达观念和开展评价，而且还开展网络购物、证券交易、网络艺术和网络教育等活动。便捷的网络信息交流和光速般的网络信息传递，张开了一个无限广阔的网络空间。网络空间是没有边界、流动扩展的空间，是超越了地方场所限制的信息空间，是人的面目不呈现出来、身体不在其中的缺场空间。因为超越了地方场所的限制，网络空间中生成了可以超时空传递的传递经验。经验是人们的经历和体验，网民在网络中形成的信息交流经历和体验，可以通过网络迅速传递开来，形成网民共有互动的传递经验。传递经验已经成为网络社会发展变化的新型经验基础。

二　社会治理面临的严峻挑战

信息化时代发生的一系列新变化，使社会生活呈现出很多新问题、新矛盾，社会治理也面临着许多新挑战。十多年来，为了化解社会矛盾、稳定社会秩序、激发社会活力，中央和地方各级政府都为推进和创新社会治理做出了努力，以社区为主要对象的社会管理或社会治理取得了很多成绩，也积累了一些工作经验。其中被认为比较成功的经验，是在全国很多省市得到广泛推广的网格化社会管理模式。

网格化管理是利用网络技术对社会实行全面的精细化管理，其实质是对社会开展行政管理的技术化。网格化管理的基本运作模式是，在城区、街道和社区的基础上，把城市基层社会划分为若干个网格，对网格内的社区服务、社会治安、计划生育、文化体育、党团工作等实行全方位管理。这种精细化的社区管理已经推行了十多年，在社区服务、社会治安等方面取得了一定的成绩。网格化管理被看成具有重要创新性的社会管理模式，但如果相对于广泛的信息化和网络化的社会变迁而言，网格化管理的创新性实在有限。

网格化管理难以应对网络信息海量供应、思想观念和社会活动都十分活跃的社会变迁。网格化管理强调利用网络信息技术开展社会管理，但网络信息技术只是被作为对社会实行精细化管理的手段，寻求的是社会生活的稳定状态。可是，网络信息技术及网络信息的海量供应，引起的直接变化之一是思想观念和社会行动活跃程度的大幅提升，单纯追求精细化管理的网格化管理无力面对多元化的思想观念与差异化的社会行动。思想观念和社会行动活跃程度的大幅增加，有网络信息技术和海量信息资源的强大支持，它代表了信息化时代不可逆转的发展趋势。如果网格化管理不能适应社会活跃程度大幅增加这一发展趋势，就意味着它将落后于社会生活信息化和网络化的时代进步。

网格化管理实质上把社会单纯作为客观对象加以管理，忽视了社会的主体地位与主体作用。信息化时代社会活跃程度的大幅提高，是社会主体能动性增强的重要表现。社会治理本应积极利用信息化条件下大幅增强的主体能动性，不仅应当启发社会成员在信息交流和社会交往中自主、自强和自律，主动为优化社会秩序做出自己的贡献，而且还应该欢迎社会成员对社会治理的主动参与，倾听和支持广大社会成员对社会不良风气和不端行为的批评与抵制，真正实现社会多元主体的共治与互治。

事实上，社会主体成员不在网格化管理范围之中。网格化管理的主要目光聚集在社区之中，而在社区中活动的主要成员是离退休的老年人和未成年的儿童。虽然对老年人和儿童提供社会服务是政府和社区的责任，但社会治理如果仅能面对这些社会成员，那就意味着没有把在各种职业岗位上工作、学习的职业群体作为社会治理的对象。占总人口70%以上的职业群体是社会的主体群体，他们不仅具有推进社会发展进步的活力，而且也可能在他们开展的大量社会活动中发生各种社会矛盾。不面对职业群体的社会治理，就无法实现最大限度地激发社会活力和最大限度地化解社会矛盾的战略任务。

网格化管理的另一个明显局限是无法接触广阔的网络空间。如前所述，网络空间是内容丰富、变化多端、没有边界、范围广阔的社会空间，而网格化管理却仅仅定位于有清晰地理边界的城市社区，网络空间不在网格化管理的范围之内。因此，无论网格编织的多么细密，也只能对社区地方空间中的事物起作用。但是，网络空间是信息化时代生成的广阔的新型社会空间，是当代社会空间的重要组成部分，不能面对网络空间的社会管理或社会治理一定是不完整的。虽然网络监管面对了网络空间，这似乎弥补了网格化管理的空缺，但现有的网络监管与网格化管理有相同之处，其主要作用不是去激发网络交往的活力，而是通过某些监管技术去监督控制网络活动。

存在这些局限的网格化管理能够作为典型经验在全国推广，说明社会治理还不能适应甚至落后于信息化时代社会生活已经发生深刻变迁的新形势。网格化管理同以工业社会为基础的企业管理制度——福特制有很多相似之处。福特制通过垂直一体化的组织结构对企业生产实行精细化管理，其主要目标是用一套严密的组织纪律和规章制度对生产过程实行严格的控制，使生产能保持确定的流程和稳定的秩序，以此保证实现效益最大化的经济追求。福特制曾在企业管理中收到了预期效果，而其能发挥作用的基本前提是：厂房、车间、机器、操作技术、生产流程、企业组织和企业产品等，都是具有确定性的客观因素。概言之，追求确定性的福特制是植根于工业生产的确定性之上的，但它忽视了企业员工的主体能动性。

与福特制不同的是，网格化管理以及其他形式的社会治理，面对的是经过信息化时代已经大幅提高主体能动性的广大社会成员，他们不是只能等待管理的确定性较强的客体，而是活动程度已经大幅提高的并因而具有很大不确定性的主体。虽然社区生活中也存在一些诸如户籍、房产、社区公共物品和社区服务需求等相对确定的因素，追求确定性的社会管理或社会治理具有一定程度的作用空间，但在信息化时代，蕴含社会活力、发生社会矛盾甚至冲击社会秩序的可能性主要不在这些相对确定的因素之中，而在于海量信息供应、网络空间崛起、网络交往和网络群体活跃、社会主体成员的社会活动脱域等新社会变迁之中。如果不能有效面对和治理信息化时代的不确定性因素，以最大限度地激发社会活力和最大限度地化解社会矛盾为战略目标的社会治理就不可能完成任务。

三　面对社会变迁的治理创新

近几年创新社会治理的呼声较高，但创新社会治理的实际进展并不明显。影响社会治理创新的因素很多，但首要的是对社会生活信息化引起的深刻变迁认识不足，社会治理的观念和目标与社会变迁的状态和趋势不一致。作为一项重大战略实践，社会治理的思想观念和追求目标应当与治理对象相一致，否则，采取的手段与措施，选择的途径和模式，都很难收到预期效果。

工业社会适应机器化生产的确定性要求，建立了各种依据确定性、排斥不确定性的企业管理制度和社会管理制度，以至工业社会在组织化、制度化、程序化、标准化等一系列确定性追求的支持下，实现了几百年的持续发展。现在人类社会已经从工业社会迈向了信息社会或网络社会，植根于机器生产的客体确定性正在被以信息交流和网络传播为根据的主体不确定性所覆盖，社会运行和发展变化也随之呈现越来越大的不确定性。在这种深刻转变的新形势下，社会治理继续坚持工业社会治理立足确定性、追求确定性和排斥不确定性的方法原则，就意味着时过境迁了。

从网格化管理能够在全国范围内广泛推广这一事实看，时下的社会治理主要是一种追求社会客体确定性的行政管理，以至不仅在相对确定的社区空间中追求社会生活的确定性，而且还回避了已经在广阔的社会空间中发生的大量的主体不确定性。海量信息供应引起社会主体活跃程度增加和社会行动差异化增强，网络社会崛起引起社会空间分化，缺场交往引起社会活动与社会群体脱域变化，这些信息社会的重要变化及其引发的不确定性，都没能引起社会治理的高度重视，以致社会治理不能面对社会主体群体及其存在的社会矛盾和社会问题，形成一种边缘化困境。

要改变社会治理的边缘化困境，涉及很多必须克服的障碍。首先必须清醒认识信息化时代发生的深刻社会变迁，不仅要明确了解海量信息供应、社会空间分化、社会活动脱域等社会变迁的现象，而且还要理解这些社会变迁中表现的社会运行的不确定趋势，知道社会生活不确定性增强和持续的必然性根据，而不是把它看成可以用某些措施就可以消除的偶然现象或偶发事件。

应当转变以工业社会为基础形成的单纯立足客体确定性的基本立场和追求确定性的基本目标。虽然现在还不能断言人类社会已经完全转变为信息社会，因为信息社会尚在发展之中，工业生产和工业社会生活仍然在很大层面上存在。但是，信息化和网络化已经在社会生活各种层面发生，信息社会或网络社会已经大规模生成。信息社会或网络社会即使没有替代工业社会乃至农业社会，但起码是与工业社会以及农业社会并存的。并且，尤为重要的是，信息社会或网络社会同工业社会、农业社会不是简单的并存关系，信息社会或网络社会一定能够通过信息生产和网络传播，不可回避地引领工业社会与农业社会的发展变迁。所以，应当立足信息化或网络化的深刻变迁，正视信息化和网络化带来的主体不确定性变化，调整单纯追求社会客体确定性的社会治理目标。

排除社会生活的不确定性，一直是稳定社会秩序的基本目标。在工业社会和农业社会，可以依据社会的大量确定性因素去排斥不确定性，但在信息社会或网络社会，社会的基本运行方式已经向不确定性转变，主体不确定因素不仅不会被排除，而且会随着社会信息化和网络化程度的持续提高而不断加大，这已成为信息化时代社会发展变迁的一个不可逆转的必然趋势。如果不顾社会运行方式的变化，仍然坚持在已经成为必然趋势的不确定性中追求确定性，不仅是不能顺势应变的僵化保守行为，而且还可能把走向发展进步的社会拉向倒退。

在清楚承认和正确对待信息化时代社会不确定性的基础上，应当转变对海量信息供应条件下社会活跃程度提升的态度。在看到社会活跃程度提升有可能给社会带来不确定因素的同时，还应当看到思想观念和社会行动的活跃程度提高，是社会发展进步的必要条件。不仅应当大力支持社会成员积极接受和传播网络信息，而且在社会治理上还应当把网络信息作为推进社会进步发展的资源、能量或基础，不再把网络信息和网络信息技术单纯作为管理或监控社会的手段。

应当高度重视网络社会崛起引起社会空间分化的重要意义，在对社区等地方空间或实体空间开展社会治理的同时，不能忽视把网络空间作为社会空间的一部分去治理，并且要在线下地方空间与线上网络空间的统一中开展治理。要在网络空间作为人的身体不在场的缺场空间中，看到人们信息交流的踊跃性和交流方式的群体性，承认网络交往和网络社群是信息化或网络化社会的表现形式。

应当懂得网民队伍已经达到中国人口一半以上的重要社会意义。明确认识网民队伍主要由职业群体构成，他们作为社会主体成员的社会交往活动已经很大程度上实现了信息化和网络化，并由此而发生了社会主体群体社会活动脱域的变化。社会治理应当把职业群体特别是它们的网络信息活动纳入治理范围，改变目前社会治理非主体化或边缘化的困境。

第二章

变迁时代“互联网 +”的技术红利与非预期后果

随着互联网技术在市场领域的广泛应用，以电子商务和共享经济为代表的新经济逐渐展现出巨大的市场潜力，并深刻地影响到21世纪以来的中国社会。人们的日常生活对互联网技术产生了全面的依赖，各种基于互联网技术的商业模式为我们的消费带来了前所未有的快捷与便利。毫不夸张地说，互联网技术已经在事实上引领和推动着中国市场结构和交易秩序的变革。不仅如此，互联网技术还被赋予了更高的使命。中国政府甚至希望借助互联网的技术红利促使传统产业的转型升级、推动创新创业和消化过剩产能，进而将“互联网 +”上升到国家战略的高度，并试图借此改变中国在工业革命以来尾随者的地位。因此，互联网技术在市场领域得到了前所未有的拥抱，市场主体普遍因担心错失了互联网技术的快速列车和技术红利而纷纷加入新经济的行列。然而，谨慎的社会观察者则担心互联网所代表的信息技术革命是否会像工业革命一样，蕴含着类似经典社会学家反复批判的“现代性危机”。来自市场领域的批评者还担心既定的生产体系和市场秩序一旦按照互联网的方式进行重组，将会彻底摧毁基于工业化逻辑而建立起来的市场结构，并威胁到特定行业和群体的安全系统。从这个意义上说，“互联网 +”是一个经济问题，“互联网 +”的非预期后果是一个社会问题。围绕互联网的技术红利与非预期后果之间的纠结心态，则为我们提供了一个认知上的契机：即立足于互联网的技术特征，从互联网与市场的结合方式出发对“互联网＋”的技术红利与非预期后果进行一种学理上的清理。

一　信息技术革命与社会组织方式的流变

网络社会学的奠基者卡斯特认为，信息技术革命至少和18世纪的工业革命一样，是个重大的历史事件，导致了经济、社会和文化等物质基础的不连续模式。① 在这里，卡斯特所说的不连续模式，相当于吉登斯所说的存在于现代世界与传统世界之间的断裂，② 强调的是社会组织方式的根本性差异。也就是说，网络社会相对于工业社会如同工业社会相对于农业社会一样，其社会组织方式并不是后者的延续，而是另起炉灶或者断裂性的变迁，网络社会的兴起意味着基于工业化逻辑的社会组织方式将会被基于互联网逻辑的社会组织方式所取代。本研究所讲的社会组织方式，是指安排社会生活（包括政治、经济和日常交往）的程序和路径。体现在社会行动上，就是行动者在什么时间什么地点做什么事情。简言之，社会组织方式就是时间、空间和事项的搭配，③ 本质上表现为行动者完成具体事项的时空关系。

（一）前互联网时代的时空结构与市场组织方式

农业社会是一种以面对面为基础的感性社会，农耕时代的市场交易通常是在身体的直接接触和互动情景中完成的。吉登斯将“以身体在感知和沟通方面的各种模态”④ 定义为“共同在场”。“共同在场”并不是简单的情景勾画，而是一种时空关系的约束和特定的社会组织方式。如果以时空事项的搭配机制来看，“共同在场”首先要求行动者在身体可及的空间范围内完成市场交易。超出了身体可及的空间范

① ［美］曼纽尔·卡斯特：《网络社会的崛起》，夏铸九、王志弘等译，社会科学文献出版社2006年版，第26页。

② ［英］吉登斯：《现代性的后果》，田禾译，译林出版社2000年版，第4页。

③ 张兆曙：《非常规行动与社会变迁：一个社会学的新概念和新论题》，《社会学研究》2008年第3期。

④ ［英］吉登斯：《社会的构成》，李康、李猛译，生活·读书·新知三联书店1998年版，第142页。

围，任何人都无能为力。同时，身体可及的空间范围还意味着必要的时间消耗。为了实现“共同在场”并最终完成市场交易，行动者还必须满足克服空间限制的时间要求。总之，在农业社会中，“身体可及的空间范围”和“克服空间限制的时间要求”构成市场交易的时空要件。其中，空间表现为位置关系，是农业社会中市场交易的决定性条件；时间则是从属性条件。位置关系不仅直接制约着市场交易，同时还提出了时间要求从而间接制约着市场交易。因此，从时空条件来看，农业社会中市场交易的典型组织方式是以乡村集市为代表的地方性市场。

工业社会是一种无地域局限、以社会分工为基础的抽象社会。①抽象社会的重要特征是不同职业群体在空间上相互分离，但功能上相互依赖。所以工业社会是一个没有空间障碍的沟通体系，市场交易不再局限于身体可及的空间范围以及面对面的互动情景，相距遥远的人们可以实现“在场可得性”。其中，由象征标志和专家系统构成的“抽离化机制”② 发挥着关键的作用。抽离化机制在工业化的世界里建立起跨越空间的普遍信任。对全球化体系中的贸易和市场交易来说，最重要的因素不是位置关系和空间距离，而是货币结算体系和信用制度。因此，工业化时代的市场交易是一个不受空间局限、“去情景化”的抽象过程。工业化组织方式的另一个特点是时间与空间的分离。随着机械钟表的发明和推广以及全球统一时间标准和体系的建立，社会生活中的时间安排开始从一种服从于位置关系的地域时间转变为一种全球统一体系的世界时间。在市场交易中，时间不再是空间的从属性条件。时间开始成为一个独立发生作用的因素，跨越不在场（空间）的时间协作成为工业化条件下市场交易的组织方式。总之，从时空关系来看，工业社会中市场交易的典型组织方式是工业贸易体系所建构的全球化市场。

---

① 张兆曙：《非常规行动及其后果：一种社会变迁理论的新视域》，中国人民大学出版社 2009 年版。

② ［英］吉登斯：《现代性与自我认同》，赵旭东、方文、王铭铭译，生活·读书·新知三联书店 1998 年版，第 2 页。

（二）信息技术范式与时空结构的革命性变化

网络社会是一种以信息技术范式为基础、按照互联网逻辑①组织起来的新社会形态。这里的信息技术范式和互联网逻辑是相对于工业社会的组织基础和运行逻辑而言的，其核心是时空结构的变化。

尽管工业社会的分工体系和抽离化机制极大地拓展了社会活动的空间范围，但是工业化逻辑并没有改变空间的样貌与形态。卡斯特指出，空间是社会的表现，并由整体社会结构的动态所塑造。② 因此，工业社会的空间结构与工业社会的分工体系及其市场秩序是一致的，展现的是一种工业化的实践结构。也就是说，尽管工业社会实现了空间拓展，但社会生活仍然无法突破被社会分工体系和抽离化机制所"结构化"的工业秩序与空间结构。不过，网络社会的空间形式与过程则呈现出另一番景象。网络社会不仅继承了工业化逻辑在全球范围内空间拓展的实践遗产，而且彻底改变了空间的结构形态。新技术范式构造的独到之处便在于其重新构造的能力。③ 这种重新构造的能力首先是作用于空间的，也就是将原本按照工业化逻辑组织起来的空间结构重新按照互联网逻辑进行重组（简称空间重组）。信息技术范式的神奇之处并不在于空间的无限延展，而在于能够借助互联网技术将物理上并不临近的地方或位置接合起来，并且这种接合愈益显示出一种虚拟的情景化趋势。正因为如此，卡斯特将网络社会的空间定义为流动空间。他指出，"在互联网的世界，没有任何地方是自在存在的，因为位置是由网络中的流动交换界定的。因此地方并未消失，但是地方的逻辑和意义已被吸纳进网络。建构网络的技术性基础设施界定了新空间，就如同工业经济里铁路界定了经济区域和国内市场一样"④。

在前互联网时代，作为一种与空间形态相匹配的存在形式，时间始终代表着事项的先后次序或脉络。但是流动空间改变了时间的存在

① ［美］曼纽尔·卡斯特：《网络社会的崛起》，夏铸九、王志弘等译，社会科学文献出版社 2006 年版，第 64 页。

② 同上书，第 382 页。

③ 同上书，第 65 页。

④ 同上书，第 384 页。

方式，“正在浮现的新社会结构逻辑，想要毫不留情地取代那种有秩序之事件序列的时间”①。网络社会的时间不再保持着事项固有的次序，导致原有事项推展的序列和秩序发生了“系统性的紊乱”，呈现为一种“非序列化时间”。也就是说，在信息技术范式和互联网逻辑的作用下，事项推展的完整序列和脉络可以被分割为一系列“时间—事项”碎片，并根据某种支配性功能对这些“时间—事项”的碎片进行重组，进而建构出新的时间形式，以匹配网络社会中的流动空间。简言之，网络社会的时间是一种“时间—事项”的碎片经重组而形成的“非序列化时间”。在这个重组的过程中，事项的脉络可以分割，推展的次序可以打乱，不同的事项可以相互交织，也可以齐头并进。

二 “互联网 + ”的技术红利及其生产逻辑

技术红利是指由于新技术应用所产生的相对于原有技术效应的新增利润或溢出效应。在农业、工业和服务业等所有的社会生产领域，追逐技术红利构成技术更新的持久动力。对各种竞争性的市场主体或发展主体来说，掌握了新技术往往就意味着掌握了发展的主动权甚至主导权；而错失了新技术不仅意味着与技术红利失之交臂，而且有可能被科技理性的高速列车所抛弃。从某种意义上说，技术已经成为一种发展的隐喻，并因此被赋予了一种特殊的地位和象征意义。这就是科学技术被定义为“第一生产力”② 的内在逻辑。很显然，新技术应用意味着社会生产过程的某种变化，而技术红利的产生则与这种变化有关。

（一）技术中介与技术红利的生产结构

人与世界（包括自然世界和社会世界）的关系构成社会的基本秩

① ［美］曼纽尔·卡斯特：《网络社会的崛起》，夏铸九、王志弘等译，社会科学文献出版社 2006 年版，第 432 页。

② ［德］哈贝马斯：《作为“意识形态”的技术与科学》，郭官义 、李黎译，学林出版社 1999 年版，第 62 页；《邓小平文选》第 3 卷，人民出版社 1993 年版，第 274 页。

序，而技术则充当着人与世界的联系中介。也就是说，人是通过技术来感知和处置外部世界的。因此，技术通常表现为人们感知和处置外部世界的方法和手段。作为一种联系中介，技术具有两方面的关系属性，一是选择性，人需要借助特定的技术才能与外部世界发生联系，所以技术首先是人们选择的结果；二是匹配性，即技术选择必须与外部世界的存在方式相匹配，才能更清晰地感知和更有效地处置外部世界。很显然，技术红利的产生，取决于技术选择是否匹配行动者所要感知和处置的外部世界的存在方式。

世界的存在方式分为两种，即空间和时间。我们对世界的感知是从空间及时间的差异开始的，如果不能区分空间的差异和时间的差异，就无法认识这个世界，更无法与外部世界发生联系。因此，作为感知世界的原始中介，技术的第一要务是如何对空间进行区分和对时间进行区分，进而奠定了社会生活的组织根基。吉登斯所揭示的"时空区域化"① 机制就是分别对空间和时间进行区分的结果。然而，如果要同外部世界发生进一步的联系，则需要将联系世界的具体事项置于特定的空间区域（即"场所""地点"）和时间区域（即"时段"）中展开，也就是"在什么时间什么地方做什么事情"。因此，技术的本质就是如何对时空事项进行搭配。从农业耕作技术、工业生产技术到互联网技术，莫不如此。

至此我们发现，就展开程序和路径而言，技术与社会生活的组织方式是"一体两面"的关系，两者在本质上均表现为时空事项的组合。每一次技术变迁所导致的时空事项的重新组合，都会在社会层面引起社会组织方式的变革，在经济层面带来源源不断的技术红利。从这个意义上说，时空事项的组合方式构成技术红利的生产结构。由于所有的技术红利最终都必须通过市场才能实现，因此，在技术红利的生产结构中，最核心的事项就是市场交易。简言之，技术红利就是围绕市场交易这一核心事项进行时空重组的结果。那么，"互联网＋"的技术红利也就是借助互联网技术为市场交易构建一种新的时空结构

① ［英］吉登斯：《社会的构成》，李康、李猛译，生活·读书·新知三联书店 1998 年版，第 210 页。

所产生的新增效益。这个过程的根本变化在于“虚拟时空”替代“工业时空”。

（二）工业时空：中介化的空间拓展和功能化的时间安排

尽管工业化逻辑突破了地方性市场的时空限制，并借助抽离化机制和分工体系的相互依赖性建构了全球化的市场，但是按照工业化逻辑展开的时空结构（以下简称“工业时空”）仍然属于“现实时空”的范畴。表面上看，工业时空在空间维度上是无限延伸的，在时间维度上又实现了时空分离。然而，工业化逻辑对空间的拓展，实际上是依靠不同职业群体之间的相互链接实现的。正是环环相扣的市场链，才实现了空间上的无限延展。但这种空间上的延展是一个中介化的空间拓展。任何处于市场链中间位置的职业群体或市场主体在资源流动中都充当着市场中介的作用。也就是说，工业化逻辑的空间拓展并不依靠行动者的“亲身所及”，而是以其他职业群体为中介，由近及远地渐次推展。在此过程中，消费者与遥远世界的市场交易是借助一系列市场中介的传递交易实现的。一旦不同职业群体或市场主体之间的市场链发生了断裂或者中介缺失，也就意味着空间拓展的边界所致。总之，中介性的市场链构成工业化逻辑的空间形式。无论生产者与消费者在空间上相距多远，市场链总能将其衔接起来。

在工业化的时空结构中，时间已经与空间发生了分离。时空分离改变了时间的存在方式，时间不再表现为一段由空间距离或位置关系所决定的发生序列或物理上的间隔，而是一种对工业化生产和全球性社会分工的协调体系和制度安排。从“时间间隔”到“制度时间”的转变，意味着时间对市场交易的意义从一种约束条件转变为一种协调机制。也就是说，工业化逻辑的市场交易完全不受“身体可及的空间范围”的限制，市场交易的链条可以延伸到世界的任何一个角落，但是市场链的延伸需要借助时间制度的协调与行动次序上的合理安排才能取得实效。在工业化生产和全球性社会分工体系中，每个时间区域的安排都是功能性的或专门化的。也就是说，在特定的时间区域或时段，只能从事社会分工所赋予的特定事项。科层化的组织形式和麦当劳化的流水线作业构成了这种时间安排的典型形象。概言之，工业化的时空结构具体表现为中介化的空间拓展和功能化的时间安排。这种时空结构与市场交易的结合，意味着空间上更大范围的资源流动和时间上更有效率的功能统筹，工业化的技术红利就是在这种特定的时空结构中产生的。

（三）虚拟时空与“互联网＋”的技术红利

互联网技术塑造了一种全新的时空结构——虚拟时空。虚拟时空的首要变化表现为空间上的“去中介化”。如同工业社会一样，网络社会的空间同样是无限延伸的，但是，互联网逻辑对空间的拓展，并不是依靠职业群体的中介作用由近及远地推展实现的，而是通过互联网将任意的两个位置或场所直接连接起来所构造的“虚拟空间”实现的。在网络空间的虚拟情景中，不需要一系列职业群体充当市场中介和市场链，即能实现远距离的市场交易。也就是说，工业化逻辑中的市场交易，依赖于空间上邻近的市场中介及其递推式链接，从而间接获得遥远世界的消费品（比如，通过生活空间范围内的市场中介，我们可以获得世界上任何产地的商品）；但互联网逻辑的市场交易则不需要邻近中介的递推与链接，可以直接与遥远世界的商品提供者进行交易。简单地说，互联网逻辑的空间拓展彻底摆脱了对空间近邻的依赖性，进而建构了一种没有中介的市场，市场结构变得极为简单。正因此，按照互联网逻辑呈现的空间才具有一种流动性，互联网的技术特征能够围绕产品与服务的市场关系，对供给与需求进行空间上的“黏合”，从而实现了市场交易的“去中介化”。

虚拟时空的另一个变化表现为时间上的“弹性化”。工业化逻辑在时间维度上表现为一种结构化的序列，在社会分工高度发达的工业体系中，社会生活的时间与事项的搭配是高度程序化和功能化的，即“在固定的时间完成固定事项”的时间分配制度。吉登斯和福柯曾对社会生活中广泛使用的“时间表”进行过精辟的分析。[①] 现代社会中

① ［英］吉登斯：《社会的构成》，李康、李猛译，生活·读书·新知三联书店 1998 年版；［法］米歇尔·福柯：《规训与惩罚》，刘北成、杨远婴译，生活·读书·新知三联书店 1999 年版。

大部分职业机构都采用同学校和监狱类似的“时间表”，对工作时间和工作事项进行严格的控制。一旦固定的时间没有完成固定的事项，系统运转就有可能陷入阻塞和紊乱。① 尽管工业社会的市场交易是一个开放的系统，但任何市场交易都必须遵循时间分配制度和制度时间的统筹。从日常购物到股票交易，从期货市场到跨国贸易，都表现出功能化的时间结构。但是，由于互联网技术（特别是移动互联网技术）彻底摆脱了空间对市场交易的限制，使得互联网时代的市场交易不再需要专门的时间安排，随时随地可以完成。比如，我们可以在乘坐地铁上下班的途中完成购物，可以在工作间隙完成证券交易，可以通过在线方式参加远程视频会议，等等。也就是说，在信息技术范式和互联网逻辑的作用下，高度程序化的时间脉络变得富有弹性和机动，高度体系化的时间结构变成了时间碎片并且能够及时组合。

毫无疑问，虚拟时空的“去中介化”和“弹性时间”从根本上改变了工业化逻辑中时空事项的组织方式，但同时也重构了一种全新的时空事项结构，并成为“互联网 +”的技术红利的结构性源头。具体而言，“互联网 +”的技术红利主要来自于虚拟时空作用于市场的技术效应（简称“虚拟时空”的市场效应）。第一个效应是“去中介化”显著促进了市场规模的技术性扩展。“去中介化”意味着市场交易彻底摆脱了空间的障碍和对空间近邻的依赖性。在虚拟的时空结构中，市场关系可以无限延伸，只要存在互补性的供给和需求，不管供求双方身居何处，互联网都能够通过技术性撮合，将受空间限制的潜在交易对象变为现实的交易伙伴。因此，“去中介化”不仅重构了市场关系的空间特征，而且实现了市场规模的技术性扩张。第二个效应是“去中介化”和“弹性时间”有效改善了市场交易的成本结构。一方面，虚拟时空的“去中介化”直接缩短了市场链的跨度，从而降低了资源流动过程中由于市场中介“雁过拔毛”式的利益实现而

---

① 相应地，私人领域的事项也只能在工作之余的时间完成。尽管个人的生活世界相对灵活，但时间与事项的搭配也是相当固定的。一个人什么时间起床、什么时间就餐、什么时间睡眠、什么时间购物和休闲都有规律可循。

不断向下游转嫁、累加所形成的市场成本。[①] 工业化逻辑下的市场交易虽然也延伸到世界的每一个角落，但是过度延伸的市场链和复杂的市场结构却不可避免地抬高了资源流动的成本。另一方面，虚拟时空的“弹性时间”以及相应的“弹性工作”，导致时间与事项的搭配更为机动灵活。在互联网条件下，人们不仅能够利用碎片时间创造价值；还可以对时间进行重新分割，实现时间与事项的最佳组合。因此，虚拟时空中的市场交易随时随地都能够完成，而不需要功能化的时间安排和制度时间的协调，从而有效降低市场交易的机会成本和时间成本。

三　“互联网+”的非预期后果

从技术红利产生的时空结构来看，信息技术范式毫无疑问是一种再结构化的机制。因此，以电子商务和共享经济为代表的网络经济，本质上是对建基于工业化逻辑的时空结构进行再结构化的过程，进而再造一种建立在虚拟时空结构之上的市场关系和交易秩序。对于市场交易来说，虚拟时空意味着互联网技术对市场空间的任意勾连和重组，能够快速实现市场范围的扩张和实现市场交易主体之间的黏合，并以虚拟的方式完成现实的交易；同时，虚拟空间还颠覆了工业化逻辑中僵硬的“时间区域化”机制，弹性时间和弹性工作不仅意味着时间利用方式的变化，而且意味着更有效地利用时间和降低市场交易的时间成本。总之，互联网技术和信息技术范式造就了一种相对于工业时空的比较优势，空前提高了人们对市场空间、市场关系和交易方式的想象力和建构力。“互联网+”的技术红利就是在这种时空结构的比较优势中不断生产出来的。

然而，互联网与市场的结合也是一把双刃剑，人们在追逐技术红利的过程中，一方面源源不断地创造出新的市场、新的行业、新的商业模式和新的财富；另一方面也直接导致了传统市场的萎缩、传统行

---

① 这里的市场成本主要是市场中介的利益实现对资源流动所产生的成本；而不是市场交易的物流成本。

业的凋敝和传统商业模式的衰退，甚至冲击了国家与市场的关系。也就是说，互联网经济的发展是有代价的。这种代价使互联网经济总会遭遇到某种力量的质疑和抵制。比如最近几年常常发生的对某知名电商平台的抨击、对网络约车的打压和对互联网金融的限制等。作为一种发展的代价，互联网对传统的市场、行业和商业模式的冲击，确实导致相关行业及特定群体遭受严重的生存危机。比如，电子商务的发展确实导致许多实体商铺的存续危机乃至破产；网络约车的发展确实对传统出租车行业及其从业者构成严重威胁；共享单车的发展则直接摧毁了自行车的零售行业；等等。简单地讲，互联网技术带来了巨大的技术红利，但同时也产生了相当严重的非预期后果。

（一）“去中介化”与市场领域的传统危机

实际上，“互联网 +”对传统市场、行业和商业模式的首要冲击来自于虚拟时空的“去中介化”。为了适应以社会分工为基础的工业化逻辑，现代社会形成了由一系列市场主体和流通环节所构成的市场链和市场结构。除了位于市场结构两端的生产者与消费者之外，任何一个市场主体都充当着勾连上游主体和下游主体的中介。这些中介性的市场主体凭借对上游和下游市场的“信息垄断”、资源流动的“路径依赖”和对市场经验的“空间隔离”① 而获得了一种市场地位的优势。在工业化的社会分工体系中，离开了这些中介性的市场主体，资源流动与资源获取都难以实现，人们不太可能绕开市场中介直接进行市场交易。从某种意义上说，市场中介本质上是工业化逻辑的产物，资源流动与资源获取只能依靠市场中介环环相扣地进行交易传递。但是，网络社会的崛起彻底改变了工业化逻辑的市场结构和交易秩序。实际上，目前受“互联网 +”冲击比较严重的市场、行业和商业模式，无一例外地属于信息技术范式和互联网逻辑“去中介化”的牺牲品。当互联网技术将市场结构中被空间和市场中介隔离起来的市场主体直接勾连起来，通过虚拟空间直接进行市场交易的时候，那些在

---

① 张兆曙：《中国城乡关系的“中间地带”及其“双重扩差机制”——一种“空间—过程”的分析策略》，《兰州大学学报》（社会科学版）2016 年第 5 期，第 4 页。

工业化逻辑下围绕市场中介所固有的地位优势而建立起来的市场、行业和商业模式也就不可避免地走向边缘，成为互联网时代的弃儿。

经验观察表明，互联网的技术潜力发挥得越充分，传统中介的市场前景将会越暗淡，市场领域的传统危机就会越严重。特别是随着移动互联网技术和智能手机的发展，无线信息服务已经帮助网络终端彻底摆脱了固定设施和固定位置的限制。凡是网络信息覆盖的地方都能够完成市场交易，WiFi 甚至被戏谑为人类的第一生存需要。这表明没有任何力量能够阻挡互联网技术在市场领域的“去中介化”过程。从某种程度上讲，“去中介化”已经构成信息技术范式和互联网逻辑的一种隐喻，它代表着虚拟空间对市场交易程序的极度简化。伴随着这个简化过程，作为工业化产物的抽离化机制，也在适应互联网逻辑的过程中再一次地发生抽离，货币进一步抽离为数字，网络（移动）支付替代现金交易。这种基于互联网技术的抽离，实际上是金融领域的“去中介化”，它有可能推动更为广泛地“去中介化”，从而进一步加深市场领域的传统危机。

（二）弹性时间与市场交易的注意力转移

在没有互联网的工业化时代，由于社会分工体系的分割，人们完成任何一个事项都需要功能化的时间安排或者专门的时间安排。从企业流水线上的生产流程到科层组织中的仪式性活动，从系统到生活世界，从社会生产到市场交易，概莫能外。即使是维持日常生活所必需的采购、票务以及货币存取等市场交易活动，也必须安排专门的时段并且到特定的场所才能完成。由于每一个时间区间都是有价值的，因此当人们用专门的“时间区域”来完成既定事项的时候，那就意味着失去了利用这个时段去完成其他事项和创造其他价值的机会。① 简言之，“时间区域化”的组织方式是有机会成本的。或者说，人们在完成市场交易中所消耗的时间是排他性的。在工业化逻辑的条件下，任何人的日常生活都离不开这个专门的时间安排，也无法利用这个专

① 王水雄：《“过程分化”在改变社会》，《中国社会科学报》2012 年 5 月 21 日第 B03 版。

门的时间获得其他价值。

实际上，上述市场交易所需要的功能化时间安排，是工业化逻辑的空间拓展对市场中介和空间近邻的依赖性所致。然而，信息技术范式和互联网逻辑的“去中介化”过程则彻底将人们从市场交易所需的功能化时间中解放出来，人们不再需要专门时间安排就能完成日常生活所需要的市场交易。那些传统上被视为不能创造价值的剩余时间、临时空闲、机动时间和可置换时间等时间碎片，均可及时借助互联网与市场结合起来，在虚拟空间中完成市场交易。更为重要的是，这种去功能化的时间（弹性时间）与事项（市场交易）的重新组合，日益受到人们的青睐并在网络社会的注意力分配中显示出占据优势和引领发展的趋势。这种市场交易（特别是日常消费）中的注意力转移表明，“弹性时间”已经在事实上改变了网络社会的时间结构，除了在基本的生产结构方面还保持着必需的“时间区域化”要求之外，整个社会生活中的市场交易和社会交往在时间安排上已经变得十分机动。互联网与市场的结合将人们用于市场交易的专门时间释放出来，充分利用弹性时间的组织方式降低了交易时间的机会成本。相比较而言，那些仍然需要功能化时间安排的传统市场、行业和商业模式，在网络社会的注意力分配中受到冷落是一件不可避免的事情。

总体来看，互联网技术通过“去中介化”和“弹性时间”彻底改变了人们对空间和时间的体验。新的时空结构不仅源源不断地创造出了“互联网 +”的技术红利，而且为消费者带来了前所未有的快捷与便利。人们一旦接受了借助虚拟时空完成现实交易的行为方式，即产生了新的路径依赖。伴随着人们日常消费对虚拟时空的依赖，基于工业时空而组织起来的传统市场、行业和商业模式，自然失去了其不可替代的中介优势。同时，以“去中介化”和“弹性时间”为特征的虚拟时空，作为后工业社会技术红利的结构性源头，其近乎无限的市场空间和无可匹敌的时间效率，自然会受到寡头资本的青睐和竞相追逐，从而在极短的时间内走向垄断。很显然，这种“互联网 +”的技术优势与资本的联姻，将会进一步加速工业化逻辑下的传统市场、行业和商业模式的式微和衰败。从这个意义上讲，“互联网 +”的非预期后果实际上也是一种网络社会的必然趋势。

由于互联网技术重新定义了空间和时间，人类社会赖以存在的时空结构发生了革命性的变化，从而形成一种以信息技术范式为基础、按照互联网逻辑组织起来的社会形态。作为一种再结构化的力量，互联网技术最重大的意义在于彻底改变了时空事项的搭配方式，在社会和经济两个层面上产生了深刻影响。在社会层面，互联网改变了人类生活的空间格局和时间结构，通过时空事项的重新搭配塑造了一种全新的社会组织方式；在经济层面，互联网改变了市场交易的传统结构，新的时空结构与市场交易的结合产生了源源不断的技术红利。

工业化逻辑突破了地方性市场的时空限制，但工业化的时空结构仍然属于现实时空的范畴。工业时空表现出两个基本特点：一是中介化的空间拓展，即通过市场中介的传递交易实现空间拓展；二是功能化的时间安排，即时间与事项的固定搭配。尽管工业化的时空结构将人类社会带入到一个前所未有的发展阶段，但是仍然被互联网技术的发展所解构。在网络社会，信息技术范式和互联网逻辑塑造了一种全新的时空结构，即“虚拟时空”。虚拟时空也有两个基本特征：一是“去中介化”，即互联网技术使市场交易摆脱了对空间上的邻近中介及其传递交易的依赖性，可以直接将任意两个位置或场所连接起来建构一种虚拟交易情景；二是“弹性时间”，互联网技术使时间与事项的搭配更为机动灵活，人们能够更有效率地利用时间。总体上看，以“去中介化”和“弹性时间”为特征的虚拟空间，显著促进了市场规模的技术性扩张和有效改善了市场交易的成本结构，从而构成“互联网 + ”的技术红利的结构性源头。然而，虚拟时空的上述两个特征也直接导致了传统市场的萎缩、传统行业的凋敝和传统商业模式的衰退等一系列非预期后果。特别是“互联网 + ”与资本的联姻，将会进一步加剧市场领域的传统危机和强化市场交易的注意力转移。

综上所述，“互联网 + ”的技术红利及其非预期后果均源自于互联网技术所造就的虚拟时空。从这个意义上说，新时空结构的出现构成网络社会最根本的变化，互联网与市场的结合所产生的诸多后果实际上都跟时空结构的变化有关。值得注意的是，时空结构的变化并不意味着人类社会已经全然按照虚拟时空的方式存在和运行。实际上，虚拟时空仅仅出现于按照互联网逻辑运作的那一部分社会存在，除此之外的绝大部分仍然是按照工业时空的逻辑运行的。具体而言，虚拟时空主要存在于以社会交往为基础的市场、管理和服务等领域，而作为人类社会活动根基的基础设施建设和物质生产过程仍然是以工业时空的方式存在的。

因此，虚拟时空仅仅是在工业时空的框架中所发生的一种技术建构。这种技术建构具有惊人的能量，但是仍然不能彻底摆脱工业时空对人类活动的基础功能和限制作用。比如，人们可以通过虚拟的方式同世界上任何地方的商品提供者进行市场交易，但仍然需要工业化的物流支持才能转变为现实的消费，而且这种“虚拟交易 + 物流支持”的模式必须比单纯工业化逻辑中“市场中介 + 传递交易”的模式更为有效，否则虚拟交易就没有存在的价值。也就是说，虚拟时空中的市场交易仍然需要相匹配的工业时空提供支持，如果工业化逻辑的时空结构不能匹配互联网逻辑的要求时，极有可能由于结构上的不适而衍生出无法预料的间接后果。例如，在共享单车的快速发展中已经十分明显地表现出两种时空结构之间的不适。

第三章

新时代社会变迁最新权威背景话语研究

当代中国社会学学者研究问题的背景话语体系，主要由源于当代中国马克思主义、传统中国和西方三个方面的背景话语构成。改革开放以来，当代中国坚持和发展马克思主义形成的中国特色社会主义理论，作为权威背景话语焕发出生机活力；源于传统中国和西方的重要背景话语，也得以在科学扬弃中开始创造性转化。中共十八大以来注重构建中国特色哲学社会科学，马克思主义中国化最新成果作为权威背景话语，主导价值比过去更为彰显。新时代是党的十九大对当代中国的新定位。映照新时代中国大地伟大社会变迁的最新权威背景话语，就是党的十九大精神。有鉴于当下学界对党的十九大与新时代社会变迁密切相关的最新权威背景话语的研究将不断走向深入，本研究谨从五个方面简陈管见以抛砖引玉，但求能对研究者体认中国新时代社会变迁并促进其按既定的轨道良性运行有所裨益。

一　新时代与历史方位和现实国情的关系

（一）关于对新时代的总体把握

新时代是进入党的十九大报告标题并贯彻报告始终的一个重要概念。所谓时代，通常指历史上不同主体按照不同的标准划分所处的某个特定时期。例如，新旧石器时代、新石器时代，是指上古世界按照生产工具发展水平划分所处的特定历史时期；“和平与发展仍然是时代主题”[①] 之说中的时代，是指当今世界按照经济社会整体发展水平划分所处的特定历史时期；孩提时代、青年时代，则是指人的个体或群体按照生命历程划分所处的特定历史时期。据此可以认为，党的十九大报告所说的新时代，是指当代中国按照中国特色社会主义经济社会整体发展水平划分所出现的新的历史发展时期。中国特色社会主义进入新时代，对激励中国人民坚持和发展中国特色社会主义、决胜全面建成小康社会和实现现代化社会变迁，对激励中华民族迎来从站起来、富起来到强起来的伟大飞跃和伟大复兴，对激励其他社会主义国家焕发生机活力促进世界社会主义运动发展，对激励其他发展中国家拓展现代化路径促进人类社会文明进步，都具有重大的意义。

（二）新时代与历史方位的关系

“经过长期努力，中国特色社会主义进入了新时代，这是我国发展新的历史方位。”[②] 历史方位，是指客观事物在发展变化过程中所处的历史位置；新时代的历史方位，是指中国特色社会主义在发展变化过程中所处的历史位置。那么，进入新时代的历史节点在哪里？十九大新修订的党章中，曾明确指出：“十八大以来，以习近平同志为主要代表的中国共产党人，顺应时代发展，从理论和实践结合上系统回答了新时代坚持和发展什么样的中国特色社会主义、怎样坚持和发展中国特色社会主义这个重大时代课题，创立了习近平新时代中国特色社会主义思想。”[③] 据此可以认为，进入新时代的历史节点就在党的十八大，因为习近平新时代中国特色社会主义思想创立于党的十八大以后，只有习近平同志才是党的十八大以后创立习近平新时代中国特色社会主义思想的主要代表人物；因为只有以党的十八大为进入新时代的历史节点，党的十八大以来以习近平同志为核心的党中央坚持和发展中国特色社会主义的思想，才能理所当然地全部包含于习近平

---

① 《胡锦涛文选》第 3 卷，人民出版社 2016 年版，第 650 页。

② 习近平：《决胜全面建成小康社会　夺取新时代中国特色社会主义伟大胜利——在中国共产党第十九次全国代表大会上的报告》，人民出版社 2017 年版，第 10 页。

③ 《中国共产党章程》，人民出版社 2017 年版，第 5 页。

新时代中国特色社会主义思想的理论体系。党的十九大报告还指出“新时代中国共产党的历史使命”，就是要团结带领人民进行有效应对重大挑战、抵御重大风险、克服重大阻力、解决重大矛盾等具有新的历史特点的“伟大斗争”，深入推进党的建设的“伟大工程”，推进坚持和发展中国特色社会主义的“伟大事业”，实现中华民族伟大复兴的“伟大梦想”①；“从全面建成小康社会到基本实现现代化，再到全面建成社会主义现代化强国，是新时代中国特色社会主义发展的战略安排”②。这些论述，更是进一步彰显了新时代的历史方位。

（三）新时代与现实国情的关系

新时代的现实国情，也可以说是新时代的地理方位或现实方位，因为这里的新时代不是指世界发展的新时代，而是指中国特色社会主义发展的新时代。理解党的十九大精神，新时代的现实国情，大致可以包括两个方面。一方面，新时代的基本国情是“仍处于并将长期处于社会主义初级阶段”③。据此可以认为，考察新时代国情要有历史眼光，坚持实事求是的原则。中华人民共和国成立后社会主义制度的建立，就标志着中国已经实现了整体性社会结构的变迁，但当时中国确实存在经济文化相对落后的状况。正因为社会主义初级阶段从量变到质变需要经历一个长期的过程，即便到现在，强调新时代也没有认为中国由发展中国家变成发达国家可以一蹴而就，强调人民日益增长的美好生活需要也没有否定人民仍然有日益增长的物质文化生活需要，强调发展不平衡不充分也没有否认当下中国仍然有部分落后社会生产存在。甚至即便将来已超越西方发达国家，也不能轻言中国已经不再处于社会主义初级阶段，因为按照马克思主义经典作家的构想，社会主义社会本来就应该是比资本主义社会更高级的社会形态。能否在一国之内率先由社会主义初级阶段进入中级或高级阶段，世界上尚无成功的先例，只能留待以后的实践去回答。另一方面，新时代的特

---

① 习近平：《决胜全面建成小康社会　夺取新时代中国特色社会主义伟大胜利——在中国共产党第十九次全国代表大会上的报告》，人民出版社 2017 年版，第 15　17 页。

② 同上书，第 29 页。

③ 同上书，第 12 页。

定国情是“中国特色社会主义进入新时代，我国社会主要矛盾已经转化为人民日益增长的美好生活需要和不平衡不充分的发展之间的矛盾”①。据此可以认为，考察新时代国情还要有时代眼光，坚持与时俱进的原则。一方面，要充分认识到经过中华人民共和国成立以来特别是改革开放以来数十年的长期努力，进入党的十八大以后的中国社会已经发生了关系全局的深刻变化。从需求侧看，人民的物质文化生活水平总体上已经显著提高；从供给侧看，社会生产力水平总体上已经显著提高。另一方面，要充分认识到随着经济社会发展水平的不断提高，无论在需求侧还是在供给侧都对党和国家工作提出了更新更高的许多要求。从需求侧看，人民美好生活的需要层次更高、范围日更广；从供给侧看，发展不平衡不充分的问题越来越突出。问题就是时代的口号。新时代对社会主要矛盾的新判断，相对于过去社会主要矛盾的表述，无论从需求的角度还是从供给的角度看，都层次更高，内涵更深广。科学把握这一社会主要矛盾，将其与前面所引述的“四个伟大”紧密结合起来，是体认和推动新时代伟大社会变迁的关键所在。

二 新思想与理论传承和实践发展的关系

（一）关于对新思想的整体把握

这里的新思想，特指习近平新时代中国特色社会主义思想。这一新思想是党的十八大以来以习近平同志为核心的党中央坚持解放思想、实事求是、与时俱进、求真务实，坚持辩证唯物主义和历史唯物主义，紧密结合新的时代条件和实践要求，以全新的视野深化对共产党执政规律、社会主义建设规律、人类社会发展规律的认识，进行艰辛理论探索所取得的马克思主义中国化的重大的最新理论成果。从党的十九大报告所进行的概括来看，这一新思想主要从主题任务、发展方向、重大布局、发展动力、法治保障、军事保障、外部条件、政治

① 习近平：《决胜全面建成小康社会 夺取新时代中国特色社会主义伟大胜利——在中国共产党第十九次全国代表大会上的报告》，人民出版社2017年版，第11页。

保证八个方面，系统回答了新时代坚持和发展什么样的中国特色社会主义、怎样坚持和发展中国特色社会主义这个重大时代课题。这一新思想，是中国特色社会主义理论体系的重要组成部分，是全党全国人民为实现中华民族伟大复兴而奋斗的行动指南。党的十九大提出的新时代坚持和发展中国特色社会主义的基本方略，是深刻领会这一新思想的精神实质和丰富内涵，使之在各项工作中全面准确贯彻落实的基本方略，与这一新思想具有密不可分的内在联系。在体认和推动新时代社会变迁的进程中，应该把这一新思想与基本方略的学习、研究、宣传、实践有机统一起来。

（二）新思想与理论传承的关系

新思想具有伟大的理论创新。认真扎实、系统深入地学习这一新思想，是坚持和发展中国特色社会主义，体认和推动新时代社会变迁的重中之重。但这一新思想也有理论的传承。一方面，这一新思想“是对马克思列宁主义、毛泽东思想、邓小平理论、‘三个代表’重要思想、科学发展观的继承和发展”[①]，是对我们党的路线、方针、政策、决议和党的基本知识的传承、丰富和发展。习近平同志曾强调“马克思主义中国化形成的成果及其文化形态”“是中国特色哲学社会科学发展的最大增量”[②]。例如，习近平同志提出以人民为中心的发展思想之后，就曾引用过胡锦涛同志的话：“只有把人民放在心中最高位置，永远同人民在一起，坚持以人民为中心的创作导向，艺术之树才能常青。”[③] 事实上，十七届六中全会文件中也说过，要“坚持以人民为中心的创作导向”[④]。同时，这一新思想也有中国和西方的思想渊源。习近平同志也曾指出，“中华优秀传统文化的资源”“是中国特色哲学社会科学发展十分宝贵、不可多得的资源”，国外

---

① 习近平：《决胜全面建成小康社会　夺取新时代中国特色社会主义伟大胜利——在中国共产党第十九次全国代表大会上的报告》，人民出版社 2017 年版，第 20 页。

② 习近平：《在哲学社会科学工作座谈会上的讲话》，《人民日报》2016 年 5 月 19 日第 2 版。

③ 习近平：《在文艺工作座谈会上的讲话》，《人民日报》2015 年 10 月 15 日第 2 版。

④ 《中共中央关于深化文化体制改革推动社会主义文化大发展大繁荣若干重大问题的决定》，《人民日报》2011 年 10 月 26 日第 1 版。

“哲学社会科学取得的积极成果”“可以成为中国特色哲学社会科学的有益滋养”[①]。中华优秀传统文化中的“民为邦本，本固邦宁”[②]“以百姓心为心”[③] 等经典名言，习近平同志就曾引用过。因此，研读这一新思想，要与研读马克思列宁主义、毛泽东思想、邓小平理论、“三个代表”重要思想、科学发展观统一起来，与研读党的路线、方针、政策、决议和党的基本知识统一起来，与汲取中华优秀传统文化资源和国外哲学社会科学取得的积极成果特别是与汲取科学、文化、法律和业务知识的有益养分统一起来。

（三）新思想与实践发展的关系

从思想来源上说，这一新思想“是党和人民实践经验和集体智慧的结晶”，必须在实践中倍加珍惜；从价值彰显上说，这一新思想“是全党全国人民为实现中华民族伟大复兴而奋斗的行动指南”，必须在实践中“长期坚持”；从生机活力上来说，这一新思想具有与时俱进的马克思主义理论品质，必须在实践中“不断发展”[④]。“实践没有止境，理论创新也没有止境”“时代是思想之母，实践是理论之源”[⑤]。因此，坚持在这一新思想指导下体认和推动当代中国的社会变迁，要精心研读习近平同志系列重要讲话的原文，深刻理解，融会贯通，绝不能浮光掠影，扎扎实实搞形式，认认真真走过场；要紧密联系思想和工作实际推动实践，在这一新思想指导下全面准确地贯彻落实已经融会了党的基本纲领、基本经验、基本要求的党的坚持和发展中国特色社会主义的基本方略；要善于洞察世情、国情、党情、民情的发展变化，在发展着的实践中坚持不懈地尊重和集中党和人民的实践经验和集体智慧，促进这一新思想在实践中不断丰富和发展。

---

① 习近平：《在哲学社会科学工作座谈会上的讲话》，《人民日报》2016 年 5 月 19 日第 2 版。

② 顾迁注译：《尚书》，中州古籍出版社 2010 年版，第 25 页。

③ 沙少海、徐子宏译注：《老子全译》，贵州人民出版社 2009 年版，第 86 页。

④ 《中国共产党章程》，人民出版社 2017 年版，第 6 页。

⑤ 习近平：《决胜全面建成小康社会　夺取新时代中国特色社会主义伟大胜利——在中国共产党第十九次全国代表大会上的报告》，人民出版社 2017 年版，第 26 页。

三 总任务与发展方向和战略部署的关系

（一）关于对总任务的整体把握

党的十九大报告指出："这个新时代，是承前启后、继往开来、在新的历史条件下继续夺取中国特色社会主义伟大胜利的时代，是决胜全面建成小康社会、进而全面建设社会主义现代化强国的时代，是全国各族人民团结奋斗、不断创造美好生活、逐步实现全体人民共同富裕的时代，是全体中华儿女勠力同心、奋力实现中华民族伟大复兴中国梦的时代，是我国日益走近世界舞台中央、不断为人类作出更大贡献的时代。"① 在党的十九大报告中，位列习近平新时代中国特色社会主义思想最前面的内容，就是"明确坚持和发展中国特色社会主义，总任务是实现社会主义现代化和中华民族伟大复兴，在全面建成小康社会的基础上，分两步走在本世纪中叶建成富强民主文明和谐美丽的社会主义现代化强国"②。加上前文已引述过的"四个伟大"以及在全面建成小康社会基础上全面建成社会主义现代化强国的战略安排，大致可以认为，这里所说的坚持和发展中国特色社会主义的总任务，就是新时代坚持和发展中国特色社会主义的总任务，至少包含了新时代坚持和发展中国特色社会主义的总任务；这里所引述的"五个是"，则毋庸置疑地就是新时代坚持和发展中国特色社会主义的总任务。总的来说，新时代坚持和发展中国特色社会主义的总任务，表明了新时代已经发生、正在发生和将要发生的伟大社会变迁。在体认和推动新时代社会变迁的进程中，应该全面深刻地把握新时代坚持和发展中国特色社会主义的总任务。

（二）总任务与发展方向的关系

根据党的十九大报告，位列习近平新时代中国特色社会主义思想

① 习近平：《决胜全面建成小康社会 夺取新时代中国特色社会主义伟大胜利——在中国共产党第十九次全国代表大会上的报告》，人民出版社 2017 年版，第 10—11 页。

② 同上书，第 19 页。

第二位的内容，就是“明确新时代我国社会主要矛盾是人民日益增长的美好生活需要和不平衡不充分的发展之间的矛盾，必须坚持以人民为中心的发展思想，不断促进人的全面发展、全体人民共同富裕”①。十九大报告还指出：“全党必须牢记，为什么人的问题，是检验一个政党、一个政权性质的试金石。带领人民创造美好生活，是我们党始终不渝的奋斗目标。必须始终把人民利益摆在至高无上的地位，让改革发展成果更多更公平惠及全体人民，朝着实现全体人民共同富裕不断迈进。”② 据此可以认为，这些论述，凸显了人的现代化在新时代社会变迁中的突出地位与作用，开启了返璞归真的中国特色社会主义现代化新征程，彰显了新时代完成总任务的发展方向或价值理性。因为步入新时代后所说的现代化，已经是在经济、政治、文化、社会建设和生态文明“五位一体”建设中追求富强、民主、文明、和谐、美丽“五位一体”目标的现代化，已经是国家治理体系和治理能力的现代化，已经是新型工业化、信息化、城镇化、农业现代化同步发展的现代化，其核心是人的现代化。

（三）总任务与战略部署的关系

十九大提出了坚持和发展中国特色社会主义的基本方略，明确了决胜全面建成小康社会、夺取新时代中国特色社会主义伟大胜利的战略安排、战略路径、战略保证。在战略安排上，强调要“坚定实施科教兴国战略、人才强国战略、创新驱动发展战略、乡村振兴战略、区域协调发展战略、可持续发展战略、军民融合发展战略”，在2020年前全面建成小康社会；2020年到2035年要“基本实现社会主义现代化”，2035年到2050年要“把我国建成富强民主文明和谐美丽的社会主义现代化强国”③。在战略路径上，强调要“贯彻新发展理念，建设现代化经济体系”“健全人民当家作主制度体系，发展社会主义民主政治”“坚定文化自信，推动社会主义文化繁荣兴盛”“提高保

---

① 习近平：《决胜全面建成小康社会　夺取新时代中国特色社会主义伟大胜利——在中国共产党第十九次全国代表大会上的报告》，人民出版社2017年版，第19页。

② 同上书，第44—45页。

③ 同上书，第27—29页。

障和改善民生水平，加强和创新社会治理”“加快生态文明体制改革，建设美丽中国”“坚持走中国特色强军之路，全面推进国防和军队现代化”“坚持‘一国两制’，推进祖国统一”“坚持和平发展道路，推动构建人类命运共同体”[①]。在战略保证上，强调要“坚定不移全面从严治党，不断提高党的执政能力和领导水平”[②]。这些论述，总的来说，可谓彰显了新时代完成总任务的战略部署或工具理性。毋庸置疑，价值理性比工具理性更为本质，工具理性必须服务于价值理性；但是，没有工具理性就无法实现价值理性。新时代完成总任务的战略部署，对践行习近平新时代中国特色社会主义思想，特别是对坚持以人民为中心的发展思想，具有至关重要的意义。

四　惠民生与经济发展和共享发展的关系

（一）关于对惠民生的整体把握

惠民生，这里是对“提高保障和改善民生水平”[③] 的简略表述。惠民生的主要内容，就是要“多谋民生之利、多解民生之忧，在发展中补齐民生短板、促进社会公平正义，在幼有所育、学有所教、劳有所得、病有所医、老有所养、住有所居、弱有所扶上不断取得新进展，深入开展脱贫攻坚，保证全体人民在共建共享发展中有更多获得感，不断促进人的全面发展、全体人民共同富裕”[④]。强调惠民生，从价值理性上说，秉承了人民是历史创造者的马克思主义唯物史观，立足于以人民为中心的马克思主义政治经济学根本立场，丰富和发展了一切权力属于人民的马克思主义政治学原理，坚持和发展了立党为公、执政为民的马克思主义党建学说。从工具理性上说，既抓住了全面建成小康社会和开启社会主义现代化建设新征程的突出短板，也能够充分激发全体人民投身小康社会和社会主义现代化建设的主动性、

---

① 习近平：《决胜全面建成小康社会　夺取新时代中国特色社会主义伟大胜利——在中国共产党第十九次全国代表大会上的报告》，人民出版社 2017 年版，第 29—60 页。

② 同上书，第 30 页。

③ 同上书，第 44 页。

④ 同上书，第 23 页。

积极性和创造性。因为现在城乡、区域、社会事业、社会群体之间及其内部，都在不同程度上存在保障与改善民生发展不平衡、不充分的问题；只有解决好这些问题，才能真正凝心聚力，团结并引领人民为创造美好生活而砥砺奋进。紧紧围绕提高保障和改善民生水平体认和推动新时代的社会变迁，应该是社会学学者最根本的关切。

（二）惠民生与经济发展的关系

党的十九大报告强调，“增进民生福祉是发展的根本目的”，要“坚持在发展中保障和改善民生”①。这是个非常重要的理论与实践问题。现在有学者说，改革开放初期社会的主要矛盾是日益增长的物质文化生活需要与落后的社会生产之间的矛盾，所以那时要集中力量发展社会生产力；现在主要矛盾发生了深刻变化，所以要坚持以人民为中心。也有的地方领导把惠民生与经济工作割裂开来，把惠民生甚至把解决所有发展不平衡不充分的问题，都看成是社会建设的事。这些认识值得商榷。从理性化的角度来看，以人民为中心特别是惠民生，首先体现的是价值理性，是在对官本位现象以及商品拜物教、货币拜物教和资本拜物教的否认中对人民主体地位的确认；以经济建设为中心，首先体现的是工具理性，是在经济建设、政治建设、文化建设、社会建设、生态文明建设“五位一体”的总体布局中对发展社会生产力重大意义的确认；坚持以人民为中心，就是要通过继续坚持以经济建设为中心，发展社会生产力，满足人民日益增长的美好生活需要，解决社会发展不平衡不充分的突出问题，促进人的全面发展。如果不能回应人民的期待，在发展经济的基础上造福于人民，让群众得到实实在在的利益，经济发展就失去了意义，也不可能持续。可见，以人民为中心和以经济建设为中心，不是在同一个逻辑层面提出的概念，二者之间不是互相对立的，制造价值理性与工具理性的对立，本质上不是对价值理性的否认，就是对工具理性的否认。从唯物论的角度来看，生产力决定生产关系，经济基础决定上层建筑，不断提高人

① 习近平：《决胜全面建成小康社会　夺取新时代中国特色社会主义伟大胜利——在中国共产党第十九次全国代表大会上的报告》，人民出版社2017年版，第23页。

民生活水平是建立在发展经济的基础之上的，离开经济建设谈惠民生，谈社会建设，谈解决所有发展不平衡不充分的问题，谈以人民为中心，都只能是空中楼阁的主观想象。所以，在体认和推动新时代社会变迁的过程中，绝不能因为当代中国经济的发展已经取得伟大成就，就否认当代中国仍然处在社会主义初级阶段的基本国情，就不能不特别强调把惠民生与坚持以经济建设为中心有机统一起来，把继续坚持以经济建设为中心视为新时代惠民生、解决不平衡不充分的发展问题以及坚持以人民为中心的发展思想的根本和关键所在。

（三）惠民生与共享发展的关系

坚持在发展中保障和改善民生，必须坚持共享发展。事实上，十八届五中全会后，习近平同志就曾从全民共享、全面共享、共建共享、渐进共享相互贯通的四个层面诠释过党的十八届五中全会提出的共享发展理念的内涵。[①] 根据习近平新时代中国特色社会主义思想，可以认为，第一，新时代强调提高保障和改善民生水平或惠民生，本质上就是要坚持以人民为中心的发展思想，逐步实现共同富裕。第二，新时代绝不允许出现“朱门酒肉臭，路有冻死骨”[②] 的现象，而是要抓住人民最关心、最直接、最现实的利益问题，坚守底线、突出重点，坚持公平正义，“既把‘蛋糕’做大，也把‘蛋糕’分好”[③]，做到人人享有、各得其所。第三，新时代绝不允许以偏概全，仅仅满足于小富即安，而是要让人民共享经济、政治、文化、社会、生态各方面的建设成果，全面保障人民在各方面的合法权益。第四，新时代绝不允许脱离群众的官僚主义，而是要充分发扬民主，广泛汇聚民智，最大激发民力，形成人人参与、人人尽力、人人都有成就感的生动局面。第五，新时代绝不允许裹足不前，也不允许好高骛远，而是要既完善制度、尽力而为，也引导预期、量力而行，做到循序渐进、

① 习近平：《在省部级主要领导干部学习贯彻党的十八届五中全会精神专题研讨班上的讲话》，《人民日报》2016 年 5 月 10 日第 2 版。

② 徐培均主编：《唐诗名句 300》，汉语大词典出版社 2000 年版，第 271 页。

③ 国务院新闻办公室、中央文献研究室、中国外文局：《习近平谈治国理政》，外文出版社 2014 年版，第 96—97 页。

久久为功，使人民的获得感、幸福感、安全感更加充实、更有保障、更可持续。以上五条，可以说是新时代社会学学者关注和研究民生问题不可或缺的重要标尺。

五　市民化与城镇发展和乡村发展的关系

（一）关于对市民化的整体把握

党的十九大报告强调：要“以城市群为主体构建大中小城市和小城镇协调发展的城镇格局，加快农业转移人口市民化”①。加快农业转移人口市民化，不仅是经济学学者的关注，而且是联结新型工业化、信息化、城镇化和农业现代化等新时代社会变迁的热点、难点问题，不能不引起社会学学者的高度关注。从社会学的视角来看，针对农业转移人口而言的“市民化”，不仅是指农业转移人口由乡村户籍变更为城镇户籍，更重要的是指农业转移人口必须在客观上享有身份地位、生活条件、公共服务、政治参与等方面的市民权益，在主观上具有与市民大致相当的文化程度、就业技能、生活方式等方面的综合素质。加快农业转移人口市民化至少具有三个方面的重大社会意义：一是有利于更多运用市场化、法治化手段促进人口有序流动，努力实现中央提出的从2014年到2020年“1亿左右农业转移人口和其他常住人口在城镇落户”② 的目标，促进“户籍人口城镇化率加快提高”③，优化人口结构，实现人口均衡发展；二是有利于促进“农民工多渠道就业创业”并“加快推进基本公共服务均等化，缩小收入分配差距”④，优化人口服务管理和社区治理，全面落实十九大“突出抓重点、补短板、强弱项”，特别是“坚决打好防范化解重大风

---

① 习近平：《决胜全面建成小康社会　夺取新时代中国特色社会主义伟大胜利——在中国共产党第十九次全国代表大会上的报告》，人民出版社2017年版，第33页。

② 中共中央、国务院：《国家新型城镇化规划（2014—2020年）》，《人民日报》2014年3月17日第9版。

③ 《中共中央关于制定国民经济和社会发展第十三个五年规划的建议》，《人民日报》2015年11月4日第1版。

④ 习近平：《决胜全面建成小康社会　夺取新时代中国特色社会主义伟大胜利——在中国共产党第十九次全国代表大会上的报告》，人民出版社2017年版，第46—47页。

险、精准脱贫”等“攻坚战”的战略安排；① 三是有利于逐步打破城乡、区域以及城镇本地人与外地人三个二元结构，彰显社会公平正义，促进城乡、区域协调发展，决胜全面建成小康社会，为建设社会主义现代化强国奠定坚实基础。

（二）市民化与城镇发展的关系

党的十九大报告强调，要“推动新型工业化、信息化、城镇化、农业现代化同步发展”②。理解这一论述，要充分认识农业转移人口市民化是新时代新型城镇化的关键。在以物为核心的传统城镇化时期，人的城镇化往往既大大滞后于工业化、信息化，也大大滞后于土地、设施的城镇化。彰显社会现代化程度的城镇化，主要是指人口由乡村向城镇集聚的过程；没有农业转移人口的市民化，就没有真正的城镇化。新时代以人为核心的新型城镇化把农业转移人口市民化视为核心任务，使之与土地、设施的城镇化相匹配，能够在劳动年龄人口总量减少的情况下稳定劳动力供给和工资成本、培育现代产业工人队伍，能够扩大消费需求、稳定房地产市场、拉动城镇基础设施和公共服务设施投资，能够使全面小康社会惠及更多人口，促进社会公平正义与和谐稳定，本质上就是确保新型城镇化持续、稳定、健康发展，确保以人为核心的新型城镇化与新型工业化、信息化、农业现代化同步发展。以上观点现在基本上得到学界的普遍认同，这里不再赘述。

（三）市民化与乡村振兴的关系

党的十九大报告强调，要“实施乡村振兴战略”“坚持农业农村优先发展”③。从市民化的角度来看，理解这一论述，要深刻认识到农业转移人口市民化在新时代与乡村振兴战略以及农业农村优先发展相辅相成。现在有这样一种观点，加快农业转移人口市民化，与实施乡村振兴战略是互相矛盾的，因为加快农业转移人口市民化会卷走推

---

① 习近平：《决胜全面建成小康社会　夺取新时代中国特色社会主义伟大胜利——在中国共产党第十九次全国代表大会上的报告》，人民出版社 2017 年版，第 27—28 页。

② 同上书，第 21—22 页。

③ 同上书，第 32 页。

动乡村振兴的精英；主张农业农村优先发展，在逻辑上也与新型城镇化、农业现代化同步发展存在矛盾。这种观点是经不起推敲的。一方面，虽然加快农业转移人口市民化，确实会卷走推动乡村振兴的部分精英，但乡村振兴战略实施的根本目的就在于解决好农业、农村、农民“三农”问题，农业转移人口是非农化的农村人口，从共享发展成果的角度看他们即便是精英也不存在应该将其永久地束缚在农村土地上的理由，更何况他们的市民化应该是以自愿为前提的，而且即便完成市民化之后他们也与原有乡村有割不断联系，仍会以多种更好的形式反哺乡村。解决好农业转移人口市民化问题，既是新型城镇化的重要问题，也是“三农”工作的重要问题。另一方面，新时代坚持农业、农村优先发展，恰恰正是为了实现新型城镇化、农业现代化同步发展。因为即便进入了新时代，“农业还是‘四化同步’的短腿，农村还是全面建成小康社会的短板”①，包括农业转移人口在内的农民问题还是中国人口发展的最大问题。正因为新型工业化、城镇化既是建立在传统工业化、城镇化基础上的城镇化，相对当下的农业现代化具有某些方面的超前性，新时代一直强调新型城镇化既要补农业转移人口市民化的自身短板，又要在强调工业反哺农业的语境下坚持城市支持农村。这就表明，加快农业转移人口市民化，与坚持农业、农村优先发展，具有高度的一致性。

---

① 新华社记者：《中央农村工作会议在北京举行》，《人民日报》2013 年 12 月 25 日第 1 版。

第四章

单位社区解体与老年群体空间意义的变迁①

改革开放以前的计划经济时代，原来生活在“单位”社区的居民，衣食无忧，所以无心在社区中建立自己的社会网络关系，对“单位”的依赖感就远远大于对社区的依赖感。然而，伴随着社会的变迁，国有企事业改革，许多“单位”逐步解体，大量的社区居民从“单位人”变成了“社会人”。由于社区居民对社区的认同感严重缺失，随着单位改制，单位制社区面对市场经济冲击和越发突出的老龄化问题，存在转型的紧迫任务。

一　问题的提出与相关文献回顾

（一）问题的提出

单位社区是计划经济时代与城市单位制组织相配套的社会制度安排，它是单位通过对社会资源的控制和配置，为单位体制内的人设置的日常生活空间。② 随着中国市场化改革进程中单位的解体，以及在住房商品化、社会保障制度改革以及社区治理模式转变的推动下，曾经长期在中国城市中存在的单位社区走向解体，原单位社区内部的人

---

① 本研究为湖北省社科基金 2016 年重点项目《幸福湖北建设研究》（项目编号：ZD2016WT009）的阶段性成果。

② 马学广：《“单位制”城市空间的社会生产研究》，《经济地理》2010 年第 9 期。

员也逐渐由“单位人”向“社会人”转变。受一些主客观原因影响，部分长期居住在原单位社区中的老年群体没有选择流动迁移，依旧居住在原“单位大院”中，从而变为了城市社区中的“留守老年群体”。虽然单位社区的变迁伴随着单位制的解体历时已久，但人思想观念的嬗变往往滞后于物质层面的变化，尤其是老年群体自身身体机能的下降和社会交往的萎缩，在思想观念和集体意识的转变上将更为缓慢，因此在单位解体近二十年后的今天，以及中国人口结构老化和城市社区建设创新的背景下，对于原单位社区中老年群体的思想观念和集体意识变迁的关注具有相当的理论和实践价值。

（二）文献回顾

既往研究将单位制主要视作作为“制度”的单位和作为“组织”的单位两个层面，[①] 并对单位中的“单位人”进行了一些派生性分析。具体而言，学者在对单位研究的过程中，形成了“单位人依赖结构”“个体化的单位人”等关于单位人的描绘和分析，然而，多数研究陷入了“只见制度不见人”的窠臼，未能揭示出个人生活经历和生命历程与单位的制度交互作用机制。[②] 此外，面对城市基层社区治理模式的转变，已有的研究却忽视了制度变迁中，对于以老年群体为主的留守“单位人”的关注，相较于城乡一体化背景下的另一类似群体——农村留守老年群体，社会学研究对于他们日常生活和思想观念的研究显然不足。

空间社会学的视阈下，空间兼具物质性、社会性和主观性，空间是物理空间、社会空间与空间意义的聚合体。同时空间本质上又可以视作一种主观性的情感体验。[③] 综合来看，空间意义反映了空间的主观性，它包含了主体对于空间的情感体验和主观认知两个层面。齐美尔认为透过社会关系的维度能够管窥物质空间内主体性社会互动如何

---

① 李路路：《“单位制”的变迁与研究》，《吉林大学社会科学学报》2013 年第 1 期。

② 田毅鹏、许唱：《“单位人”研究的反思与进路》，《天津社会科学》2015 年第 5 期。

③ 潘泽泉：《当代社会学理论的社会空间转向》，《江苏社会科学》2009 年第 1 期。

在主观上进行建构，人与人之间的关系可以视为空间与空间之间的关系。[①] 列斐伏尔也指出“空间中弥漫着社会关系；它不仅被社会关系所支持，也生产着社会关系并被社会关系所生产”[②]，以上观点都进一步揭示了空间物质属性、社会属性和主观属性三者间的辩证关系。基于空间社会学的理论，本研究拟解决的主要问题是：在单位解体的进程中，单位社区的物质空间和社会空间发生了哪些方面的变迁？此种变迁又对老年群体的空间意义产生了何种困扰？

（三）案例简介与研究方法

本研究选取了中国中部地区 N 市内的一个典型老国有企业单位社区（简称 C 社区）作为个案。C 社区临近城郊，原工厂与社区被国道分隔，位于马路两侧。单位产业性质为制造业，主要以采矿机械设计、生产为主。单位企业成立于 1956 年，于 1999 年开始进行改制，2001 年宣布破产，部分职工和产业合并至另一国有企业，随之原单位社区开始并入街道办管理。由于地处偏僻，社区管理比较混乱，单位解体后社区前期主要由原单位留守处与街道共管，2007 年居委会才正式成立。单位解体前，C 社区约有人口近万人，绝大部分为原单位职工和家属，单位解体后，社区人口减少至六七千人，主要以原单位老职工和从周边地区流入的务工经商人员为主。

本研究在 C 社区内部，找寻了 20 余位老年人，年龄分布在 60—80 岁，他们都是原单位的职工，在社区中有至少 30 年以上的生活经历，见证了单位的解体和单位社区的变迁。在研究资料收集方面，本研究主要采用无结构访谈和参与观察方法。

二　单位社区的空间形态与老年群体的空间意义

单位社区是计划经济体制下单位内部人员日常生活的公共空间。

---

① 转引自叶剑涯《空间社会学的缘起及发展——社会研究的一种新视角》，《河南社会科学》2005 年第 9 期。

② ［法］亨利・列菲伏尔：《空间：社会产物与使用价值》，包亚明主编《现代性与空间的生产》，上海教育出版社 2003 年版，第 48 页。

为实现对稀缺资源的集中配置和城市人口整齐划一的社会管理，单位社区将物理空间与生产空间高度融合。① 在单位社区独特的物质与社会空间形态影响下，老年群体也具有特有的空间意义。

（一）封闭集中的物理空间与老年群体的空间体验

封闭与集中是单位社区作为物质空间的主要特点。斯科特指出："国家许多行动的目的都在于将他们统治范围内的人口、空间和自然转变为封闭的系统，这个系统里没有意外，便于观察和控制"②，计划经济时代的单位及单位社区正承载着此功能。单位社区的封闭性主要表现为以"大院制"为代表的物质形态阻隔，C 社区在单位时代，内部建造了封闭、密集的院墙，社区的进出口有门卫和铁门、警铃等安全装置。受城乡户籍制度的影响，单位社区为限制人口的流动，在管理上设置有一系列严格的进出制度，阻隔了空间内外人员的流动，导致了单位社区空间形式上表现出高度封闭。封闭的社区使整个城市社区被分隔成了一个个易于管理、动员且相对孤立的空间，正如福柯所指，规训往往需要借助封闭的空间，现代社会微观权力的规训技术通常是通过对空间的隔离、分割、分类等实现的。③

社区空间的集中性表现在单位社区在功能空间的聚集性安排上。出于生产的优先性和政治动员便捷性的考量，单位社区通常紧挨本单位的生产空间且分布相对集中，借此保障生产效率的最大化，C 社区与单位企业工厂也仅有一条马路的阻隔，居民区和工厂相距很近。除了物理空间与生产空间的紧邻外，由于计划经济体制下单位对内部成员提供全方位的保障，致使医疗空间、消费空间和娱乐空间等不同功能的空间都聚集在封闭的社区内部，老年群体生活、娱乐、医疗保健

---

① 田毅鹏：《"典型单位制"对东北老工业基地社区发展的制约》，《吉林大学社会科学学报》2004 年第 4 期；王美琴：《后单位制时代传统单位社区重建问题新解》，《学术论坛》2011 年第 2 期。

② ［美］詹姆斯·C. 斯科特：《国家的视角：那些试图改善人类状况的项目是如何失败的》，王晓毅译，社会科学文献出版社 2012 年版，第 102 页。

③ ［法］米歇尔·福柯：《规训与惩罚》，刘北成、杨远婴译，生活·读书·新知三联书店 1999 年版。

等需求也基本上能够在社区内得以解决。在原C社区内部就聚集有卫生所、食堂、礼堂、菜场、体育场、电影院等承担着不同功能的空间，老年群体在日常生活中基本不需要出入社区，他们的生活轨迹基本上都局限在单位社区内部。

以前我们厂周围都有蛮高的院墙，因为周围都是农田，地方也比较偏僻，和周围的农民还有其他厂的人都没有什么交往。厂里面以前都有食堂、俱乐部、礼堂、电影院、菜场，我们住的地方离上班的地方就隔了一条马路，平时基本上不用出去，一些需求在厂里面就能解决（YMJ，71岁）。

老年群体由于身体机能的衰退，在晚年生活中往往需要一个相对稳定、舒适、依赖感强且能够寄托身心的物质空间，封闭集中的单位社区物理空间，正好能够满足老年群体的相关需求。单位社区的封闭性，为社区内部老年群体提供了变迁缓慢、相对稳定而熟悉的日常生活，而单位社区多功能空间的集中性安排，保障了社区内部老年群体便捷和舒适的物质生活。老年群体在单位社区中，每天可以保持稳定不变、游刃有余的生活习惯和生活节奏，衣食住行、消费娱乐、身体保健等日常生活需求都可以在社区内部得到满足。因此，在封闭集中的日常物理空间中，老年群体容易形成舒适、稳定、依赖和便捷的空间情感体验，这也构成了他们在单位社区中空间意义的第一个层面。

（二）熟悉认同的社会空间与老年群体的空间认知

封闭的单位社区空间阻隔了社区内外人员的流动，社区内部居民每日在社会交往中面对的都是固定、熟悉的对象。对于C社区内的老年群体而言，他们在社区生活中交往的都是与自己类似、相互熟悉的退休职工，家庭生活中，与子代、孙辈也多共同生活在狭小的“筒子楼”内部，因此老年群体无论是在家庭内还是家庭外，都易于与交往对象形成熟悉、亲密和高质量的社会关系。长此以往，社区内部的老年群体逐步建立了封闭的社交圈和固定的社会关系网络，整个单位社区内部也形成了一个类似传统中国农村社会的“熟人社会”。“熟人社会”最大特点就是内部成员之间是以人情关系作为行为准则，人们因熟悉而获得信任，获得可靠性认可，获得对行为规矩的下意识式遵守，[①] 失信和越轨行为将会面临极大的风险和舆论压力。

以前觉得这个厂就是我的家，周围都是熟悉的亲朋好友，平时都是抬头不见低头见，相互之间都知根知底的，在一起相处得也比较舒服，对厂里人也都十分信任，家长里短的有什么事情和困难大家一般都知道（XXY，66 岁）。

在封闭集中的社区空间中，无论是社交、消费还是娱乐，内部居民都将在共同的空间内完成，老年群体“抬头不见低头见”的日常生活，使得他们在不同功能的空间中相互碰面、交往的概率和频次大大增加。同时，作为国家在城市中社会动员与社会控制的基层载体，单位经常在社区内部针对老年群体组织集体性的公共活动和福利性的慰老活动。综合影响下，在社区高频率的社会交往和单位组织的公共活动中，不同老人之间容易形成共同的生活经历和能取得共鸣的公众性议题，诸如体育场、公园、电影院等不同功能的空间也极易成为老年群体相互之间建构深层次、高质量的社会关系的公共空间。在调查中，许多受访对象也充满怀念告诉笔者，原来社区中的公园、礼堂、电影院、棋牌室都是他们退休生活中休闲娱乐、谈天说地的“根据地”。

在具有“熟人社会”特点的单位社区社会空间中，高质量、深层次的社会关系，以及相似的生活经历、公众性议题和集体活动，使得老年群体能够在社会交往和互动中分享生活、舒缓孤独、交流情感，满足了老年群体因步入生命周期末端导致的社会关系萎缩而带来强烈的社会交往需求，让单位社区成为他们心目中熟悉、信任的社会空间。进而他们对单位社区空间的主观认知也将产生强烈的认同和高度的归属，他们将其视作一个能够愉悦身心、安度晚年的乐土。事实上在调查中，许多 C 社区的老年人都用“家”“我们厂”等高度认同性语言来描绘原单位社区，高度熟悉、信任和强归属认同的空间认知构成老年群体空间意义的第二个层面。

以前我们的衣、食、住、行都是在单位里，礼堂、电影院、体育

① 陈柏峰：《熟人社会：村庄秩序机制的理想型探究》，《社会》2011 年第 1 期。

馆、学校、菜场那些都在单位里面，很近很方便。平时就是上班下班，很少出去也很少有外面的人进来，下了班要么在单位体育场边聊聊天，要么在棋牌室打打牌，大家相互之间有说不完的话，真的觉得我们厂就是我们老职工的家（ZJX，69 岁）。

三　单位社区解体与老年群体空间意义的困扰

20 世纪 80 年代改革开放以后，社会日益复杂、动态、多样化，单位逐渐萎缩，其社区的功能也逐渐地淡化，[①] 加之中国经济体制逐步由计划向市场的转轨，导致了单位体制的终结，城市社会基层治理模式也由单位制变为社区制。单位社会的终结可以视为一个“社会空间”模式转换进程，不能仅将其视为简单的几何空间意义的变化，而应透过变迁过程去认识观察复杂的社会现象，[②] 因此透过空间视角对单位社区解体这一社会现象的解释具有强大的潜力。单位解体后，为社区提供资源和“父爱式”保障的单位开始退出，市场随即进入，致使单位社区的物理空间和社会空间发生了重大变迁，也给老年群体的空间意义带来了相应困扰。

（一）开放分散的物理空间与老年群体空间体验的变化

单位社区解体使社区物理空间由封闭变为开放。社会主义市场经济体制下，单位不再承载着城市基层管理和资源分配的职能，单位无论是作为“制度”还是“组织”，都开始撤出城市社区。在城乡一体化和户籍制度改革的宏观背景下，严格地限制城乡人员的流动已无必要，社区内外的人员流动也随即开始，原来用于阻隔原单位社区之间的院墙纷纷拆解，“大院制”社区逐步被更为开放的“花园式”物业管理制社区所取代，同时一些排他性的制度阻隔也不再设立，外部人员能够通过购房、租房进入社区内部生活，内部人员也能够外出务工

---

① 冯玲、李志远：《中国城市社区治理结构变迁的过程分析——基于资源配置的视角》，《人文杂志》2003 年第 1 期。

② 田毅鹏、吕方：《单位社会的终结及其社会风险》，《吉林大学社会科学学报》2009 年第 6 期。

居住。C社区在单位解体后便开始进行重新规划，原来的筒子楼、大院被重新翻修或改建，2007年社区居委会正式成立后，许多职工因为工作的调动，住房开始对外销售和出租。因此，C社区内外的人员可以自由地流动，许多原单位的下岗、改制职工纷纷外流，进城务工经商等区域外群体的不断流入，都不同程度推动着社区物理空间形式由封闭逐渐转向开放。

物理空间由集中变为分散是单位社区空间变迁的另一重表征。单位解体的直接后果是生产空间与居住空间的分离，生产空间、医疗空间、消费空间和娱乐空间等不同功能的空间开始从社区中撤离，逐步远离社区并转移至专门化的区域，不再全部局限、集中在封闭的社区空间中。在C社区内部，原来的卫生所、俱乐部、菜场、商店、电影院、礼堂、公园等空间纷纷被重新规划，原来的老电影院变为停车场，礼堂重新修建了居民楼，卫生所变为几个社区共用的社区卫生服务站，厂房也都变为商品房小区，多功能的空间不再聚集于社区内部。空间占有的多元主体性也是空间分散的表现，社区公共服务的市场化使得大量的社区服务外包给个人或其他集体，导致了承载着不同功能的空间分散至不同的利益主体，其后隐藏着多元主体出于不同动机对空间进行着支配、分割、利用，在空间的处置行动中勾连着复杂的社会关系和利益分配结构。最后，在转型时期社区管理上容易出现一个相对的“权力真空期”，社区管理主体还没有完全归位，结果是各类满足居民基本生活的行业开始自由地散落在社区内部，整个社区的规划较为散乱和自由，空间布局呈现出自由分散的特点。C社区在单位解体后，内部秩序十分混乱，垃圾遍地、违规搭建等乱象极为普遍，直到居委会成立后，才慢慢有所改观。

现在进出厂了要容易多了，也没人管你，蛮多年轻人都把以前的房子卖掉了，好多外来打工的、做生意的都住过来了……以前一些老建筑，像那个礼堂、医务所全部都拆掉了，要么就建房子，要么就变成了店面……社区现在也基本没人管，生活环境也不如以前，现在每天生活变化都蛮大，感觉有点不适应（HYR，76岁）。

单位社区解体后，依然生活在开放分散社区空间中的老年群体，他们不得不面临日新月异、浩浩荡荡的城市社区建设运动，和不断变更的生活环境，急速变迁、缺乏稳定的日常生活取代了变迁缓慢、稳定的单位岁月。多功能空间的分散化也导致了消费空间、娱乐空间从单位社区中的抽离，单位提供的全方位保障开始被以盈利为主导的市场化服务所取代，老年群体的衣食住行、娱乐消费、医疗保健等社会活动很难再局限在一个固定的空间内部。社区管理真空导致社区内部秩序混乱，环境恶化，也严重影响了老年群体社区生活的舒适度。在此影响下，老年群体的空间体验也发生了明显的变化，不适、变动、不便甚至是拒斥取代了原来舒适、稳定、便捷和依赖的空间体验。老年群体的空间意义也发生了第一个层次上的变化。

现在感觉没有以前住得方便，社区也经常改建，现在我们年纪大了，经常一个新的东西没有适应，又来了新的东西，虽然我晓得是社会在发展进步，但在社区里面好多东西我们还是感觉不习惯、不稳定嘛！比如居委会里面那个服务预约机，我就一直不会用，都只有让别人帮忙或者直接去窗口上问，还更麻烦！总之现在变化得太快了，有点跟不上（变化的）节奏（LTS，78 岁）！

（二）陌生疏离的社会空间与老年群体空间认知的变化

物理空间由封闭变为开放的直接后果是社区内部成员的混合性和异质性，也使得社会空间由熟悉认同变为陌生疏离。伴随着大量的外来人口的流入和内部人员（主要是原单位中的青壮年为主）的流出，社区内部的人口组成发生了重大的变化。调查中发现，在 C 小区内部居住的老年群体由于子代外出务工，大多是独自居住，许多周边地区的小贩、进城务工人员则租住了社区中的空置住房。对老年群体而言，他们对外所面临的交往对象再也不是之前熟悉的同事和朋友，家庭内部子代孙辈也因各种原因各自搬出，综合影响下老年群体面对的是不断变化的、流动性极强的陌生人，单位社区也由原来的“熟人社会”变成了“陌生人社会”。在陌生人社会中，越轨和失信行为将不必面临熟人社会中的巨大风险和道德约束，老年群体面对不断变化的交往对象，难以与他们建立亲密、熟悉的社会关系，人际交往的信任感大大降低，老年人在社会交往中将承受难以估算的风险和信任缺失所致的心理压力，致使老年人的社会交往范围大幅度萎缩。

单位改制的时候两个儿子就下岗了，现在在广东增城市打工，厂里面以前有劳力的都出去工作了，现在厂里面的年轻人都是以前周围村子里面的农民，或者从外面来附近打工的小老短（年轻人），哪个是哪个有时候根本就认不到，不像以前都是熟人（BXY，69 岁）。

社区物理空间的分散化也致使社会空间发生了显著的变化。首先，是社区内部异质性成员的生活经历差异化，使主体间的共同议题和共享的公共空间开始走向消解。由于具有不同功能的空间开始远离社区内部，内部居民的日常生活已经不再局限于共同的空间中，消费、娱乐、社交行为大部分在社区外部完成。受此影响，社区内部老年群体之间在社区中交往的频次和概率明显降低。同时由于单位的撤离，社区内部很难再找到一个为老年群体组织参与度高的公共活动的主体，老年群体开始被隔离在各自的私人空间中。社区也不再像原单位一样，逢年过节开展一些慰问退休老职工的慰老活动。多重影响下，老年群体与其他陌生居民之间也难以具有共同的生活经历和形成公众性议题，主体间空间的私密化，也致使原社区中的公共空间也不复存在。现今在 C 社区中，已经很难看到三五成群的老年人聚集在一起打牌、下棋和谈天说地，社区内部都是行色匆匆的陌生人和形单影只的老年人。

其次，是多元主体间的空间矛盾。齐美尔认为空间具有排他性和主体性，社区空间分散化导致的空间主体多元，容易因利益需求的差异而产生空间之间的相互排斥，造成主体之间的利益冲突和空间矛盾。老年群体在空间分散化变化中，难以形成深层次、高质量的社会关系，相反社会交往和社会关系容易体现出浅表性特点，社会关系由亲密变为疏离。浅表、疏离的社会关系不但无法为老年群体舒缓压力、交流情感和提供帮助，社会关系的联结也十分脆弱，主体间产生矛盾的可能性相对增加。在 C 社区调查时，许多老年群体都表示新迁入的个体户小贩为了扩大生意，私自侵犯原来属于公家的公共空间，原来的礼堂、电影院，都已经被个体户变成早点摊和杂货店，在老年群体的言行表达中，外来人员俨然是“空间的入侵者”。

“陌生人社会”取代“熟人社会”成为社区社会空间的新特点后，在社区内部，疏离陌生低质量的社会关系取代了亲密熟悉高质量的社会关系，同时因为相似的生活经历、公众性议题和集体活动的消解，现在的社会空间不但无法使老年群体通过在社会交往和互动分享生活、舒缓孤独、交流情感，还容易使老年群体与社区其他居民在空间多元主体的冲突中爆发矛盾，社会交往的风险不断变大，社区的社会空间也逐步变得陌生而又疏离。长此以往，老年群体的空间主观认知体现出弱归属和低认同的特点，他们不再将社区视作一个能够愉悦身心、安度晚年的乐土，而是用“街办”“社区”等认同和归属感低的词汇来描述新的空间，借用滕尼斯的概念，现今的社区再也不是之前充满人情、温馨和谐的“共同体”，而成为人情淡漠、利益多元的“社区”。由此，老年群体空间意义的第二个层面也发生了显著的变化。

现在大家的交流都比较少，特别是和那些外面的人，那些小贩和个体户经常换，很多门面开的时间都很短，他们经常乱搭乱建，搞得社区里面乌烟瘴气……当然平时见面也会点个头，笑一笑，那些人也蛮客气，但说实话毕竟交流还是少，而且变化太大，还是不太相信他们……只有我们这些老人偶尔还会知道以前这个厂，现在都叫他街办，叫厂名其他人都不知道（BTQ）。

（三）空间依恋与社会区隔：老年群体空间意义的困扰

物理空间和社会空间的剧烈变迁，使老年群体出现了弱信任、低认同的空间认知和不适、变动、陌生、拒斥的空间体验。在此消极影响下，社区内部老年群体容易出现空间意义上的困扰。在调查中，空间依恋和社会区隔是老年群体出现的主要空间意义困扰。

空间可以作为一种情感性的主观体验，空间依恋就是空间主观体验的一种表征。空间依恋是指个体对某个空间的依赖和怀恋，可以表现为对空间中某一物体、某份关系、某个场景等方面的依恋，导致空间依恋的因素很多，其中最为重要的因素就是空间的变动和变迁。单位社区空间的变迁是导致留守老年群体的空间依恋主要原因。老年群体在全新的日常生活中，疏离、陌生、弱信任和低认同的空间意义造成他们精神情感无法寄托，从而使他们沉浸在对于原单位社区的空间依恋中，怀恋过去空间中的一些标志性物体和公共场所，眷恋那些带来舒适心理体验的社会关系和精神状态。在与现今消极空间体验的对比之下，老年群体容易将两种空间置于优劣对立的两极，难塑造对新的空间的依恋感，造成对现处空间的不认同和排斥，进一步地加重自身身心与空间的脱嵌状态，严重影响老年人的日常生活和精神情感。

沉湎于空间依恋的直接后果是老年群体的社会区隔，即将自身封闭起来，消极地回避无所适从的社会交往，拒绝与外来人员建立新的社会关系。根据老年社会学社会疏远理论，老年群体在晚年会主动放弃许多社会交往和社会关系，① 同时随着时间推移，那些原来与老年群体交往甚密的同辈群体相继离世或者搬迁，熟悉信任的交往对象逐步减少，使得剩下的老年群体社会交往圈进一步萎缩，能够分享共同生活经历和公共议题的机会越来越少。此外，多数老年群体的子女因为单位的解体纷纷外出打工，家庭内部的亲密关系也相应断裂，又促使了老年群体社会区隔情况进一步加重。在调查中发现，C 社区内部许多留守老年群体都或多或少地反映出对于熟悉亲友不断减少的焦虑感，主观上即使想进行社会交往，也难以找到真正能够深入交往的对象，久而久之情愿待在家中，将自己封闭起来，精神上十分孤独、无助，与外界的隔绝也越来越深。

以前那些老朋友走的走，基本上都不在了，即使在的年纪也越来越大，走动起来十分困难。现在天气好，最多我就一个人出去散散步晒个太阳，大部分时间都留在家里，看看电视和报纸，有时候真的很无聊。现在连找个下棋打牌的人都难，不熟悉的人我不爱和他们玩，有时候真的就想早点走（去世）算了（LDW）。

本研究透过空间社会学的视角，从空间的物质性、社会性和主观性三各层面，全面揭示了单位社区在单位解体的时代背景下，社区物理空间和社会空间的变迁，以及这种变迁对单位社区中老年群体空间意义的影响和困扰。空间社会学的互构逻辑和变迁视角，还原了老年群体个人生活经历与社区形态变化的联动互构，较好地弥补了以往研究进路制度性和主体性的分离，较为立体地展现了空间三个维度变迁

① 唐仲勋、叶南客：《国外老年社会学的七种理论模式》，《国外社会科学》1988 年第 6 期。

的层次性和全面性。空间社会学为今后相关理论研究和社会实践提供了一种新的思路和分析框架。

城市社区治理模式转变过程中的社区建设，应当在注重变革性的同时充分考量延续性，即对既往传统形式的社区进行“改良式重建”而非“推倒式重建”，进一步加强传统单位社区空间与新社区空间之间的交融与互动是问题解决的关键。以单位社区的重建为例：在物理空间的建设方面可以适当地保留原有社区中的功能性空间，这一过程理应是空间管理支配权由单位向社区让渡的过程，而非空间本身的撤离与颠覆式的改造；在社会空间的建设方面，首先要明确以街道、居委会为主的城市社区基层组织的主导作用，以代替原单位在社区中的职能，同时应当充分激发原单位社区中居民的在社区管理中的主体意识，一些原单位社区的管理人员（例如楼栋长）要主动吸纳到新的社区管理中去。其次要以稳定的社区组织、制度建设回应现代社会难以避免的流动性和开放性，应当探索建立“社区—原住居民—流动居民”的二元长效联动机制，以重建新的、具有一定认同度和归属感的社会空间。唯有在以上基础上，才能充分保障新社区内部多元主体的空间需求与期待，同时为消弭老年群体因空间变迁所致的空间情感体验和空间主观认知层面空间意义困扰奠定坚实的基础。

步入生命周期末端的老年群体，随着自身身体机能的衰退和社会交往的萎缩，他们的空间适应能力大幅下降，相对其他一般群体而言，他们对长期生活的空间依赖感、依恋感更为强烈，空间变迁给他们日常生活和归属认同等空间意义层面上的困扰也远比其他群体严重。在日新月异的城市社区建设浪潮中，如何为面对空间变迁的老年群体建设宜居型社区可以视作一个空间问题。解决这一问题的关键在于依据需求导向建设老年人宜居社区，① 空间社会学视阈下此种需求即体现为老年群体的空间需求。空间的物质性、社会性和主观性，决定了社区空间的规划、安排是一个从物质形态到精神意义的系统工程，以满足老年群体日常生活、社会交往和精神情感的多元需求为导

---

① 江立华、黄加成：《老年人需求与宜居社区建设》，《华东理工大学学报》（社会科学版）2011 年第 6 期。

向，建构符合他们需求和期待的物质空间、社会空间和空间意义，是老年宜居社区建设的应有之义。在城市老年群体宜居型社区建设的进程中，只有将空间多维度内涵与老年群体独特的、多层次需求相契合，才能为受到社会转型和日常生活变迁影响的城市老年群体，建造一片能够满足老年群体空间需求，使其能安度晚年、具有舒适愉悦空间体验的乐土。

第五章

中国社会时空变迁下的离婚问题研究

家庭是人类自身再生产的重要细胞，是社会和谐稳定的基石。然而，当代中国离婚率却居高不下，婚姻稳定性遭遇挑战。本研究基于当代中国严峻的离婚现状，分析造成高离婚率的深层次原因，阐明高离婚率对社会的消极影响，并就提高当代中国婚姻稳定性提出了营造“创建文明家庭、培育文明风尚”的社区氛围、以家庭治疗改善夫妻关系之对策。

一　变迁时代中国的离婚现状

随着当代中国社会主义市场经济的发展、社会的日益进步，人民的生活水平显著提高，各种社会政策日趋完善，社会福利与社会保障得到长足的发展，中国家庭的经济收入也显著增加。人们的生活水平与改革开放前期相比，有了质的飞跃，然而，自 20 世纪 80 年代以来，中国的离婚率却连年攀升，离婚数量的逐年递增和离婚率的上升趋势已经为社会各界所关注的问题。

从中华人民共和国民政部最近发布的 2012—2017 年上半年中国婚姻人口数据趋势（见图 5—1）中可以看出，中国整体的结婚量减少，离婚量增多，离婚率呈现每年攀升的状态，简言之，就是结婚的人越来越少，离婚的人越来越多，而且，这一趋势还将持续一段时间。

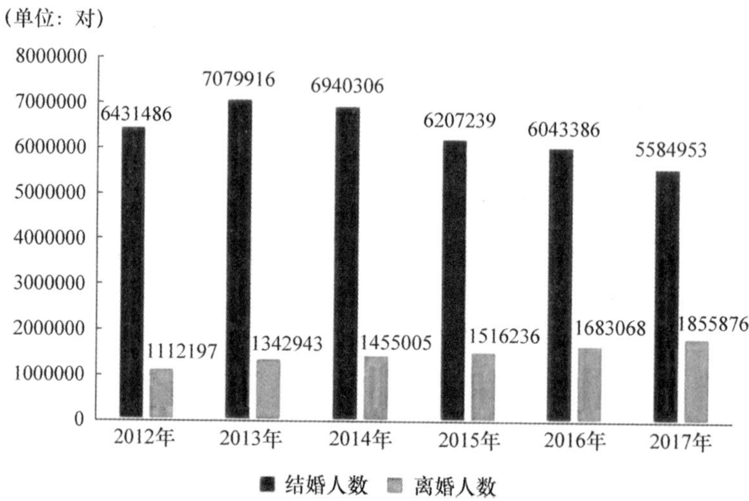

图 5—1　2012—2017 年上半年中国婚姻人口数据趋势

整理相关文献后，笔者可以进一步归纳出当代中国离婚现状呈现出婚龄低、年龄低、草率离婚等特点：离婚率持续升高、离婚案件逐年递增；离婚的地区差异大；草率离婚愈演愈烈，离异不久旋即复合的事情也频频发生；婚龄低，结婚五年内离婚的占比四成多。

当代中国离婚现状如此严峻，已经对中国婚姻稳定性造成威胁，成为一个不可忽视的社会问题。假若夫妻双方离异后就孩子抚养、房子归属、财产分割等问题无法达成一致意见的话，还会引发其他连锁负面反应，如：孩子无人抚养、单亲家庭陷入经济困难、婚姻纠纷不断等问题，不利于离婚双方重新寻找自身的幸福感以及社会的稳定。作为社会工作者，有必要对导致中国离婚率居高不下的原因进行深入分析，了解影响离婚的各种因素，从而提出一系列社工介入对策，这对提高婚姻稳定性，建立和谐美满的当代中国婚姻家庭具有意义深远的作用。

二　离婚率高的因果分析

现实中导致离婚的原因往往是复杂的，不是由某单一原因引起的，而是由多重因素互相作用造成的。分析不同因素及各种因素相互作用产生的影响，是很有必要的，有利于我们透过现象看到本质，找到离婚率高的根源，从而提出具有针对性的社工介入对策，增强中国婚姻稳定性。

（一）婚姻观念的转变

随着社会的进步和发展，以及西方民主、自由、平等等价值观在中国大地的传播，中国的家长包办、注重婚姻的繁衍作用、男尊女卑、等级森严、对待“性”问题上的两面性等传统婚姻观受到了强烈的冲击，人们的自主意识觉醒了，婚姻观念日益开明，人们特别是年轻男女，对婚姻生活品质的要求日趋提高。中华人民共和国成立后，大量女性走出家门，走进社会，投身就业领域，从而获取经济来源，实现自我价值，开始从依附男性的被动地位向独立自主的主动地位转变，大部分女性不再受“三从四德”的传统道德观的桎梏，追求精神独立，社会地位显著提升，能够勇敢地追求适合自己的幸福婚姻，而不是在错误的婚姻中长期隐忍，直至度过痛苦一生。简言之，人们婚姻观念的转变，意味着中国当代婚姻的自由度提高了，男女平等意识已深入人心，这是社会文明进步、人性解放的体现。

（二）社交网络助推夫妻双方离异

从现实生活中不难发现，当代人对手机、电脑等移动通信设备的依赖性不断提高，微信、微博、短信、陌陌等社交网络软件应运而生，消除了信息传递的空间性与时间性，使人与人之间的接触通过通信设备即可轻松实现。只需轻松动一下手指，你便可以认识远在千里之外的陌生人。现实生活中屡见不鲜的事情：当夫妻一方感到寂寞或者厌旧另一半的时候，便可以通过社交网络结识新的朋友，经过与新朋友谈心，进行相互了解、互相倾诉心中的不快与苦闷、提供情感支持、见面与坠入情网等过程后，出轨现象便由此而生，严重打击了婚姻的忠诚度和神圣性。然而，我们也应该知道，社交网络只是一个方便联系和交流的工具，不是导致出轨的根源，夫妻双方感情破裂才是离婚的根源。

（三）家庭角色混乱与家庭功能的弱化

科技日新月异，社会发展迅速，人们只有不断地学习、工作，才能跟上社会发展的步伐，不被社会所淘汰，于是，现代中国人把大量时间投入到工作中，用于跟家人相处、照顾家庭的时间被挤压了。家庭中夫妻双方都扮演着多种不同的家庭角色，丈夫同时扮演着丈夫、父亲、儿子、女婿的角色，妻子同时也扮演着妻子、母亲、女儿、媳妇的角色。不同的角色具有不同的角色任务，如作为丈夫的男方需要关心、爱护妻子；当他作为爸爸的角色时，社会赋予他的责任是照顾孩子、管教孩子，为孩子创造一个温馨的、健康的、有利于成长的家庭环境等。当女方扮演着妻子时，她也需要关心、体贴丈夫，与丈夫共同创造一个幸福快乐的家，相濡以沫；作为一个母亲，她需要照顾孩子的生活起居，与丈夫合作处理家庭事务；作为一个女儿，她需要孝顺长辈。

当一个人扮演着不同的家庭角色时，他/她需要根据角色的需要，表现出社会或家人对这一角色的期许行为，才能得到社会和家庭成员的认可。而现代的离婚家庭中，存在一定数量的丈夫或者妻子缺乏对自身家庭角色的认知，没有承担起相应的责任，出现诸如：丈夫只关心工作，忽略妻子和孩子，忽视了自己作为丈夫和父亲的角色对家庭应尽的责任；妻子只顾梳妆打扮，每天吃喝玩乐，忽略孩子，漠视家庭；男女某一方的原生家庭过多地干涉他们的生活，导致他们无法掌握处理家庭事务的独立权与自主权，由此不断地引起家庭争吵和婆媳矛盾。

婚姻是家庭关系形成的纽带。现如今，由一对父母和孩子组成的核心家庭是我国婚姻家庭的主要结构类型。婚姻家庭具有物质资料生产、生育子女、抚养家庭人口、提供情感支持的基本职能。现阶段，因社会分工日趋细密，中国家庭的各项功能已慢慢地被社会提供的服务所取代，加上近年来人口受教育时间延长、年轻一代的个性和独立性增强等因素影响，人们对婚姻家庭的依赖程度不可避免地出现减弱趋势。个体独立性的增强势必给婚姻家庭的聚合性带来消极影响。

（四）夫妻双方长期分居两地

由于区域经济发展的差异，人口流动率加大，为了获得更丰厚的工资待遇和提高生活水平，大多数新民工从农村向城市转移，改变自己的居住地，尝试融入城市生活。由此也催生了大量农村留守老人、妇女和儿童，农村留守妇女长期与丈夫分居两地，高昂的车费制约着夫妻双方的频繁相见，长此以往，会影响夫妻双方的感情，更有甚者，夫妻一方会因为孤独寂寞而去结交新的朋友，开启一段新恋情，因某一方出轨而导致离婚的现象时有发生。要解决新民工因长期分居两地、无法维系感情而离婚的问题，笔者认为中国政府应在大力发展城市化建设的同时，关心为城市发展做出极大贡献的新生代农民工的婚姻稳定问题，通过提供公租房、增设经适房、发放住房补贴等措施来解决新民工在城市的住房保障问题。

（五）缺乏处理婚姻冲突的技巧

有些长期生活在一起的年轻夫妻也会因缺乏处理婚姻冲突的技巧，一发生争执，便会冲动离婚。自20世纪80年代起，中国开始推行计划生育的基本国策，所以大部分80后、90后的年轻一代大多数是独生子女，由于是家中独一无二的掌上明珠，他们从小到大都能得到原生家庭悉心的照顾、无微不至的关怀、父母无条件的付出，容易养成以自我为中心，不善于妥协的性格，缺乏化解婚姻矛盾的技巧，易冲动离婚。再加上当代中国生活节奏不断加速，生活压力巨大，人们普遍思想浮躁，特别是夫妻双方缺乏沟通与包容，不会换位思考，因产生误解而冲动离婚的事例时有发生。由此可知，夫妻双方掌握处理婚姻冲突技巧、提升解决家庭问题的能力对维持婚姻家庭的和谐和稳定至关重要。

三　高离婚率的社会消极影响

不断攀升的离婚率对当代中国的婚姻稳定性提出了严峻的考验。虽然，夫妻双方不再受制于落后的传统婚姻观，独立自主意识和性别平等意识觉醒了，遇到不适合自己的婚姻学会果断地舍弃，这是社会文明进步、思想解放的表现。但是，天津婚姻家庭研究会会长兼天津社会科学院首席专家潘允康老师认为，家庭是人类自身再生产的重要细胞，我们的社会不但要保障婚姻自主、婚姻自由，更应该维护婚姻家庭的稳定，因为婚姻家庭的不稳定会对社会产生一系列消极影响。

（一）有损当代中国婚姻家庭的健康形象

离婚率居高不下、连年攀升不利于塑造健康的当代中国婚姻家庭的形象。现实社会中，少女被渣男欺骗而自杀或失去对爱情的信心；妻子或丈夫出轨导致另一方伤心欲绝，坚决离婚；男女一方不愿承担家庭责任而令另一方深感不公平进而坚决离婚的事情见诸报端，不断地冲击着单身男女的爱情观、婚姻观。离婚现状严峻还直接影响年轻一代对婚姻的信心，他们会因惧怕婚姻不幸而不愿意走进婚姻的殿堂，人口不断上升的同时，婚姻家庭的规模却逐步缩小。在生活成本高昂的北上广深（北京、上海、广州、深圳），男性要想结婚成家，必须加倍努力奋斗去获取车子、票子和房子，才有底气去组建家庭。假如遇不到合适的伴侣或者对婚姻失去希望，处于一线城市的男性结婚生子的渴望会越发下降。

（二）导致女性出现经济困难、心理阴影及社交障碍

离婚后进行的财产分割，虽然遵循公平原则，对夫妻共同财产平等划分，但在一般情况下，妻子的工资较丈夫低，还有一部分女性无工作。离婚后女性所得到的经济补偿不足以应维持独立的生活，尤其是当女性还要肩负起抚养未成年子女的责任时，女性的经济会变得更加困难。目前国家对单亲妈妈的社会保障制度尚未建立起来，无法从国家福利层面缓解单亲妈妈的经济压力。女性在结婚后，搬迁至男方家中居住，社交圈多为男方亲友，再加上她们把大量精力投入到家庭中，较少有自己的业余生活。当离婚后，女性原有的社交关系断裂，交往的朋友减少，心中痛苦无法倾诉，自我封闭，易造成精神孤独。且离婚对女性思想意识有重大触动，会改变女性原本对爱情、亲情的认知，导致女性丧失对爱情的信心，不愿重新开启新的爱情。虽然社

会整体对离婚有较大的宽容度，但大部分女性仍然对离婚这件事羞于启齿，认为是人生中的一个污点，甚至出现心理阴影。

（三）离异家庭子女教育问题严重

首先，大部分离异家庭的子女都会比较自卑，平时在学校或者与同辈群体交往时，害怕被他人发现自己是单亲家庭子女，所以，他们会尽可能地逃避他人，变得孤独封闭。其次，单亲家庭中，丈夫或者妻子需要承担双倍的经济压力和家庭照顾压力，有时候可能会忽视子女的感受，再加上自己本身心情不佳，更有可能把心中的怒火、不快发泄在小孩身上，让孩子伤心欲绝，容易产生是自己不听话、做错事而导致父母离婚的错觉，更加剧了孩子的自卑感。单亲父亲或者母亲没有尽到自己的责任，不关心和管教孩子，会导致孩子缺乏关爱，变得叛逆，更有甚者，孩子加入了不良的黑社会团体，走上违法犯罪的道路。所以，稍有不重视，离异家庭子女的教育问题会成为影响社会稳定的一大潜在威胁。

四　社工介入婚姻危机的对策

婚姻是家庭的量表和纽带，而家庭又是婚姻的组合形式。家庭自婚姻开始，没有婚姻也就没有家庭。然而，不论是老年人、中年人还是青年人的离婚，不仅给个人、孩子及其家庭造成影响，也会产生一系列复杂的社会问题。因此，家庭社会工作显得尤其重要。家庭社会工作是指社会工作者运用专业社会工作的理论与方法，为改善家庭成员间的关系，修复并扩大家庭功能，而对家庭所提供的治疗与服务。香港学者马丽庄在《家庭社会工作》一书中说道：家庭社会工作就是指帮助求助的家庭发展，并运用自身的及社会的资源，增强家庭日常功能，改善家庭关系和解决家庭问题。

面对当代中国严峻的离婚现状，社会工作者无法置之度外。社会工作者有必要在分析引起离婚率不断攀升的深层次原因的基础上，运用社会倡导、社区教育、家庭治疗、婚姻家庭辅导等专业方法来协助夫妻双方调解家庭冲突、改善家庭成员间的关系，营造一个有爱的家庭，从而减低当代中国的离婚率，促进婚姻家庭的稳定性，进而推动社会稳定和蓬勃发展。

（一）“创建文明家庭、培育文明风尚”的社区营造

文化对人的影响具有潜移默化和深远持久的特点。社会工作者可以在社区内大力宣扬“创建文明家庭、培育文明风尚”的理念，通过派发“家庭美德”小册子，开展以“改善家庭关系，共建和谐家庭”为主题的宣传教育讲座，联合社区居委会评选表彰“文明家庭”模范等方式，在全社会倡导家庭成员应各尽其责，相互关爱、加强沟通、学会包容彼此等有利于婚姻家庭稳定的思想与价值观，引导夫妻双方培养和形成正向的婚姻观和家庭观。营造尊重婚姻、关爱家庭的社区氛围，在增强夫妻双方对婚姻的归属感的同时，让年轻一代重拾对婚姻的热情与信任。

（二）运用家庭治疗调解夫妻矛盾，改善夫妻关系

结婚是夫妻双方从原生家庭中脱离出来，作为两个独立的个体相结合，依据法律规定的条件和程序确定配偶关系，从而组建一个新的家庭，享受着相应的夫妻权利、承担着相应的夫妻责任。夫妻双方来自于两个具有差异性的原生家庭，他们从小在原生家庭习得的行为模式、思想观念、性格特点等会存在一定的差异，这种差异常常是导致夫妻吵架、产生夫妻矛盾的原因。

社会工作者运用家庭治疗的方法，协助夫妻双方澄清彼此对婚姻的期望、制定双方都认可的家庭规则、形成表里一致的沟通模式、掌握科学合理的处理家庭矛盾的方式，巧妙地化解家庭冲突。夫妻关系是家庭关系的核心，父母关系的好坏直接影响着孩子的身心。据相关调查显示，大部分越轨的青少年，他们的家庭都是不幸的，父母争吵不休，夫妻感情冷淡，在这样的家庭中长大的孩子，缺乏安全感和自信心。针对夫妻关系紧张的家庭，社会工作者提供婚姻咨询、家庭关系辅导、亲职教育等服务，在一定程度上，可以协助夫妻掌握正确的夫妻相处之道、树立科学合理的育儿观，进而改善夫妻关系，夫妻双方共同创造一个幸福美满的家庭。

在实际工作中，我们尝试运用的家庭治疗法中的萨提亚治疗模式在改善婚姻危机中的夫妻关系上有一定的成效。通过这种探索，以期能帮助处在婚姻危机的夫妻，帮助他们提高自尊，帮助他们改变个人内在甚至改变家庭关系，从而寻找新的有效的缓解婚姻危机的方法，提高他们的心理健康水平，减少盲目的离婚情况，预防婚姻危机。萨提亚家庭治疗模式是一套以成长为取向的治疗模式，其最大特点就是提高个人的自我价值感，帮助家庭成员提高他们的应对技能，使家庭产生新的希望。社工选择萨提亚家庭治疗模式是解决家庭婚姻危机的有效途径。

（三）营造新生代农民工的良好婚姻家庭环境

从上文可知，夫妻长期分居两地是导致离婚率高的缘由之一，大部分新生代农民工为了追求更高的工资收入和更好的生活质量，被迫与妻儿分开，独自前往城市打工。自身的经济基础薄弱、城市户籍制度的藩篱、不完善的社会保障制度、城市居民的不接纳，种种障碍摆在面前，新生代农民工自身都无法顺利融入城市，更不要说带上妻儿前往城市就业、上学和生活。新生代农民工在城市化建设的过程中发挥了举足轻重的作用，然而，却无法享受与城市居民同等的权利，还要面临因长期与妻儿分离，致使婚姻不稳定的威胁。社会工作者的职责之一就是为弱势群体发声，帮助新生代农民工争取应有的权益，因而，社会工作者应通过社会倡导，倡导政府既要完善新生代农民工的住房保障制度、就业保障制度、社会保障制度和医疗保障制度，也要不断完善义务教育管理体系，切实保障新生代农民工子女接受义务教育的权利，唯有如此，新生代农民工才能在完善的社会安全网的庇护下，把妻儿从农村接过来，在城市生活和发展，避免陷入因与妻子长期分居两地、无法维系夫妻感情而婚姻破裂的境地。守护好新生代农民工的婚姻，是一座城市该有的气度。

第六章

“后单位社会”基层社会治理及运行机制研究

中华人民共和国成立后至20世纪80年代，单位制一直是我国城市社会治理的基本体制，整个城市社会围绕着单位制度形成了一整套以“国家—单位—个人”为核心的刚性结构的社会管理运行机制。这套机制随着改革开放后单位制走向消解而逐渐失去效用，从20世纪90年代至今，以中国社会由计划经济向市场经济过渡为背景，单位体制的变革已经成为一个不争的社会事实。但值得注意的是，单位制度的变迁并不是一个简单的单向直线运行的过程，而是充满了复杂性，主要表现在：第一，单位制度变迁的“多向性”，即单位制在走向消解，但单位制的某些方面却在新的条件下得到强化，出现了所谓“单位返祖”或“新单位制”现象。第二，就中国社会的宏观结构而言，由传统的“国家—单位—个人”的纵向控制体系逐渐转换为“国家—单位、社区、社会组织—个人”复杂的格局。由于基层社区组织“自下而上”自治力量比较弱小，使得“自上而下”的政府行政力量并未退场，仍是实际发挥作用的主导力量。第三，就社会整合的对象范围而言，当下拥有单位的“职场人”基本上没有社区生活，没有有效的社区参与，故介入社区生活的基本上还是老年人及社会弱势群体。在这一意义上，“单位”在社会治理体系中并未退场，而是以新的身份和角色在发挥作用。正是在上述若干要素的作用下，转型期的基层社会治理出现了极其复杂的“重层结构”。而上述这些变化似乎都可以从“后单位社会”这一命题中得到的理解。

那么，这些新型的管理模式在本质上与原有的城市基层管理体制有何不同？它们在“自上而下”的政府管理诉求与“自下而上”的居民自治诉求两个治理维度之间究竟能起到何种作用？对于原有基层社会“国家—社会”关系会产生哪些影响？与当前的街居制改革和社区自治力量能够产生何种体制互动？在“后单位社会”基层社会治理运作机制的构建中又占有什么样的地位？上述这些问题都亟须学者从理论层面上做出解答，笔者认为，在当前基层社会治理格局中，政府力量与自治力量间“不均衡”的相互渗透与互动是其显著特点，因此，带有政府行政性与社会自治性“双重性质”的基层社会治理机制对于构建“后单位社会”治理及运作机制有着非常重要的意义。笔者拟从这一视角出发，就上述问题展开初步的研究探讨。

一 “单位社会”基层社会管理运行的基本传统

研究当前我国基层社会治理运作机制，“单位社会”是一个无法绕过的命题。从历史上看，“单位社会”的形成可以被看作是近百年来中国社会在面对总体性危机、建设现代国家的探索中而做出的体制选择。这种社会运行机制曾在中国现代多民族国家的建构中发挥过非同寻常的作用，并与当下中国基层社会的治理困境存在着千丝万缕的联系。因此，在对后单位基层社会管理运行机制的探讨中，对于“单位社会”概念的梳理及变迁轨迹的探寻就显得尤为重要。

19 世纪中叶以来，在中国由传统皇权专制王朝向近代民族国家转型过渡的进程中，思想精英与政治精英出于对一盘散沙式传统中国社会的痛心疾首，试图通过带有强烈组织化特征的单位体制的构建，来实现社会的根本改造。[①] 在中华人民共和国成立后至 20 世纪 80 年代，在“动员型集体主义”的发展模式下，中国形成了一个组织化程度极高、内部结构分化程度极低的“单位社会”。在“单位社会”

① 田毅鹏、刘杰：《“单位社会”起源之社会思想寻踪》，《社会科学战线》2010 年第 6 期。

中，国家的基层社会管理运作机制主要由纵向管理体系和横向联结体系构成，形成了“两纵一横”的社会治理体系结构。

（一）纵向管理体系

单位社会的纵向管理体系是从国家到个体的、依靠自上而下行政权力运作的管理机制。国家通过对自身权威与再分配能力的强化，将一切社会行动控制在组织化范围之内，以便使国家能够在人均资源匮乏、国际环境恶劣的条件下走上快速工业化的道路。这一运作体系可分为居于核心地位的主线运作机制与居于辅助地位的辅线运作机制。

1. “国家—单位—个人”：纵向管理体系的主线

从纵向管理体系的主线看，单位机制是其主要的制度载体。一般认为，单位制度的起源可追溯到根据地时期所形成的党对“革命队伍”的特殊管理体制。中国共产党在战时条件下，形成了以供给制为核心的一元化组织结构，这种带有军事共产主义色彩的组织形式涵盖党、政、军团体与机构，其内部公私界限极为模糊，使其成员全面依赖组织。这种严密的组织结构与长期艰苦的革命斗争形势密切相关，并在党夺取政权过程中发挥了重要作用。中华人民共和国成立后，中国共产党参照这种根据地建设经验开始了对城市社会秩序的大规模重组，社会上大部分的企事业机构纳入国家体系而成为单位。[①] 单位集政治、经济、社会管理等功能于一身，是具有高度合一性的社会管理体制。在单位内部，严格的身份制使单位人与非单位人截然区分，逐渐建立了新的群体身份认同。同时，终身固定就业与单位内部全面的福利保障制度相联系，使单位建立起对成员生、老、病、死、衣、食、住、行的全面掌控，而单位边界之外的社会流动极为困难，单位之间几乎相互隔绝，从而使中国社会在横向上形成了一种蜂窝状的社会结构。除此之外，单位还被赋予了行政级别，成为国家行政体系的一部分，因此，单位人对单位的“组织性依赖”实际上是对国家体

① 路风：《单位：一种特殊的社会组织形式》，《中国社会科学》1989 年第 1 期。

系的依附，[①] 从而形成了极为牢固的“国家—单位—个人”的纵向联结机制。通过单位，国家不仅消灭了市场空间，而且渗透进了私人生活领域。当然，作为一种典型的动员体制，单位制不是极权主义观点所描述的那种阴森的、不近人情的统治和控制制度，也不是多元主义理论所阐释的多种派系对立和竞争的格局，而是在主流意识形态基础上建立的，通过社会动员实现的，“以形成整个社会‘一致性’为目的的制度安排”[②]。作为一种总体性社会设计，单位将社会的行政组织化程度和国家动员能力提高到了前所未有的程度。

单位社会的建立彻底终结了传统中国政权悬浮于基层社会之上的松散局面，建立了独具特色的中国式现代多民族国家的结构模式。这种总体性社会的设计在中华人民共和国成立之初的工业化建设中表现出极强的体制优势。可以说，中国真正建立独立的现代民族国家是从单位社会的形成开始的。单位社会的秩序设计重塑了单位人的行为模式与心理认同，直到今天仍是国家在应对社会危机、掌控社会秩序时不可或缺的体制资源。

2. “国家—街居制—个人”：纵向管理体系的辅线

从纵向管理体系的辅线来看，则主要是“国家—街居制—个人”的联结运作机制在发挥作用。此体系主要是通过处于国家行政末端的街居组织来控制那些无法被纳入单位体制之中的城市居民。尽管街居制处于单位体制的辅助地位，但其在基层社会整合中的作用却不容忽视。街道办具有完整的行政组织结构，其管辖的事务从宣传党和政府的各项政策和法规，到开展治安保卫、民事调解、公共卫生、公用事业、优抚救济及消防等，涵盖了基层社会生活的多数方面，居委会虽然其组织化程度不高，但仍具有承接政府派出机构街道办分派任务的协动能力，从而实现了对属地基层社会的非单位人口进行全面的组织化管理。

街居制的建立源于中华人民共和国成立后新政权在城市基层社会

---

① 李汉林、李路路：《资源与交换——中国单位组织中的依赖性结构》，《社会学研究》1999 年第 4 期。

② 田毅鹏：《单位制度变迁与集体认同的重构》，《江海学刊》2007 年第 1 期。

中的权威重建，是一种以街道办事处与居民委员会制度相结合的基层社会管理体制。在其最初的设计中，街道办被定位为“市或区政府的派出机关”，而居委会则是城市中“群众自治组织”，其成员完全来自属地居民，居委会的工作需接受街道办的指导，二者相结合共同保证了国家权威向城市基层社会的延伸。在以党政机关和企事业单位为主体的“单位社会”形成后，城市中绝大多数人口被纳入单位组织之中，街居制的作用空间急剧缩小，在“三大改造”后直到20世纪80年代，它基本上是作为单位制度的辅助机制而发挥作用的。由于预见到城市中“工人阶级以外的街道居民将日益减少”①，最初在1954年颁布的《街道办事处组织条例》中对于街道办的定位十分简单，之后又历经多次变动，如1958年“大跃进”高潮时，街道办被改为“城市人民公社”。1966年“文化大革命”开始后到1978年间，又被改为“街道革命委员会”，街道办在职能和性质上的不确定性，从侧面反映了其在单位体制中的从属地位。而作为城市居民自治组织建立的居民委员会，由于按照规定要接受街道办的指导，实质上与街道办一直被绑定在一起，其自治能力不强，加之自身的弱小、与主流人群绝缘，更是处于边缘从属地位。

但街居制毕竟代表了一种常态社会背景下政权力量向基层社会的延伸，国家对于社会组织化的过分强调，使街居制的作用被不断加强，街道办所承担的任务不断增多，逐渐具有了行政性质甚至作为一级基层政权而发挥作用。而居委会逐渐被视作街道办的派出机构，接受了大量来自街道办下放的任务，其行政化色彩也日趋浓厚。在1978年后，街居制经历了短暂的恢复调整期（向“文化大革命”之前的状态恢复），其职权有所缩小。但随着单位社会的逐渐消解，从单位中释放出了众多的社会职能，街居制的作用也就变得越来越重要，逐步摆脱了社会辅助机制的地位，成为城市基层社会管理及运作机制的主要制度依托。但由于暴露出了众多问题，20世纪90年代末期“社区建设”开始后，街居制的改革成为城市基层社会管理体制

---

① 彭真：《城市应建立街道办事处和居民委员会》，中共中央文献编辑委员会编《彭真文选（一九四一——一九九〇年）》，人民出版社1991年版，第240—241页。

创新的核心。

综上所述，单位运作机制和街居运作机制二者共同构成了单位社会中城市纵向管理运作模式，二者的相互结合将国家行政权力渗透到基层个体的社会生活之中，是单位社会成为一种高度组织化的运作模式。国家能够依靠强大的资源分配与社会动员能力，实施有选择的、赶超型的现代化方案。尽管二者都是社会组织化的产物，但其结构和运作方式却有很大不同。由于单位兼有行政管制和利益传输双重功能，其内部存在极强的以资源交换为基础的依赖性结构，单位对个体的控制更为彻底和全面。而街居制则更接近于淡出的基层社会行政管理体制（尽管街道办与居委会的最初定位均不是行政机构），不拥有利益依赖的结构，因此对社会个体的控制要弱于单位体制，这也决定了其辅助地位，纵向管理体系的主线机制与辅线机制的互动与交叉很少，二者仅在组织化的社会职能上出现了重合。

（二）横向联结体系：跨单位组织

单位社会的横向联结主要是通过“跨单位组织”来承担的。所谓“跨单位组织”，主要是指在“单位组织之外横跨各个单位之间、将单位中的同类成员联结在一起的组织”[①]。跨单位组织的作用在于能够穿越单位边界，将跨越单位的社会要素组织起来，通过开展各种组织活动，在单位之间开辟制度化通道，促进社会的横向整合，从而与单位社会的纵向管理体系结合构成一种纵横交错的运作机制。其中最重要的跨单位组织便是政党组织，作为执政党的中国共产党在各个单位及各个管理层次都建有党支部、党小组，通过严密的人事制度及仪式化运作对单位领导群体及基层群众进行有效领导，从而避免了内部社会功能完善的单位组织成为孤立封闭城堡的可能。同时，在党管干部的体制下，一定级别的干部亦具有跨单位调整使用的可能性。此外，工会、共青团、妇联、青联、学联、台联、侨联以及各种学术性联合会和协会也将各种特定群体涵盖其中，通过各种组织化活动，拓

① 刘建军：《“跨单位组织”与社会整合：对单位社会的一种解释》，《文史哲》2004年第2期。

展了单位外部的社会联结空间。尽管跨单位组织与单位机制、街居机制尽管结构、要素互不相同，但其运作动力却同样来自行政权力。在单位社会中，大多数的跨单位组织都具有官方或半官方的性质，其目的在于强化国家对社会的控制能力，带有社会自主性质的跨单位组织事实上只是在单位社会消解之后才逐渐发展起来。

二 "后单位社会"基层治理的模式实践及其困境

（一）"后单位社会"的基本内涵

在承认单位社会业已走向"终结"的前提下，学界开始使用"后单位社会"概念来表述中国社会当下的变迁。值得注意的是，该概念虽然已为众多学者所使用，但其含义却不尽相同，学界一般都是将其作为一个背景性概念而提出的，缺少明确的界定。在这里我们认为，"后单位社会"主要是指 20 世纪 90 年代全面市场化改革以来，中国社会表现出来的一种特殊的社会结构及其运行状态。主要表现在：首先，在"后单位社会"中，旧的社会运行机制开始逐渐消解，而新的社会运行机制尚未成型。因此，它不是一个完整的社会结构形态的概括，而是一种对原有社会体制消解过程中那种"剪不断，理还乱"的复杂蜕变过程的描述及概括。其次，从静态角度看，单位制虽然开始消解，但作为社会治理的一个重要单元，单位组织并未退场，而是以一个新的角色和身份继续发挥作用。再次，从社会运行的角度看，在"后单位社会"中，市场化进程的开启使得在原有体制中被压抑的经济发展能量被释放出来，并在社会的经济建设方面取得了举世瞩目的成就。在原有社会管理运行机制逐渐萎缩的背景下，只有新的能够有效填补原有体制真空、克服原有单位体制遗留问题的制度形态不断被纳入社会体系之中，才能有效应对"后单位社会"的管理困境，保证社会的合理运行。我们正是在这一意义上来讨论"后单位社会"基层治理问题的。

（二）后单位时期社会运行机制的特点

"后单位社会"的运行并非与"单位社会"截然分开，旧的社会运行机制在瓦解过程中同时夹带着巨大的体制惯性依旧在发挥作用。正如前文所言，单位社会在中国的形成具有深刻的历史根源，其对中国社会的影响自然也难以在短时期内消除。同时，单位制消解的过程中不断衍生出新问题。这都使得“后单位社会”运行机制的建立面临着众多挑战。如政府与社会自治组织之间的衔接问题、资源垄断与责任推诿问题等。如何在过渡时期建立起一种新的社会联结，实现创造性转化，成为严峻的挑战。从总体上看，“后单位社会”的基层社会治理运作具有以下几个特点：

1. 单位制的消解及其反向运动

从20世纪90年代开始，伴随着中国走向市场化的进程，传统的单位体制开始消解，在“权力下移”的总体背景下，单位体制变革和社区建设成为社会各界的聚焦点，主要包括老工业基地衰退背景下“企业办社会”功能的分离及社区建设勃兴等。在单位体制下，“单位同时兼有生产职能、职工生活职能及大量社会政治职能，是一个职能和设施相对完备的、能满足其成员各方面需要的社会复合体”①。这种呈“蜂窝状”的、多元化的职能安排使单位的边界相对封闭，割裂了作为统一有机体的社会的内部联系，造成了城市基层社会运行的僵滞。在单位制度变迁的背景下，各种社会功能开始从单位中剥离并重新释放了社会本身的活力，社区重新被定位为社会生活共同体，逐渐在城市基层社会的整合中发挥越来越重要的作用。大量的基层管理任务被下沉到社区。社区服务、社区建设逐渐成为城市社会工作的重要内容。但社区并非单位的简单替代物，从单位剥离出的众多社会职能也并非可以简单地“嫁接”到社区体系中。社区只是重新成为国家、社会、个人之间交互作用的场域，而良性的“后单位社会”基层良性的运作机制的形成，实有赖于整体意义上社会联结机制的建立与稳定。

值得注意的是，在单位走向“去社会化”过程的同时，出现了一些“反向运动”，主要表现在：第一，尽管单位制的松动肇始于1978

① 华伟：《单位制向社区制的回归——中国城市基层管理体制50年》，《战略与管理》2000年第1期。

年后的改革开放，但在现实中，改革开放初期城市社会秩序的恢复也正是单位体制重建的结果。此后实行的近十年的“双轨制”①，建立了一种“分割式”的社会结构，即在保持单位制相对完整的前提下，对市场空间进行开拓与培育，以打破僵化的经济结构。即使在20世纪90年代全面市场化改革之后，国家出于经济安全的考虑，仍对一些超大型国有企业实施保护。可以说，市场化改革的实质是将市场经济体制嵌入到原有社会结构之中，经过国家与市场的双向形塑，某些超大型国有企业和行政事业机关的单位特征被保留了下来，甚至有所加强，形成了与市场机制并存的新单位制现象。② 第二，单位体制下的党政双重体制仍在延续、各种形式的单位福利在市场经济中得以继续。尤其是拥有垄断限制地位的大型国有企业，其单位福利膨胀，制造出较为明显的社会不平等。第三，在某些重大危机事件面前（如“非典”等事件），单位组织仍是国家实施社会控制的重要阵地，而在社会个体“地位资源”的获得方面，单位的壁垒效应也仍然存在。③ 在这一意义上，即使“构成体制根本特征的基本运行原则和连接原则以及在其基础之上建立起来的制度系统也消失了。但是，一个体制的基本连接原则的消失并不一定意味着体制运行过程中发展起来的所有经济和社会结构、传统、观念、行为方式和策略也随之消失”。④ 所有这些这都使得“后单位社会”的运作机制转换充满了复杂性。

2. 社会治理主体的多元交错

“后单位社会”中诸社会职能从单位中剥离，但这并未导致国家对基层社会控制力的实质性减弱，只是在控制方式上由单位社会中的

① 渠敬东、周飞舟、应星：《从总体支配到技术治理——基于中国30年改革经验的社会学分析》，《中国社会科学》2009年第6期。

② 刘平、王汉生、张笑会：《变动的单位制与体制内的分化——以限制介入性大型国有企业为例》，《社会学研究》2008年第3期。

③ 边燕杰、李路路、李煜、郝大海：《结构壁垒、体制转型与地位资源含量》，《中国社会科学》2006年第5期。

④ ［匈］玛利亚·乔纳蒂：《转型：透视匈牙利政党——国家体制》，赖海榕译，吉林人民出版社2002年版，第1—2页。

总体性支配逐渐转变为科层化的技术治理,[①] 将行政权力纳入法制化与规范化的轨道，大大提高了治理效率。这里所说的“科层化”，其一是指政府公务员系列的科层化体系；其二是指自治组织的科层化。国家权力还通过与各种社团组织的互动协作，使得基层社会的运作越来越呈现出“法团化”特征。此外，单位制的残留使得依托于大型国企和行政事业单位的单位社区仍然大量存在，单位家属在住宅区的共住模式形成了拥有清晰边界的新共同体形式。但值得注意的是，社区议事委员会、业主委员会等一批新的带有民主协商色彩的社区自治组织逐渐建立起来。社区治理主体的多元化削弱了原有居委会对社区自治主体的垄断，并促使其自身也开始做出一些变革（如居委会直选）。此外，单位壁垒的打破，促使基于血缘、业缘、地缘关系而建立的民间组织开始大量出现，它有效地弥补了单位组织封闭、狭隘等缺陷，使社会中非政治化的要素在社会联结中开始发挥作用，为更广泛的社会团结提供了多元途径。同时，社会个体的思维方式与行为方式也发生了变化。带有权利和民主意识的“公民观”逐渐取代了传统的“人民观”，公民的社会参与意识大大加强，非政府、非盈利的行为被初步认可和接受，并走向正规化，从而为多样性的社团组织的广泛建立提供了坚实的基础。所有这些都使得社会的自组织化程度大大提高。政府的技术治理与法团化治理、单位制社区的残留、社会自组织能力的增强，这种多元化的社会管理主体遵循着不同的运作逻辑且相互交织，共同构成“后单位社会”管理运作机制最为纷繁复杂的一面。

3. 国家与社会相分离

在“后单位社会”，政府权力从大量原属于社会的领域中退出，将原属社会的事情还给社会，使社会自身的活力被逐渐释放出来，使得社会管理运行机制的行政化色彩逐渐淡化，政府管理走向精练化和专业化。在单位社会中，从单位到街道，行政权力渗透到了社会的各个方面，整个社会的管理运行机制呈现出一种“刚性运作”的特征。

① 渠敬东、周飞舟、应星：《从总体支配到技术治理——基于中国30年改革经验的社会学分析》，《中国社会科学》2009年第6期。

自改革开放步入“后单位社会”之后，社会在自身的分化、发展、壮大中逐渐形成不同的利益主体，形成与国家协商、合作的格局。因此，中国“小政府、大社会”格局的展开，并未形成西方意义上的“国家与市民社会”分立、对抗的局面，而是形成了政府与社会在相互渗透中走向协作的局面。但是，国家与社会之间的这种复杂微妙的平衡在社会运作机制的建设中往往难以把握，一旦走向失衡，则会在社会中酿成诸多不稳定因素，因此，在建设“小政府、大社会”的背景下，政府基层权力与社会有机体如何良性对接和有效协作，是构建“后单位社会”管理及运行机制所面临的难题。

（三）基层治理的模式实践及其困境

“后单位社会”基层社会治理模式的构建，从理论上看仍是如何处理国家与社会关系的问题，国家与社会力量的消长及“单位社会”消解的复杂性，都使得城市基层社会治理格局呈现出巨大的变动性。因此，面对“后单位社会”治理困境，国家与社会应如何联结以形成整体良性的运作机制，是当前基层社会治理的核心问题。在这方面，“单位办社会”的消解，社区建设背景下街居制的复兴，都是构建后单位社会基层运作机制的有益实践。

1. 强调行政管理的“上海模式”

社区建设的“上海模式”形成于20世纪90年代中期，并很快被推广到众多城市。此种模式的基本特征被概括为“两级政府、三级管理”，即在市、区两级政府的基础上，形成市、区、街道三级纵向管理体制。试图通过扩大街道办事处的管理权限，充分发挥其管理功能。向街道办下放权力、建立街道财政，街道办内部机构科室化，对社会性、群众性、公益性的工作负全责，从而使其在社区管理中真正负起领导的职责，同时克服“全能政府”的传统观念，引进“小政府、大社会”“小机构、大服务”的行政理念，使政府行政行为、社会自主行为和市场行为相结合，最终形成一种高效、有序的社区行政管理体制。

“上海模式”的优势在于明确街道作为一级管理层次的地位，使街道办成为城市基层社会运行机制的重心。实质上是对街道办在城市基层社区中统筹与协调职能的强化，使街道办真正成为城市街政的中心，保证了城市基层社会运作机制的上下畅通与高效率。此外，由于这种模式是在保持原有基层社会治理格局的前提下进行的体制调整，故牵涉面较窄，体制变革成本较小，在实践中操作起来也较为容易，因而得以在众多城市中广泛推行。其在城市基层社会管理中的功能优势在举办北京奥运会、上海世博会等大型活动中得到了检验。但此种模式设计也仍然存在着一些不足之处，表现在：第一，以“两级政府，三级管理”为基础的基层社会管理模式事实上并未从根本上解决街道办的定位问题。“两级政府，三级管理”的模式设计虽使街道办作为一级管理的地位得到明确，改变了其办事无权的局面，但其作法仍然隐含着将其作为一级准政府的定位设计，行政管理任务的重负必然使其内部职能部门逐渐膨胀，人员增多。这无疑与现代城市基层社会运作机制中要求减少管理层级、推动管理扁平化的趋势相悖，使城市社区管理的行政成本加大。第二，易形成城市基层社会运作机制中行政科层化的趋势，制约社区自治力量的发展，造成城市基层社会被过度行政化，使基层社会运作机制演变为一种僵化的行政科层机制，社区自治空间趋于萎缩与板结化。

2. 强调社区自治的“沈阳模式”

“沈阳模式”形成于20世纪90年代末，主要以“社区自治、议行分离”为特色。“沈阳模式”对社区性质、功能、区域进行明确定位，将基层社会运作机制改革的方向定为发展社区自治，并以此为标准，重塑社区边界及组织管理体系，试图通过社区建设塑造以利益为纽带、以认同感和归属感为核心要素的自治共同体。“沈阳模式”在社区自治运作机制的设计与实践方面做出了有益尝试，其价值主要表现在：第一，通过明确社区定位、调整社区边界，为居民自治性基层治理模式提供了运作空间。第二，通过“议行分离”进行组织创新，塑造了一套权责明确、议行分离、相互制约的社区运作机制。但面对基层社会中复杂的“重层结构”，以“沈阳模式”为代表的社区自治运作机制也存在着明显的局限，表现在：在城市社区居民社会参与意识孱弱的情况下，基层自治存在着严重的空壳化现象，其直接后果是导致社区自治流于形式，而无实质内涵。

除了上述两种模式外，还存在着以取消街道办、减少行政层级为主要特征的“铜陵模式”，以居站分离为主要特征的“深圳模式”等。但事实上都未破解“后单位社会”重层结构背景下基层社会治理的谜局。无论是强调基层民主自治的“沈阳模式”，还是凸显基层行政派出机构的“上海模式”，抑或是以减少行政层次、为社区自治让渡空间的“铜陵模式”，其体制构架及其运行都面临着重大的局限。在此种情形下，其所面临问题的实质是，如何在基层社会的重层结构中，使政府行政组织（派出机构）与基层自治组织之间建立起应有的关联。社区运作机制仍是在政府主导下自上而下建构的结果，自治内生性不足。社区自治组织大部分是按照整齐划一的标准建立并与政府管理体系对接，几乎难以避免行政运作的影响。持久化的社区自治运作机制应更能发掘社区自身资源，增强运作机体的活力，以真正实现社区运作的自我发展、自我完善、自我管理。这就需要在培育社区文化、提高社区参与和居民认同感等方面做出更多努力，相较于外在组织结构的搭建，这些社区内在联结机制同样重要。

因此，“后单位社会”基层运作机制的建构，主要包含两个方面：组织要素和结构的搭建、持久化运作动力的解决。前者需要基层社会管理组织结构的创新，而后者则需要深层次的国家与社会的互动方式的改变。无论是“上海模式”还是“沈阳模式”，或强化基层行政管理，或培育社区自治，都在基层社会管理组织结构创新方面做出了有益探索，但二者均是在原有街居体制基础之上做出的调整，仍代表了街居运作机制在“后单位社会”管理中的复兴，但社区的本质在于内在社会性关系联结，而非制度性关系联结。街居体制的改革事实上对于社区参与和凝聚力不足、社区机体内在活力欠缺等问题并未予以根本解决，仅仅局限于外在制度结构的搭建。这就使得在基层社会运作方面仍无法摆脱行政化的影响，其运作动力仍以行政权力为主，缺乏社区内在自治自主力量的推动。不过，在“后单位社会”“强政府、弱社会”格局下，西方“市民社会”式地方自治类型的社区运作在中国存在着先天不足，在避免单向维度的行政运作的前提下，国家行政力量与社区自治力量的协作和互动才是构建基层社会持久化运作机制的关键。

三　基层社会“复合治理”策略的实施及其评价

（一）作为“复合型”社会治理的网格化管理模式

近年来，在政府技术治理逐步展开的背景下，“数字城市”建设中诞生的网格化管理模式逐渐表现出一定的治理功效。网格化最初的目标主要是对原有的社区资源、信息、服务体系进行重新整合与协调，其主要着眼点是在技术、社区资源及公共服务之间建立起密切的联结关系，故在某种程度上我们可以将其看作数字技术服务平台在制度上的配套设施。但当数字技术逐渐融入城市基层管理体制之后，很快被原有的体制所形塑和修正，逐渐开始作为一种新的治理方式和治理层级，在整合社区资源、沟通信息、强化服务等方面均发挥了明显的作用。在具体做法上，是“在保持原有街道——社区管理体制不变的基础上，按一定标准将城市社区划分为若干个单元网格（一般一个网格内常住人口为4000—5000人），并搭建与统一的城市管理数字化平台相连接的社区信息化平台，通过加强对单元网格的部件和事件的巡查，建立起一种监督与处置相分离的新型基层管理体制”①。网格化管理既有由上而下的管理的一面，又有由下而上的社区多元参与的一面。近年来，在维稳任务凸显和社会管理体制改革创新的背景之下，网格化管理显示出极强的横向拓展和复制的能力，很快扩展到社会的其他领域，逐渐在社会管理中发挥了重要作用。与以往基层社会运作模式相比，它在运作结构、要素和方式上都体现出明显的优势。值得注意的是，网格化治理模式在“上海模式”“沈阳模式”“铜陵模式”等多种类型的模式中都有较为广泛的运用，并且取得了较为理想的效果。故作为一种复合式治理策略，网格化不是作为一种“替代策略”出台的，而是作为一种“补充策略”登场的，对于“后单位社会”重层结构背景下基层治理的展开发挥了重要作用。

首先，通过网格将政府行政力量与社区自治力量加以绑定，使网

---

① 田毅鹏、薛文龙：《城市管理“网格化”模式与社区自治关系刍议》，《学海》2012年第3期。

格成为城市社区中多元主体的联动空间。在单位社会中，城市基层社会管理中自治力量的缺席是其显著特征。进入“后单位社会”以后，社区自治力量虽得到一定程度的发展，但在街居体制行政化色彩浓厚的背景下，社区自治发展仍不充分，社区居民参与程度不高。即使在自治主体之间也存在着“官方化”的自治主体与“自主性”的自治主体之间的“二元区隔”的现象，① 这一切使得城市基层社区的治理结构较为单一。而在网格化管理中，不同性质的多种力量被配置在同一网格空间中，包括“以区街公务员为主体的政府行政力量，以社区干部为主题的社区自治力量、社区党员和一般志愿者、民间组织”②。这种多元行动主体的交互作用打破了原有社区治理主体的单一化，在政府力量与社区自治力量之间提供了联结点，为“后单位社会”基层社会运作机制中多元力量的协调合作创造了条件，为“善治”的实现提供了新的路径。

其次，通过网格建立了快捷精准的信息“收集—反馈”机制，为行政科层制中信息的纵向和横向流动提供了新的平台。在单位社会中，中国的政治体制是一种垂直一体化体制，“这种体制非常适合于命令下达，却对资讯上传这种良性流动的必要性缺乏敏感”③。这是在总体性社会中对国家动员能力的过度强调所导致的必然结果，这一特征往往会导致体制在缺乏基层社会准确信息的情况下运转。在“后单位社会”中，媒体资讯的发达、基层自治的初步发展都在一定程度上缓解了这一种状况，但却并没有形成根本性的改变。“市—区—街”仍构成一套完整的垂直层级行政体制，其对于基层社会信息的掌握仍是被动的，而且，信息流动经常面临上下阻隔、横向沟通困难的现象。而网格化管理可视作为数字信息技术嵌入到行政科层制过程中技术与制度互动的产物。依托于数字城市的建设，网格在技术层面具有信息流动快捷、规范、精准等突出优势，数字技术与行政体制的集合使网格成为新的社区管理信息平台，在网格之间实现了信息的快速流

---

① 闵学勤：《社区自治主体的二元区隔及其演化》，《社会学研究》2009 年第 1 期。

② 田毅鹏：《城市社会管理网格化模式的定位及其未来》，《学习与探索》2012 年第 2 期。

③ ［美］李侃如：《治理中国》，中国社会科学出版社 2011 年版，第 198 页。

动与共享。通过网格工作人员的定时巡视与排查，及时掌握第一手的社区信息，做到“发现及时、反应灵敏、处置有方”。这有助于打破原有城市基层社会运作机制中信息在封闭体制中流动的局面，为城市基层社会由被动式、静态式的管理向主动式、动态式的管理转变创造了条件。

再次，由于网格化模式是在保持原有基层社会体制稳定的前提下进行的体制调整，网格化管理并未突破原有的社区边界，因此体制变革成本较小，牵涉面较窄，在实践中操作起来也较为容易。其在城市基层社会管理中的功能优势在北京奥运会、上海世博会等大型活动中得到了检验。

但是这种运作机制设计也仍然存在着一些局限，表现在：第一，网格内部社区自治力量与行政力量之间存在着张力。网格化管理和社区自治的关系，与社区形态息息相关。在以往的街居体制之下，社区被定位为居委会辖区，完全被视为城市基层管理单位，行政化色彩浓厚。而在此基层上展开的网格化管理，也难免会受其影响而被视为行政力量。第二，在网格的定性上，“管理的网格”与“服务的网格”之间存在着张力。

（二）网格化模式与复合治理理论的生成

1. 网格化管理模式的复合性特质

将网格化管理模式置于“后单位社会”重层结构的背景下，我们会发现其突出价值在于，它兼具管理与自治的“复合型组织”性质，网格内部的多元行动主体的参与，包括政府力量、社区组织、个人（志愿者）等，为国家与社会的联结及互动提供了微观平台。同时，网格边界之间社区资源的整合、信息共享与流动，更有利于推动社区内部联结的培育。但其内部多元行动主体地位的不均等也使得网格的性质呈现出了不确定性，这就需要网格的构建与推动城市基层管理体制扁平化、促进社区自治、提升基层服务水平、培育共同体价值等方面结合起来。在“后单位社会”中社会个体原子化、社会主体多元化、社会关系复杂化、社会阶层分化逐渐加深的背景下，“后单位社会”基层运作机制的构建也是一个系统工程，它需要政府与民间、个人与社区、服务与管理、行政与自治等几个不同维度和方面上的探索和革新。“其中最重要的是实现政社分开，探索如何增强社会自我管理、自我服务、自我教育的力量，将减少政府成本与提高社会运行效率统一起来，将减少行政层级和社区服务去行政化结合起来，将政府自觉限权和公众参与社区治理结合起来，厘清政府管理服务和居民自治的边界和关系，合理划分基层行政管理和服务机构的职责权限等。”① 只有这样才能完成“小机构、大服务”的管理格局的塑造，将行政管理机制、社区自治机制、市场配置机制结合起来，形成完善的治理型、网络状的城市基层社会运作机制，从而使这一机制能够持久化。

2. 基层社会中的重层结构——自治性与行政性之间的嵌合

对于当前中国基层社会的运作机制而言，国家与社会的相互交织使基层社会治理及运行机制带有明显的“重层性”，并对基层社会治理的性质及运作方式产生了重大影响。具体言之，国家与社会力量在互动过程中在基层社会中所形成的“重层结构”，并不是指国家与社会在其中如夹层蛋糕一样界限分明，而是指政府与民间自治力量之间不同程度的协作、妥协、合作，使得基层社会的运作兼具行政性与自治性，从而衍生出一种双重性质及兼容式的运作方式。而且，这种行政力量与自治力量之间的交互作用也并非均匀地分布，这就造成“后单位社会”基层运作难以形成一种协调、稳定的状态。迄今为止已有不少学者运用不同的概念试图对这一特征加以把握。其中，黄宗智的“国家与社会之间的第三领域”概念尤为典型。黄氏认为，在国家与社会之间存在着一个国家与社会力量均参与其中的“第三领域”，在其中国家联合社会进行超出正式官僚机构能力的公共活动，从而在基层社会形成了一种依靠政府与民间谈判协商、任命非正式官吏等方式进行治理活动的运作机制。他还指出“这里很可能是更具协商性而非命令性的新型权力关系的发源地”②。后来，他又将这一理解更新为

---

① 彭向刚：《撤销街道办会成为趋势吗》，《人民论坛》2011 年第 36 期。

② 黄宗智：《中国的“公共领域”与“市民社会”？——国家与社会间的第三领域》，载黄宗智主编《中国研究的范式问题讨论》，社会科学文献出版社 2003 年版，第 282 页。

“集权的简约治理”①，即基层行政中的半正式治理机制，更进一步阐明了基层社会中第三领域的运作方式。而郭伟和则将“第三领域”理论引入到当前中国的城市社区研究中，他认为“伴随着街道体制的撤退，新出现的社区公共治理组织结构不是西方政治学中讲的地方自治体制，而是比较符合黄宗智所说的国家与社会之间的第三领域的属性——在原来的街道层面上出现了一种既不是原来的行政架构，也不是完全的地方自治社会的混合属性的公共领域”，并将这种城市基层社会国家与社会的互动模式称为“掩映在民主形式下的国家意志对社区公共事务的柔性控制”②。笔者认为，第三领域及其衍生概念较之充满西方化价值判断的市民社会理论，无疑更为贴近当前中国城市基层社会的实际情况。但是，作为一个价值中立概念，它是对现实的描述与理解，却难免缺少价值取向的路径构建和引导。因此，笔者更倾向于用“基层社会的重层结构”这一概念来理解基层社会“行政性”与“自治性”互嵌式运作方式。所不同之处在于，笔者将这种重层结构看作一种动态的结构。其产生主要是由于国家权力与社会的公共权力在对接过程中，“自上而下”的政府权力向度倾向于将其力量尽量向下推进，而“自下而上”向度的社会自治力量则倾向于尽量向上推进，二者频繁互动的结果，就是形成了国家与社会交会处的权力“重层结构”。

国家权力通过“下派干部”（挂职锻炼、下派）和“赋予资格”等方式，使社区自治组织与政府之间并非截然两分，而是存在着联系紧密的“通道”。在这个权力“重层结构”的场域中，虽然国家权力与社会存在着明显的不对等性，但二者都倾向于将自身势力最大限度地向对方渗透，以求获得充分的作用空间。因此，在权力的设计上，双方都出现了将自身“对方化”的倾向，但两种力量的交互作用不是均衡的。即代表社会的公共权力倾向于一定程度上在形式上将自己转化为政府权威，以求将自身意志通过间接的方法影响政府权力，即

---

① 黄宗智：《集权的简约治理——中国以准官员和纠纷解决为主的半正式基层行政》，《开放时代》2008 年第 2 期。

② 郭伟和：《街道公共体制改革和国家意志的柔性控制——对黄宗智“国家和社会的第三领域”理论的扩展》，《开放时代》2010 年第 2 期。

“公共权力的权威设计”。而政府权力则倾向于在形式上转化为带有民间色彩的公共权力，以求尽量将自身影响向基层渗透，即“国家权力的社会性设计”。二者都体现了当自身作用发挥到极限时，通过间接的方式发挥影响力的权力设计方法。基层权力重层结构的场域，能够存在的核心要素，就是这种权力运作“对方化”的行为倾向。这种权力对方化的倾向往往在民间力量比较弱的社会存在较为明显，因为，面对国家权力的强力扩张，民间力量弱小不得不借助于间接的方式来实现自身诉求，维护自身权益。而国家在将权力推进到底层时，也会受到民间力量的强烈抵抗，需要通过权力“对方化”来渗透，正是因为如此，这种权力的重层结构主要存在于社会基层。

一般而言，基层权力的重层结构位于政府行政权力的末端，和社会个体权利的顶端。如果将国家与社会之间的权力看作是一个呈上下梯次分布的结构，那么国家力量往往倾向于将这个重层结构向下推，以求使国家力量占据更大的势力范围，而民间力量则倾向于将这个重层结构向上推，以求使民间力量获得更大的活动空间。如此一来，重层结构就形成了一种动态的“国家—社会”结构，它会随着国家与社会力量的不断消长而改变发生移动，同时它内部双重性质力量的相互交织又能保证这一过程中国家与社会的联结不会发生断裂，最终使国家与社会形成一种比较合理的布局。故在“后单位社会”基层运作机制的构建中，应为民间力量的培育留有活动空间，以保证这种重层结构能够在国家与社会之间的“权力梯次结构”中随着社会的发展逐步向上移动，最终形成理想的“小政府、大社会”格局。

3. 网格化与基层社会结构的重组

基于城市基层社会中动态的重层结构视角，笔者着眼的不仅仅是网格化管理的现实状态，更看重它所具有的制度潜力。在“后单位社会”基层运作机制的构建中，判断一种基层社会管理模式优劣的重要标准，一方面是看它能否很好地容纳与整合重层结构中的两种力量，另一方面是看它能否为国家行为与社会自身的成长留有弹性空间。而“网格化”管理的“复合型”性质，无疑在上述这两个方面具有一定的优势。但是，任何机制的实际作用都受制于它所依赖的具体制度环境和社会环境，网格化管理也是如此。后单位社会基层治理所面临的种种难题决定了网格化模式的走向存在着不确定性。

第一，关于传统基层组织在现代社区建设过程中的作用。毫无疑问，20 世纪下半叶世界范围内两次社区发展的热潮，其目的都是在现代经济高度发展的背景下，试图通过政府“自上而下”社区发展的路径，抗拒来自市场对社会的冲击，以维持社会的秩序和稳定。在这一意义上，社区是现代性的产物。但应该指出的是，这一现代居民自治组织真正意义的发展不是凭空的，而是需要将其深深地植根于本土。

第二，关于社区在社会宏观结构中特殊的“联结”作用。近年来，在东亚社区发展过程中学术界普遍关注所谓“社区行政化”问题。在这里，所谓“社区行政化”，主要是指城市政府为寻求经济增长与社会稳定的平衡，依靠行政权力，自上而下地实现社会再组织化的过程。其基本标志是：社会空间行政化、社区组织行政化、社区事务行政化。[①] 人们普遍对社区行政化提出批评，认为它有碍真正意义的居民自治，从而提出“去行政化”的社区发展目标。笔者认为，社区行政化固然会扼杀社区的自治精神，但完全意义上的社区“去行政化”实际上既不可能，也不可行。因为在相当长的历史时期内，社区实际上是作为“政府”和“居民”之间的联结组织而存在的。社会是一个超级复杂的联结系统，以至于我们很难用简单的话语完全揭示其中的奥秘。但我们必须注意那些最具关键性的联结环节，因为一个社会如果关键的联结处被破坏了，便会发生社会解组的悲剧。正如默顿所言：“在社会系统中，人们之间的沟通渠道在结构上的不当或部分中断，也会导致社会解组。处于一定社会关系、地方社区或国家社会中的人必须能够沟通，因为他们相互依赖，以实现社会对他们的期望和他们个人自己的目标。”[②] 因此，我们应从社会联结的角度来理解社区性质，这样就不会简单地将社区置于与政府相对的立场之上，简单地提出“去行政化”的思路了。

---

① 陈伟东等：《社区行政化：不经济的社会重组机制》，《中洲学刊》2005 年第 3 期。

② ［美］罗伯特 · K. 默顿：《社会研究与社会政策》，林聚任等译，生活 · 读书 · 新知三联书店 2001 年版，第 79 页。

社区建设可视为一个基层社会的重层结构在国家与社会间的梯次结构中不断向上推的过程。因此，在中国“后单位社会”基层运作机制的构建中，政府与社会在互动过程中形成一种合作、协商、互惠的机制是其关键。在城市基层社会管理中，政府不能缺席而应通过法制化来规范自身行为，同时积极引导和培养社会自主力量与公共意识。比较理想的状态是，网格化管理与城市基层管理体制革新相配合，在网格内部形成比较稳定、平等的多元互动方式，去除行政化影响，同时通过网格间资源整合与信息流动，提升社区自治水平。随着社区内部的发育，网格空间也逐步扩大，直到最终网格的边界与社区边界重合，社区有能力在城市基层社会治理中形成有效的支撑，最终形成持久化的“后单位社会”基层社会运作机制。

第七章

新时代主要矛盾转变与社会治理创新

党的十九大对我国当前所处的时代和社会的主要矛盾作出了全新的判断："中国特色社会主义进入新时代，我国社会主要矛盾已经转化为人民日益增长的美好生活需要和不平衡不充分的发展之间的矛盾。"并且强调指出："我国社会主要矛盾的变化是关系全局的历史性变化，对党和国家工作提出了许多新要求。"①

一　社会主要矛盾的转化是全局性、历史性的变化

回顾中华人民共和国成立后的历史，可以看出，随着对社会主要矛盾判断的变化，党的路线方针政策都会发生明显的转向。

1956 年党的八大决议提出："我国的无产阶级同资产阶级之间的矛盾已经基本上解决"，"国内的主要矛盾，已经是人民对于建立先进的工业国的要求同落后的农业国的现实之间的矛盾，已经是人民对于经济文化迅速发展的需要同当前经济文化不能满足人民需要的状况之间的矛盾"，党和全国人民的主要任务是"把我国尽快地从落后的农业国变为先进的工业国"。1957 年 2 月，毛泽东在题为《关于正确处理人民内部矛盾的问题》的报告中，也发出号召："团结全国各族

---

① 习近平：《决胜全面建成小康社会　夺取新时代中国特色社会主义伟大胜利——在中国共产党第十九次全国代表大会上的报告》，新华网，2017 年 10 月 27 日（http：//www. xinhuanet. com/politics/19cpcnc/2017 - 10/27/c_ 1121867529. htm）。

人民进行一场新的战争——向自然界开战，发展我们的经济，发展我们的文化。”[①]

但就在这时，国际上连续发生了赫鲁晓夫在苏共二十大全盘否定斯大林以及波兰的波兹南事件、匈牙利事件，国内也出现极少数人借整风之际向共产党进攻，于是毛泽东在1957年5—7月连续写了《事情正在起变化》《一九五七年夏季的形势》这两篇党内通讯，指出“单有一九五六年在经济战线上（在生产资料所有制上）的社会主义革命，是不够的，并且是不巩固的。匈牙利事件就是证明。必须还有一个政治战线上和一个思想战线上的彻底的社会主义革命”[②]。此后离开了党的八大确定的经济建设这个中心，开始认定社会主义社会的主要矛盾是无产阶级和资产阶级两个阶级、社会主义道路和资本主义道路两条道路、无产阶级革命路线和资产阶级反动路线两条路线的斗争，以阶级斗争为纲，打击面越来越宽、火药味越来越浓，直至发动“文化大革命”。

1978年党的十一届三中全会以来，果断终止以阶级斗争为纲，重新回到以经济建设为中心的轨道上来。邓小平在那篇题为《坚持四项基本原则》的重要讲话中指出：“至于什么是目前时期的主要矛盾，也就是目前时期全党和全国人民所必须解决的主要问题或中心任务，由于三中全会决定把工作重点转移到社会主义现代化建设方面来，实际上已经解决了。我们的生产力发展水平很低，远远不能满足人民和国家的需要，这就是我们目前时期的主要矛盾，解决这个主要矛盾就是我们的中心任务。”[③] 后来，人们就习惯性地认定“落后的社会生产（力）与人民群众日益增长的物质文化需要之间的矛盾”是整个社会主义初级阶段的主要矛盾。

改革初期的目标就是最大限度地激发劳动者和生产经营单位的活力，实现的途径则是“放权松绑”“放开搞活”。具体来说，在农村，实行家庭联产承包责任制，并且允许农民务工经商、多种经营、开办

---

① 《毛泽东选集》第5卷，人民出版社1977年版，第375页。

② 同上书，第461页。

③ 《邓小平文选》第2卷，人民出版社1994年版，第182页。

乡镇企业；在城市，扩大企业经营自主权，实行利改税；允许早已绝迹的个体经济、私营经济和外资企业等非公有制经济重新建立，并扶持其发展。这些举措很快改变了原先的普遍贫穷局面，使得人民群众摆脱贫困、实现了温饱。

接着，确立了社会主义市场经济的目标模式，在城乡各地培育和发展市场，建立健全市场规范，维护市场秩序，不断发挥市场配置资源的基础性作用和决定性作用，并更好地发挥政府的调节作用，从而激发起中华民族创造物质财富的巨大活力，实现了中国经济的腾飞，迅速使中国成为世界第二大经济体。

近年来，开始鼓励并引导企业“走出去”，更加积极地参与国际竞争，特别是提出“一带一路”（丝绸之路经济带和海上丝绸之路）的倡议，发起并主导成立“亚投行”，推动人民币的国际化，大大增强了中国在国际经济秩序中的话语权。

现在的情况已和改革开放之初大相径庭：普遍产能过剩，内需不足，“去产能”“去库存”成了经济工作的方针；中国已是“世界工厂”，“中国制造”远销世界各国；大部分的产业都不愁“产不出”，只愁“卖不掉”，到处遍布“促销大军”。延续近 40 年的关于社会主要矛盾的提法显然已经过时。

党的十九大及时准确地做出社会主要矛盾发生转化的判断，必将引致党、政府、人民群众、社会生活的一系列转变，这场转变的广度、深度、力度都足以堪比 1957 年夏季、1978 年冬季的转变。这几个重要的时间节点显示出：党的路线方针政策从“以阶级斗争为纲”转向“以经济建设为中心”，再转向“以人民为中心的发展”；政府的主要任务和主要职能从行使专政职能的“管制型政府”转向主导经济发展的“建设型政府”，再转向提供公共物品（服务）的“服务型政府”；普通百姓也从紧跟政治正确的“政治人”转向一心发家致富的“经济人”，再转向追求美好生活的“社会人”。

二　美好生活需要期待着社会治理创新

在“人民日益增长的美好生活需要和不平衡不充分的发展之间

的矛盾”中，矛盾的主要方面是不平衡不充分的发展，解决之道是变不平衡不充分的发展为更加平衡更加充分的发展，然而何为更加平衡更加充分的发展呢？其衡量的标准只能是人民日益增长的美好生活需要，正如2012年11月15日刚刚当选的中共第十八届中央政治局常委与中外记者见面时，习近平总书记就表示：“人民对美好生活的向往，就是我们的奋斗目标。”[①] 因此，在谋划更加平衡更加充分的发展时，必须坚持从人民群众的需求出发，坚持从社会的实际出发。

这就是说，我们需要认真考察：第一，中国社会的发展正经历哪些新的变迁？第二，受社会变迁所驱动，人民群众有哪些新的需求？第三，面对社会变迁和人民群众需求的变化，多年以来既有的一系列做法、经验和管理模式面临了怎样的挑战，其中有哪些已经不能再持续下去，因而严重影响了社会的和谐稳定与人民群众的美好生活？然后寻求三者的交集，以找到解决社会主要矛盾的答案。

先看中国社会的变迁。中国不仅处在空前剧烈的社会转型期，封闭的社会变得开放，且越来越开放，同质的“总体性社会”向异质的多元社会分化，且这种分化越来越迅速；而且还同全球各国一样进入了越来越充满不确定性的风险社会和以国际互联网为依托的虚拟社会。也就是说，风险社会、开放社会、多元社会、虚拟社会成为中国当前社会的主要特征和客观事实，我们无法回避，必须面对。

再看人民群众的需要变化。心理学中有一个“人的需求层次理论”[②]，揭示出人的需求是分层次的，较低层次的需求没有得到满足时，较高层次的需求不会凸显，较低层次的需求基本满足以后，较高层次的需求就会成为主要的需求；人的需求层次依次为生存需求、安全需求、交往需求、得到尊重的需求和自我实现的需求（后三种需求又可以称为发展需求）。应当说，中国已经先后实现了温

---

① 习近平：《人民对美好生活的向往就是我们的奋斗目标》，《人民日报》2012年11月16日。

② 这是著名美国社会心理学家马斯洛（Abraham H. Maslow）在1943年撰写的《人类激励理论》中提出的。

饱和小康、现在正在向全面小康奋进，除了极少数贫困人口以外，中国人的生存需求都已得到了满足。因此，人民群众当今的最大最强烈的需求就是安全需求，包括人身、财产、居所、交通、工作岗位、分配收入、健康、食品、空气和水等方面的安全需求；然而偏偏碰上了时时、处处、事事都存有危险、暗藏危机的风险社会，这是一个很大的矛盾。同时，人民群众的发展需求也很强烈，却也同样碰上了既刺激又阻碍这种需求的开放社会、多元社会、虚拟社会，例如：在开放社会条件下，人们的交往需求强烈，到了一个新地方、新单位，都迫切要求融入新的人群共同体，但不平衡不充分的开放，又常常排斥外来人口、排斥新市民；在多元社会条件下，人们得到尊重的需求格外凸显，谁都不愿受到歧视，像盼望阳光一样渴求公平正义，但已形成并不断固化着的利益格局，总是在自觉不自觉地排挤弱者、打压后来者；在虚拟社会条件下，追逐自我实现的人们可以更方便地表达愿景、参与公共生活、寻找存在感和成就感，但信息真真假假、良莠不齐、情绪宣泄大于理性表达的网络现状，常常使网民无端受害受辱。

最后看多年来一系列做法、经验和管理模式面临的挑战。在确保公共安全、增进人民群众安全感方面，我们在处理传统公共安全领域问题（如刑事犯罪、火灾、交通事故等）时较为得心应手，但在面对非传统公共安全威胁时往往力不从心，以致出现“越应急、急越多，越减灾、灾越增，越维稳、越不稳”的现象；在管理人口流动方面，长期以来依靠户籍制度和单位制度，开放大潮引起的大规模人口流动已将这两套制度冲得残缺不全，超过 2 亿的人户分离，许多地方的户籍人口数、常住人口数、实有人口数相差悬殊，令政府在行使“社会管理、公共服务”的职能时困难重重，因为政府的编制、财政、管理与服务对象分别是同不同的人口数挂钩的，而且出现了“单位制与街居制并存、单位人与社区人共处”的格局，引发并加剧了社会矛盾；在社会分化加剧、利益日益多元的格局下，将改革开放之初特定情况下制定的“允许一部分地区、一部分人先富起来”的“大政策”固化，在“效率优先”的旗号下忽视公平正义，导致并强化了相当部分群众的相对剥夺感；面对虚拟社会，则消极的“删”

“封”“关”多，积极的利用和引导少，而且管理的水平简单粗放，导致广大网民使用网络的不便利、不安全。

综上所述，考察的三个问题形成了四个交集：

风险社会——安全需求——应急、减灾、维稳亟待创新升级；

开放社会——融入需求——户籍制度、单位制度亟待改革；

多元社会——公平需求——利益倾斜的政策亟待中止和更新；

虚拟社会——表达和参与需求——网络管理的思路和方法亟待创新。

这就解释了党中央、国务院为什么高度重视社会治理，人民群众高度关注社会治理；也揭示了当前社会治理创新的首要目标就是保障公共安全（既有传统的公共安全，也有非传统的公共安全），以增强人民群众的安全感。有了安全感做保障，才会有获得感、幸福感；有了安全感做基础，才会有美好生活。在保障公共安全的基础上，社会治理的目标还包括化解社会矛盾，培育自治社会。现存的社会矛盾得以有效化解，新生的社会矛盾得以明显减少，社会才会和谐稳定，人民群众才会心情舒畅；自治社会得以建立，社会的活力才会涌现，人民群众的积极性、主动性、创造性才会迸发。人们处在安全的社会、和谐的社会、自治的社会里，通过自己的奋斗和努力，加上共建共享制度的安排和政府的托底扶持，就一定能够拥有美好的生活。

三　美好生活需要有待于民生建设发展

人民群众满足美好生活的需要，既离不开经济建设的发展，也离不开社会建设的发展；既离不开私人物品（服务）的供给，也离不开公共物品（服务）的提供。然而目前出现了很不平衡的状况：社会建设的发展严重滞后于经济建设的发展，公共物品（服务）的供给严重滞后于私人物品（服务）的供给。面对人民群众日益增长的美好生活需要，“民生领域还有不少短板，脱贫攻坚任务艰巨，城乡区域发展和收入分配差距依然较大，群众在就业、教育、医疗、居住、养老等方面面临不少难题”①。

根据经济学的原理和各国实践的经验，私人物品（服务）的提供主要依靠发展市场经济来解决，公共物品（服务）的提供则必须由政府来主导。前述的公共安全就是一种典型的纯公共物品（服务），通过政府主导的创新社会治理来予以保障；这里所述的就业、教育、医疗、居住、养老等则是准公共物品（服务），只能通过政府加强民生建设来予以保障。这些年来大力发展社会主义市场经济，使私人物品（服务）得到极大丰富，从而缓解了落后的社会生产力与人民群众日益增长的物质文化需要之间的矛盾，却凸显了公共物品（服务）和准公共物品（服务）的短缺，遍及全国各地的“择校难，读书贵”“看病难，看病贵”“房价高，当房奴”等现象，就是明证。换言之，落后的公共服务体系满足不了人民群众的需求。

面对城市的高房价，一部分收入较低的城里人和外来新移民买不起商品房，于是城郊和城乡接合部的一些村集体组织或者开发商就在集体土地上建房，以明显低于商品房的价格出售。虽然没有国家颁发的房产证，可是却有乡镇政府颁发的房产证，这就是所谓的“小产权房”。然而，现行法律认定“小产权房”是非法的，不予承认。

面对同样高得惊人的房租，一部分外来单身的“漂族”和低收入群体成员，只能选择价格相对低廉的“群租屋”居住。所谓“群租屋”，就是通过改变房屋结构和平面布局，把房间分割改建成若干小间分别按间出租或按床位出租。然而，北京等城市的政府又以“群租屋”存在安全隐患为由，予以查禁。

有些家庭为了在有限的房屋空间中住得更宽敞些、方便些，便在阳台上、天井中或屋顶上搭设封闭性或局部封闭性的建筑物、构筑物。同样，这又被定性为“违章搭建”，面临被强行拆除的命运。

外来人员进入一个城市，并非人人都可以找到务工岗位，或是租到一个店铺、办个营业执照来正规经商，于是必然有一些人走街串

---

① 习近平：《决胜全面建成小康社会　夺取新时代中国特色社会主义伟大胜利——在中国共产党第十九次全国代表大会上的报告》，新华网，2017 年 10 月 27 日（http://www.xinhuanet.com/politics/19cpcnc/2017-10/27/c_1121867529.htm）。

巷、占道经营，做些小本生意，聊以维持生计。可是，他们往往就成为市容城管的查处对象。全国各个城市经常发生市容城管与小商贩之间“猫捉老鼠”般的冲突，有的甚至酿成群体性事件。

我国已经进入老龄社会，并正在加速高龄化，众多老年人急需获得医养结合式的服务，可是这件事情涉及民政、卫计、人社三个部门管理，部门相互之间争权诿责，甚至还闹出过“非法行医”的指责。目前情况虽已有好转，如养老机构提供场所，与医院签订合作协议，由医院提供设备和药品，派出医护人员，在养老机构内建立门诊部等。但是，这往往只是针对高收入人群，收费昂贵，普通老人无法享受到。如何推动医养结合进社区、进普通百姓家庭，仍待探索解决。

据报载，有一个名叫陆某的慢性白血病患者，在我国引进的瑞士特效药“格列卫”高价的逼迫下，不得不走上了购印度廉价仿制药之路，后来又用信用卡为一些病友代购这种仿制药，而且并无从中谋利之证据，在2014年年底却因涉嫌“妨碍信用卡管理罪”和“销售假药罪”被提起公诉。消息传开，舆论哗然，300多名白血病患者联名写信请求司法机关对其免予刑事处罚。特别是《药品管理法》中关于假药就是“未经批准生产、进口销售的药品”的规定，更是引起了广泛的质疑：难道药品真假与否，不是看药品本身的疗效，而是看有没有经过政府有关部门批准？好在后来司法机关从善如流，检察院撤回了起诉，法院也对“撤回起诉”做出准许裁定。

外来农民工进城后，随迁子女读书难、读书贵，有些只好进入教学质量相对较低、收费标准也相对较低、专门面向农民工子女的学校和幼儿园就读。然而，这类学校和幼儿园又常常被教育行政管理部门以“安全”“校舍和活动场地面积”“教师（保育员）资质”“教学质量”等方面存在问题为由予以查封或要求限期整改。有的农民工子女叹曰：“我上得起的学校，为啥都是非法的?”

农村不同于城市，人口密度低，教育资源少且学校集中在县城和中心镇，没有发达的公共交通服务体系，政府和学校购置的校车又凤毛麟角，可是农家孩子每天却需要往返于家庭和学校之间。于是，一些没有取得相关资格证件、未到交警部门登记或登记为自用车、未投强制责任险的社会车辆便承担起这一接送学生的任务；加上农村地区路况较差，违章驾驶层出不穷，结果导致事故频发。一旦发生车毁人亡事件，经新闻媒体一传播，便立即启动倒查机制，发现原来属于“黑校车”，于是各地举一反三，整顿查封。但由于每天运载学生往返于学校和家庭之间的公共交通服务体系没有建立，不久又一切如故；从此陷入循环往复的“怪圈”。其实，与其花大力气严查“黑校车”，还不如考虑针对校车运营制定严格的准入制度和监管制度，加强培训，实施“招安”。

近年来，许多大中城市又出现了面向出租打车用户群体的“打车软件”和面向中高端商务专车群体的“专车”，它们对用车行业的覆盖更加全面，向有不同需求的民众提供更加多元化的出行服务。此举在便利了民众打车需求的同时，也动了坐收“份子钱”的出租车公司的“蛋糕”，并为各城市出租车调度管理机构带来了麻烦。很长一段时期内，各地各级相关行政管理部门对此进行封杀；尽管现在交通运输部已经承认“打车软件”“专车”的合法性，但各地出台的“实施细则”和“暂行办法”仍然对此要求苛刻、管理过紧。

如此等等，不一而足。

上述种种情况说明，第一，目前的公共服务体系满足不了人民群众多方面、多层次的需要；第二，人民群众自谋生计的努力常常遭遇到陈旧僵化的社会管理体制的束缚。① 落后的社会管理体制和公共服务体系跟不上人民群众美好生活的需要，并且束缚了人民群众自己解决问题、自力更生向美好生活迈进的努力，这就是当前我国社会的主要矛盾在民生建设领域的具体表现。

正因为如此，十九大报告高度重视内含民生建设和社会治理在内的社会建设，分析当前的不足和面临的困难和挑战时，共讲了 7 条，

---

① 参见童星《社会主要矛盾与政府主要任务的转变》，《中共浙江省委党校学报》2015 年第 6 期。

其中有 3 条专指社会建设领域。[①] “坚持在发展中保障和改善民生”与“坚持总体国家安全观”都被提升为“新时代坚持和发展中国特色社会主义的基本方略”之高度；[②] 在社会建设部分开宗明义地强调：“全党必须牢记，为什么人的问题，是检验一个政党、一个政权性质的试金石。带领人民创造美好生活，是我们党始终不渝的奋斗目标。必须始终把人民利益摆在至高无上的地位，让改革发展成果更多更公平惠及全体人民，朝着实现全体人民共同富裕不断迈进”；在社会建设部分的结尾处号召：“我们要坚持把人民群众的小事当作自己的大事，从人民群众关心的事情做起，从让人民群众满意的事情做起，带领人民不断创造美好生活！”[③] 可以预见，今后一个时期里，旨在提供公共安全这一纯公共物品（服务）的社会治理将不断得到创新，旨在提供就业、教育、医疗、居住、养老等准公共物品（服务）的民生建设将不断得到发展。实践呼唤理论，实践也推进理论，因此，社会学学界既任重道远，也前途无量。

---

① 这 7 条是“发展不平衡不充分的一些突出问题尚未解决，发展质量和效益还不高，创新能力不够强，实体经济水平有待提高，生态环境保护任重道远；民生领域还有不少短板，脱贫攻坚任务艰巨，城乡区域发展和收入分配差距依然较大，群众在就业、教育、医疗、居住、养老等方面面临不少难题；社会文明水平尚需提高；社会矛盾和问题交织叠加，全面依法治国任务依然繁重，国家治理体系和治理能力有待加强；意识形态领域斗争依然复杂，国家安全面临新情况；一些改革部署和重大政策措施需要进一步落实；党的建设方面还存在不少薄弱环节”。其中第 2、3、4 条都是社会建设领域存在的问题。

② 这 14 条基本方略是“1. 坚持党对一切工作的领导；2. 坚持以人民为中心；3. 坚持全面深化改革；4. 坚持新发展理念；5. 坚持人民当家作主；6. 坚持全面依法治国；7. 坚持社会主义核心价值体系；8. 坚持在发展中保障和改善民生；9. 坚持人与自然和谐共生；10. 坚持总体国家安全观；11. 坚持党对人民军队的绝对领导；12. 坚持‘一国两制’和推进祖国统一；13. 坚持推动构建人类命运共同体；14. 坚持全面从严治党”。

③ 习近平：《决胜全面建成小康社会　夺取新时代中国特色社会主义伟大胜利——在中国共产党第十九次全国代表大会上的报告》，新华网，2017 年 10 月 27 日（http：//www. xinhuanet. com/politics/19cpcnc/2017 - 10/27/c_ 1121867529. htm）。

第八章

新全球化趋势下陆海双轴政略均衡与国家治理

经历了近代中国的各种内忧外患，西北边疆与东南海疆的失衡以及陆权与海权的全面危机，“中华民族”“边疆中国”的历史性挑战，也经历了当代中国自改革开放以来西斜东倾的发展格局，“一带一路”这条交往纽带在国家实力迅速提升、国家政略从未像今天这样接近均衡发展理念的背景下，铺垫了从中国到亚欧大陆及至世界各地区的交往通道，也由此开辟了新的全球进程。这一过程也推动着当代中国的国家治理和社会治理现代化进入到一个新阶段。

一　从内敛走向开放的陆海双轴国家政略

传统的西北与东南的区域差距及陆权与海权的不平衡也促成了陆权与海权的全面危机，这个过程催化了从内敛型到开放型的陆海双轴国家政略的演变，这种新均衡态势为“一带一路”奠定了内在基础。

（一）中国地缘政治的两大观察取向

中国作为一个海洋国家与内陆国家，既有辽阔的内陆，也有广阔的海域，陆权与海权的关系也随之发生。中国地缘政治的独特性决定了对国家政略的思考绕不开陆海双轴的关系。这也决定了观察中国地缘政治的两个重要取向：一是从中国言中国，即中国之中国的观察取向；二是从世界看中国，即世界之中国的观察取向。

“中国之中国”是基于中国自身对中国地缘政治的基本认识，由此获得了对中国内陆与沿海的结构关系的认识，进而对西北内陆边疆与东南沿海海疆之间相互依赖关系展开更为深入的分析。在这一视角下，形成了对“西北边疆与东南海疆的时空结构关系”研究的深厚学术积淀。清代顾祖禹、魏源、龚自珍、林则徐、徐继畬等对中国边疆与海疆的空间关系已有较为系统的阐述，当代学者汪晖、王鹏辉、王春焕、孙勇等对此也有分析。“中国之中国”观察取向揭示了内陆与边疆的互依互赖，为陆海双轴均衡的国家政略奠定了基础。

“世界之中国”则是从全球对中国地缘政治进行观察，这一更为开阔、更具整体性的视野在世界历史和全球地理的框架下，从全球发展体系来考察整个中国及其内陆与边疆的关系，具有纵越历史、横贯东西的观察效果，从而能够更为深刻地展现“西北边疆与东南海疆的时空互构关系”。从中国历史上看，边疆与海疆始终存在着相互依托、相辅相成的关系。近代以来，随着西方列强对亚洲的侵略和殖民扩张，海洋霸权给中国这个传统的陆地大国带来了空前未有的冲击，愈加折射出西北边疆与东南海疆的有机联系，也从更深层次显示了陆海双轴“时空互构关系”。这不仅深化了有关边疆与海疆的空间结构性的理解，同时也使时人意识到兼顾陆防与海防两个轴向是国家政略的基线。这些都促使中国地缘政治研究从“中国之中国”向“世界之中国”转变。林则徐、龚自珍、魏源等人的论述已经呈现了这种变化。但最初这种以内陆军事力量作为对外部海洋入侵的防御措施，显示出当时从“中国之中国”转向“世界之中国”的被动性。

因此，相较于“中国之中国”取向，“世界之中国”取向的历史积淀和实际运用都明显不足。无论是从历史或现实、学术或实践，从后一取向来观察和把握中国地缘政治的独特禀赋，都非常必要和紧迫。

（二）世界时空下的近代中国陆海双轴

在全球的整体时空视野下，可以看到中国陆海双轴的国家政略经历的漫长演变。进入近代后中国遭受外部挑战，国策由边疆向海疆倾斜逐渐成为基本的趋势，特别是20世纪70年代末改革开放以来，陆海双轴失去均衡已是大体趋势。

从历史上看，中国与世界体系一直保持着某种关系。根据一些学者的研究，约自汉代，以中国为中心的“朝贡体系”已经在东亚和东南亚形成。在后来相当长的时期里，中国一直居于这一体系的“中央”。至16世纪，西方殖民势力进入东南亚，这一地区被纳入了西方资本主义经济进程，以中国为中心的朝贡体系开始分化。19世纪西方列强侵入中国，朝贡体系由分化进入了解体过程。到1895年中日甲午战争中国战败，标志着朝贡体系的解体和以日本为中心的所谓东亚体系的兴起。

此一时期，日本学界出现的向西方文明转移的历史叙事令人深思。1875年，福泽渝吉《文明论之概略》一书的刊行，特别是1885年《脱亚论》的发表，对“脱亚入欧”作了系统阐述，指出日本要告别中国、朝鲜这类“亚细亚之恶友”。1930年，滨田耕作在《东亚文明的黎明》一书中，首次提出了东亚概念，在学理上主张日本对中国的文明优先权，以确立以日本为中心的东亚史，以此作为与西方世界史相抗衡的历史叙事。东亚概念内含了明显的去中国化，在话语系统上接续了福泽渝吉的“脱亚入欧”，表达了“入欧”之后的日本返回东亚、振兴东亚，取代中国成为东亚乃至整个亚洲中心的野心。

随着西方列强及日本的对华侵略、殖民扩张及朝贡体系的解体，中国被迫接受了西方列强的条约体系，从自然经济转向商业贸易、从农耕文明到接受西方工业文明、从乡土中国走向城乡中国，这一过程带来了人口、贸易、物流、财政、政务等在陆海双轴的重新配置，国家政略也在边防与海防之间发生了调整。西方海洋强国引领的“海洋时代”意味着西方世界秩序体系的确立，中国陆权影响力的日趋弱化，一定意义上反映了世界强权的天平向海权一侧倾斜。

从更长时段和更大空间的视域观察，中国陆海双轴的倾斜是一种时空常态。有学者认为：“自秦汉以来，西北为国家边防重地，自隋唐以来，东南为国家财富重地，元明清三代尤为显著。”① 总体上看，

① 王鹏辉：《龚自珍和魏源的舆地学研究》，《历史研究》2014年第3期。

这一时空走势，反映出区域经济、政治、社会、文化的不平衡性以及陆海双轴的惯性倾斜，而近代以来西方列强入侵则使这种内部不平衡性和惯性倾斜凸显为国家政略的脆弱性。而且，截至目前这一过程仍未结束。改革开放初期至今，陆海双轴的基本趋势是向东南倾斜。在这一大历史时空下，西方世界推动的全球化及资本主义世界体系与中国陆海双轴的国家政略之间的关系，就更为清晰了。

（三）“边疆中国”与陆海双轴均衡的国家政略

从边地向内陆的人口迁徙和民族交融形成了中国西北与东南的区域差距以及边疆与海疆的不平衡。近代以来，西方向东方的殖民活动带来自由化市场经济体系、欧洲的“民族—国家”政治体系、条约框架下的国际关系体系，这引发了中国的陆权和海权危机。在笔者看来，在近现代中国经历现代性变迁，由传统帝国转向现代国家的过程中，“民族—社会”关系出现了巨变，中国必须对一种多民族结构体的政治含义及制度安排做出回应和确认，对于走向现代国家的中国，“边疆中国”的国家政略意义也就由此发生。民族社会学因此而具有的重要意义，无论如何评价，亦不为过。[①] 在中西文化空前交会之际，对于走向现代国家的中国，“边疆中国”可以说是一个命运攸关的大问题。

简单地说，“边疆中国”问题的核心在于，中国大一统的政治格局如何才能继续保持，多民族组成的政治结构体如何才具有合法性。麻国庆分析了这一问题的症结所在：“大略而言，历代汉族政权强盛时，常常是以文化优劣作为区分华夷的标准；反之，季世势衰，则转而强调血统的传承，以‘坚夷夏之防’。少数民族政权也继承了这套传统，以建立合法性。直到西方列强叩开中国的大门，西方文化的强势进入，中国传统的华夏中心主义受到严峻的挑战。”[②] 显然，对于“边疆中国”提出的“民族—社会”“民族—国家”关系问题，必须

① 杨敏：《中国多民族社会及其现代应对》，《西北师范大学学报》（社会科学版）2015 年第 6 期。

② 麻国庆：《明确的民族与暧昧的族群——以中国大陆民族学、人类学的研究实践为例》，《清华大学学报》（哲学社会科学版）2017 年第 3 期。

重构古老的天下观和华夷观，对中华民族统一体做出历史性回应。历史学、考古学以及初创时期的民俗学、民族学、人类学等诸多学科的学人对此做出了杰出贡献，如吴文藻的《民族与国家》（1926）、李济的《中国民族的形成》（1923）、蔡元培的《说民族学》（1926）、吕思勉的《中国民族史》（1934）、杨堃的《民族学与民俗学》（1940）、吕振羽的《中国民族简史》（1948）等。其中，梁启超的"中华民族"论述、费孝通的"中华民族多元一体"思想最具有代表性。

身处晚清外强入侵导致的边疆与海疆全方位危机时期，目睹19世纪"民族主义磅礴于大地"的现实，梁启超越来越意识到，中国必须告别传统王朝帝国，重建一个新的中国，如其所言："今日吾中国最急者……民族建国问题而已。"[①] 在他看来，将边疆多民族纳入中华民族而组成的民族国家，是一个"新中国"。1901年，梁启超首次提出了"中国民族"概念，阐述了"中国之中国"而"亚洲之中国"至"世界之中国"的发展过程。[②] 次年，梁启超在《论中国学术思想变迁之大势》（1902）一文中正式使用了"中华民族"概念。1906年，在对中国的民族同化融合过程进行翔实考证基础上，梁氏复又指出："现今之中华民族自始本非一族，实由多数民族混合而成。"[③] 至此，梁启超已形成了较为成熟的"中华民族"概念，也因之确立了他在此一领域的奠基人地位。

费孝通的"中华民族多元统一体"思想阐述了"中华民族多元一体格局的形成过程"，也更为具体地解释了中华民族的形成机制。"回溯中华民族多元一体格局的形成过程。它的主流是由许许多多分散孤立存在的民族单位，经过接触、混杂、联结和融合，同时也有分裂和消亡，形成一个你来我去、我来你去，我中有你、你中有我，而

---

① 梁启超：《新民说》，《梁启超全集》第3卷，北京出版社1999年版，第678页。

② 梁启超：《中国史叙论》，《梁启超全集》第2卷，北京出版社1999年版，第453—454页。

③ 梁启超：《历史上中国民族之观察》，《梁启超全集》第12卷，北京出版社1999年版，第3420页。

又各具个性的多元统一体。”① 他认为，一个由若干民族集团汇集和逐步融合的核心——华夏，被其他民族称为汉族，“汉族继续不断吸收其他民族的成分而日益壮大，而且渗入其他民族的聚居区，构成起着凝聚和联系作用的网络，奠定了以这个疆域内许多民族联合成的不可分割的统一体的基础，成为一个自在的民族实体，经过民族自觉而称为中华民族”。他还指出：“中华民族作为一个自觉的民族实体，是近百年来中国和西方列强对抗中出现的，但作为一个自在的民族实体则是几千年的历史过程所形成的。”② 费孝通的论述既超越了“华夷大防”的狭隘性，也回应了欧洲“单一民族建国论”在中国的困境，指明了构建多民族国家政治体的中国国情和中国道路。

对“中华民族多元一体”的关注也存在其他倾向，一些西方学者将历史研究和文化研究的精力花在以“多元”解构“一体”上，却很少研究这个“一体”的建构所具有的历史内涵和政治内涵。③ 一些西方学者习惯用欧洲“民族—国家”形式来看待和研究中国传统政治规则、秩序、边疆和民族问题，也有一些西方汉学家采用“内亚”“远东”的概念把中国地区化，回避甚至否认中国国家主权的合法性事实。中国学者认为，“不能把近现代的国家边疆研究套用于中国古代边疆问题，也不能把中国国家形成过程中的民族政权之争当作中国与非中国的边疆问题”④。“边疆中国”蕴含的“民族—社会”“民族—国家”关系也提示我们，中国内部的多元性、异质性和平等性、公平性既是一个历史传统，更是一个现实进程。

---

① 费孝通：《费孝通文集》第 11 卷，群言出版社 1999 年版，第 381 页。

② 同上书，第 381—382 页。

③ 汪晖：《东方主义、民族区域自治与尊严政治》，《二十一世纪经济报道》2008 年 4 月 19 日。

④ 王春焕、孙勇在文中梳理了现代国家形成的有几种类型：一是从古代国家继承而来，如中国；二是从殖民地获得独立的国家，如非洲国家；三是移民占地而脱离母国自成一国，如美国；四是因大国介入而分裂的国家，如朝鲜人民共和国和韩国；五是因地缘分离而形成的国家，如东南亚的诸多岛国；六是单一民族追求独立形成的国家，如欧洲法国、德国等许多国家。参见王春焕、孙勇《中国边疆战略研究的兴起》，《华西边疆评论》第 4 辑，民族出版社 2017 年版，第 61—62 页。

二　全球化新潮流中的全球治理和国家治理

2013 年 9 月，中国国家主席习近平出访哈萨克斯坦，第一次提出建设“丝绸之路经济带”（Silk Road Economic Belt）。同年 10 月，习近平访问印度尼西亚和马来西亚，又提出与东盟国家发展海洋合作伙伴关系，共同建设 21 世纪“海上丝绸之路”。“丝绸之路经济带”和“海上丝绸之路”被简称为“一带一路”。陆上丝绸之路与海上丝绸之路构成的交往纽带其历史可以追溯到 2000 多年前，而中国一直处于其枢纽甚至核心的位置。“一带一路”引领的全球化新潮流——全球化的新体系与新格局、新秩序和新机制以及新文化价值观，显现了新全球化宏阔过程的内涵与实质。

（一）“一带一路”与全球化的新体系新格局

16 世纪美洲航道的开辟开启了西方主导的现代性和全球化，此后数百年间逐渐达到鼎盛，与此相应的是海权称霸与陆权式微的周期，“走向蓝色”划出了人类历史的一道分水岭。此前，国家基本是一个陆地概念，国家主权主要是以陆权为标识的，国家边界也是以领土为划分，这也决定了国家之间的空间秩序——封闭性和排他性。海洋霸权改变了海权与陆权的传统关系，也改变了以往由陆权维系的空间秩序。这于西方海洋国家或岛国而言不啻是一个福音，但对向土而生的中华民族而言则是厄运临头。中国这个幅员辽阔的陆权大国，在海权主导的空间秩序下遭受了无情碾压。随着西方殖民势力侵入东南亚和中国，特别是日本以“脱亚入欧”为国策，凭借海国优势用武力挑战中国以陆权维系的亚洲秩序。伴随着这一传统秩序无可挽回的失序，亚洲大陆及东南亚各国间地缘政治关系也发生重大转变。作为历史悠久的中国，一百多年的国运低谷期也是亚洲地区落后和被边缘化的时期，这两者之间的关系并非历史的偶然。由此可知，近代以来中国处于弱国处境是非常态，当代中国的强盛与发展，对于亚洲乃至世界的安全、秩序和发展具有重大的现实意义和深远的历史意义。

随着现代性从欧美地域进入到非西方世界，新的地缘空间和社会人文条件使西方模式的狭隘性显露出来，非西方世界的本土特质不断塑造着全球化的不同取向。特别是第二次世界大战以后，非殖民化、民族解放和民族自决的反抗运动，带来了非西方世界的复兴。然而，西方发达国家主导的国际关系规则和国际秩序以及不平等的国际分工和贸易交换，决定了发展中国家在全球化体系中的被支配地位。目前，中国推动的“一带一路”蓝图撬动了历史巨轮的转向，意味着全球化趋势的空前巨变。中国推动的新全球化进程标志着霸权主义、政治单极化、强权秩序的式微。“一带一路”倡导的“开放、包容、合作、共赢”“共商、共建、共享”精神，在全球经济、政治、社会、文化等各个方面带来了深刻变化。

（二）新全球化进程中的国家治理

习近平指出：从现实维度看，我们正处在一个挑战频发的世界。从历史维度看，人类社会正处在一个大发展大变革大调整时代。这种变化引发了全球经济社会发展的矛盾现象：一方面，世界经济增长从高新技术创新获得了超强动力，增强了全球市场经济的一体化趋势，扩大了各国各民族之间的交往空间，巩固了共同利益的物质性基础，推进了相依、互惠、共享的全球化总体格局；另一方面，全球化也凸显了各国各民族的本土特征，经济发展、政治制度、文化传统、社会生活方式方面的差异必然导致各自相异甚至彼此排斥的利益诉求。现阶段全球化聚集的不同面相和多种趋势表明，冷战结束以来的全球社会面临着新一轮的变革时期。

我们从“一带一路”可以体悟到，西北边疆与东南海疆双轴在更深层面的全方位交流汇通，最终将达到互构共生，当代中国的陆海双轴新均衡政略为“一带一路”引领的新全球化潮流奠定了坚实基础，不同国家、社会、民族通过共同努力建立起互构共生关系也更具现实性。也因如此，“一带一路”及其蕴含的新发展主义理念与实践为面对一系列发展问题的中国和全球社会开辟了广阔空间，这种前所未有的发展实践意味着发展研究及发展社会学的创新机遇。我们有必要厘清中国与全球社会面临的最具挑战性的发展和治理议题，有些议题是这个时期独有的深层次问题。目前，在经济、政治、文化、社会、生态等方面，我们面对更多更深层次的困难，所有这些都直接或间接地引发了全球社会的无序、失范以及风险性和不确定性，同时也尖锐地提出了一国内部的社会治理问题。

三　社会资源的开放型优化配置与国家治理

社会学将社会资源的合理配置视为核心命题，无论是社会建设、社区建设、社会阶级阶层结构、社会公平正义等都离不开这一命题。在社会学中，“资源”被理解为“社会资源”，资源的广泛含义和社会属性受到了更多关注，物质的、有形的、现实的、经济的、市场的资源固然重要，非物质的、无形的、抽象的、文化的、符号的资源也十分珍贵。[①] 从社会学意义上说，“一带一路”及其引领的新全球化是全球范围的社会资源配置方式的调整。在这一过程中促进社会资源配置的合理化，形成社会资源的开放型优化配置方式，对于中国的现代化有着十分重要的意义。社会资源的开放型优化配置主要包括：

首先，形成社会资源的开放型汲取过程。如果借用帕累托模型来进行描述，就是从“帕累托最优”到“帕累托改进”。对于任何一个特定的系统（国家、社会、文化以至群体、组织等），社会资源总是有限的，因而使其需要的满足程度受到限制。我们可以用“帕累托最优”来描述这种需要满足的限制：如果系统中一部分人的境况得到改善，则意味着另一部分人的受损和代价。也可以说，所谓“帕累托最优”即系统的一种衡定状态——如果要系统中一部分人的境况免于受损，就要避免另一部分人的处境得到改善。有鉴于此，如果一个系统能够改变社会资源的汲取能力，在任何人境况免于受损的同时，使其中一些人的境况变得更好，这一系统就从“帕累托最优”转变为了“帕累托改进”。

其次，形成社会资源的开放型配置方式，也可以称之为“内—外双向交互模式”。一个系统自身的“帕累托改进”不仅意味着社会资源

① 杨敏：《“国家—社会”的中国理念与“中国经验”的成长——社会资源的优化配置与创新公共服务和更好社会治理》，《河北学刊》2011 年第 2 期。

汲取的较高能力，也意味着在该系统与他系统之间，形成社会资源汲取和配置的“内—外双向交互模式”。所以，在系统中引入“帕累托改进”，社会资源的汲取需采取双向模式而避免单向模式。从历史过程和文化的比较视野来考察作为系统现象的中国社会，不难看出，其更多地倾向于社会资源的单向汲取，而且是限于系统本身的单向“内汲取”，如此，对系统需要的满足就难以形成可持续性和可扩展性，从而逐渐导致了系统更深层的积弊和沉疴。在笔者看来，如果中国致力于使自己成为一个真正的现代国家，就必须使这一状况得到根本转变。①

此外，不断促进社会资源的优化配置。如前所述，任何一个特定系统的社会资源总是有限的，社会资源的有限性必然对社会资源的配置效果形成制约。即使有“帕累托改进”特征的系统也难以避免这种制约。除此以外，系统的内在要素（比如其自身的结构、体制、制度、机制等）也对社会资源的配置效果有着直接的影响。在社会资源总量的有限约束下，系统内在要素的改进则可视为一个可控变量，对社会资源的配置效果发挥着现实的操作意义。在实践中，社会资源的优化配置常常采取系统内在要素的改进。

习近平总书记在党的十九大报告中指出：“中国特色社会主义进入新时代，我国社会主要矛盾已经转化为人民日益增长的美好生活需要和不平衡不充分的发展之间的矛盾。我国稳定解决了十几亿人的温饱问题，总体上实现小康，不久将全面建成小康社会，人民美好生活需要日益广泛，不仅对物质文化生活提出了更高要求，而且在民主、法治、公平、正义、安全、环境等方面的要求日益增长。同时，我国社会生产力水平总体上显著提高，社会生产能力在很多方面进入世界前列，更加突出的问题是发展不平衡不充分，这已经成为满足人民日益增长的美好生活需要的主要制约因素。”显然，抓住社会资源的合理配置这个核心命题，促进社会资源的开放型优化配置，也是推进国家治理和社会治理的现代化，实现民生问题的根本改善，全面建成小康社会，迈向美好生活的一个关键。

---

① 杨敏：《“国家—社会”的中国理念与“中国经验”的成长——社会资源的优化配置与创新公共服务和更好社会治理》，《河北学刊》2011 年第 2 期。

第九章

在“四个全面”布局中推进农村社会治理

21 世纪以来，中国发展所面临的国内外经济社会环境发生了一系列变化，这导致国内的治理结构也相应地有所调整。在这一背景下，社会建设逐渐成为公共政策领域的热门词汇。所谓社会建设，其本质就是要在社会领域或社会发展领域中不断建立和完善各种能够公平配置社会资源和社会机会的结构和机制，令社会的各群体共享发展红利，以促进社会的稳定和有序。虽然目前学术界与政府部分对社会建设的必要性已有共识，且对加强社会建设的路径进行了探讨，但如何在新的结构和政策背景下系统地探讨社会建设的实践机制还有待进一步加强。近年来，习近平总书记围绕治国理政提出的“四个全面”战略布局在为国家治理提供宏观指导的同时，也为系统推进社会建设提供了思路。本研究则以农村社会建设这一社会建设中最薄弱领域为切入点，探讨如何在“四个全面”布局中推进农村的社会建设。

一　农村社会建设：中国发展中的“最短板”

经过三十多年的改革开放，中国经济获得了迅猛的发展，GDP 在三十余年间增长了近 14 倍，经济总量已经跃居世界第二位，经济发展所创造的奇迹既为其他领域的建设与改革提供了空间，同时也对其提出了要求。经济是嵌入在整个社会系统之中，是其中的一个子系统，经济的发展必须依赖其他子系统的支撑；而任何子系统的过分超前或落后都将导致整个系统均衡被打破，从而影响各子系统及整体的发展。

中国经济发展之所以能创造奇迹，关键在于推进经济体制的变革，即一方面是促进经济所有制成分的多样化，另一方面则是推动经济运行机制的市场化，其中前者是培育了多元化的经济主体，而后者则是令多元主体的积极性得到了释放。经济体制的改革令社会结构和整合机制发生了相应的变化。首先，社会结构分化与不同群体间的异质性增加。经济体制的改革在促进多元市场主体（个体户、私人企业等）发育的同时，由于受到城乡二元体制的约束，城乡之间的分化越来越大，而且城乡内部也发生了不同群体异质性的增长。对农村而言，不同群体间的差异既体现在个体工商户、民营企业家及新型农业经营主体和一般农户之间，同时也体现在拥有不同技能的外出务工者之间；对城市而言，群体间的分化主要体现在其职业的方面，且这种职业分化又因为体制及代际而强化。其次，社会不平等性增长。市场机制虽然在激活市场主体积极性方面具有明显的优势，但它在维护社会公平和防止社会分化方面的弊端亦同样明显。以贫富差距为例，世界银行 1979 年在中国的调查数据显示，中国城乡居民家庭人均收入的基尼系数是 0.33。此后，这一数字一路攀升，到 1988 年时城乡居民家庭人均收入的基尼系数上升到 0.382，1994 年时达到 0.434，1996 年这一数字已经攀升到 0.4577。按照国家统计局公布的数据显示，2003 年全国居民收入基尼系数达到 0.479，2004 年达到 0.473，2005 年达到 0.485，2006 年达到 0.487，2007 年达到 0.484，2008 年更是飙升到 0.491，虽然 2009 年之后这一数字开始有所回落，但到 2016 年，这一数字仍然高达 0.465。通常而言，当一个社会的基尼系数在 0.3—0.4 的时候，它被视为中度不平等的社会，而基尼系数大于 0.4 时，这个社会便被认为属于高不平等社会，容易引发社会冲突和社会矛盾。如果说基尼系数仅仅是从外部测量民众收入分配的一套指标，它尚不能直接等同或预测民众对社会不平等的认知，那么研究者直接针对民众对社会不平等主观态度的调查则显示了当前社会不平等的风险。研究者通过纵向历史数据的对比分析发现，民众普遍认为收入分配欠缺公平性与合理性，面对收入不平等，民众“患不均，更患不公”，而且民众的不公平感越高，其社会冲突意识就越强。可见，当前民众不公平感伴随着中国社会分化而逐步增强，且已经开始影响到社会与政治的稳定。

总之，经济体制的改革使社会结构发生了功能—利益的双重分化，其中功能分化对社会结构的影响主要是增加了社会的异质性，而利益分化则体现在扩大了社会的不平等。在这种情况下，推进和加强社会建设不仅可以消弭因经济体制改革而带来的社会结构功能—利益分化弊端，同时也能促进经济持续发展，保障社会各子系统均衡、协调与发展。就当前的实际情况而言，社会建设的举措与成效并不尽如人意，其中农村的社会建设更是短板中的短板，这主要表现在：

第一，农村的社会性投资不仅远低于生产性投资，而且低于同期城市的社会性投资。生产性投资是政府用以直接促进经济增长、服务经济发展的投资，例如基础性设施建设等；而社会性投资则主要是改善民生、服务社会发展的投资，例如教育、医疗卫生、社会保障、环境保护与治理等。在“效率优先、兼顾公平”的政策下，政府的财政资源被优先投入到有助于经济发展的生产场域，特别是城市的生产领域，而社会性投资相对投入不足；相对城市而言，农村的社会性投资更是薄弱中的薄弱。近些年，每逢经济增速减缓时，政府为了拉动内需都会进一步强化这种不均衡的投资结构，甚至将社会性投资转化为生产性投资。社会性投资的匮乏和不足直接导致社会保障体系的残缺和社会福利的降低，从而令社会保障体系理当具备的“兜底”功能无法彰显，进而导致社会中弱势群体扩大并开始出现暴力化的趋势。

第二，公平的利益诉求表达机制缺乏，社会治理机制有待创新。社会建设的重要内涵就是依据社会矛盾、社会问题和社会风险的新表现、新特点和新趋势，创造正确处理社会矛盾、社会问题和社会风险的新机制、新主体和新实体，以此来更好地弥合分歧、化解矛盾、控制冲突、降低风险、增加安全、增进团结、改善民生。当前中国所面临的社会问题主要是发展问题，即发展中的利益保障和利益分配问题，伴随着中国从“温饱”向“小康”的发展，人们的利益诉求正在从“底线型”利益诉求向“增长型”利益诉求转变，这对原有的利益诉求表达及利益调处机制提出了新的挑战。“底线型”利益诉求主要是指国家法规明文规定的利益标准，当农民的“底线型”利益受到侵害时，他们可以通过司法等正式途径来表达利益诉求；而“增长型”利益诉求则主要是超出国家法规保护的底线标准之上的利益，它所表现出的利益诉求者要求自身利益的增长同企业利益增长一致，典型者如土地征收过程中农民的利益补偿诉求。目前，面对中国经济社会的转型以及农民利益诉求的转变，农村社会尚未建立起合适的利益博弈平台（特别是针对增长型利益诉求）和利益表达机制，这无疑增加了社会矛盾发生后调解的难度，加剧了社会失序的风险。

第三，社会整合机制的创新落后于农村社会结构的变化。伴随着农民大规模进城务工，农民出现了“过疏化”的特征，即一方面农村的人口与户数都急剧减少，农村社会呈现老龄化和弱势化，农村社会缺乏活力；另一方面受人口外流、经济萎缩等因素的影响，“地域居民生活信念低迷，对自己居住地方原有的魅力感和自信心开始丧失”。当农村人口大规模流动，农民进城生活以及在农业之外获得收入时，不同村民对土地及村庄公共生活的依赖程度发生了分化，农民间这种异质性增长无疑增加了村庄内部整合的难度。同时，社会流动导致乡土社会内人们互动的结构基础发生改变，进而对乡村社会秩序的形成与整合产生了更大的冲击。社会流动的产生大大降低了人们挑战社区内既有规则和地方性共识的成本。当外出务工者获得了足够的货币储蓄后，他可以选择“逃逸”出村庄，在乡镇或县城购买房屋时，他便对村庄内生性规范约束的敏感性大大降低。这反过来大大降低了村庄社区作为“共同体”的意义。正如涂尔干所说，“一旦他可以频繁地外出远行……他的视线就会从身边的各种事物中间转移开来。他所关注的生活中心已经不局限在生他养他的地方了，他对他的邻里也失去了兴趣，这些人在他的生活中只占了很小的比重。”伴随着村庄边界的模糊，村民对村庄的长远预期降低，村庄内的舆论约束机制因此而削弱。

总之，经济体制的改革在促进经济增长的同时，既改变了农村的社会结构，令原有农村社会治理与社会整合的基础发生改变，同时又对建基于新的社会结构上的社会建设提出了新的要求。

二　全面建成小康：农村社会建设的阶段性目标定位

农村社会建设最终的目标就是要建成一套与城乡经济发展、政治民主等相协调的社会系统，使农民能够共享发展的成果，社会秩序能够稳定，经济、政治和社会、生态等子系统能够协调运行和良性发展。从这个意义上来讲，农村社会建设将是一个持续不断的过程，它需要依循经济、政治等子系统的发展来调整其目标定位。就当前经济、政治发展的状况来看，全面建成农村的小康社会应该是农村社会建设的阶段性目标定位。

在改革之初，邓小平首先用"小康"来诠释中国现代化的初级目标，在他看来，"所谓小康，就是到本世纪末，国民生产总值人均达到八百美元"。党的十二大将小康作为阶段性发展目标时，也强调"从1981年到本世纪末的20年，我国经济建设总的奋斗目标是，在不断提高经济效益的前提下，力争使全国工农业总产值翻两番……实现这个目标，我国国民收入总额和主要工农业产品的产量将居于世界前列，整个国民经济的现代化过程将取得重大进展，城乡人民的收入将成倍增长，人民物质生活可以达到小康水平"。这一目标在20世纪末如期实现、人民生活总体达到小康水平后，党中央在十六大又设定21世纪头二十年"全面建设惠及十几亿人口的更高水平的小康社会的目标"，十七大提出"全面建设小康社会"，十八大则将"全面建设小康社会"调整为"全面建成小康社会"。在从"小康"到"全面小康"，从"小康水平"到"小康社会"，从"建设"到"建成"，这一系列的目标变迁，既反映了民众对生活预期的提升，也反映出党和政府应对民众生活预期提升后的政策调整，同时也反映了中国共产党着力调整既有利益分配格局，"致力于建设改革成果真正惠及人民"的决心和努力。

所谓“全面小康”，既包括不同地区（城—乡、东部—中部—西部）民众的小康，同时也包括经济、政治、社会和生态等诸多维度的“全面”的小康。加强社会建设本质上是全面建成小康的内在要求，在社会转型与城镇化的双重背景下，处于发展劣势的农村理当成为“全面小康”建设的重点，这正如习近平总书记所讲，“全面建成小康社会，最艰巨最繁重的任务在农村，特别是在贫困地区。没有农村的小康，特别是没有贫困地区的小康，就没有全面建成小康社会”。对于农村社会建设而言，“全面建成小康”应成为其必然且必需的阶段性目标定位。具体而言，农村社会的“全面建成小康”必须在以下方面有所突破：

第一，促进农村经济与农业产业发展，夯实农村社会全面小康的经济基础。全面小康的建成和农村社会建设的推动必须建基于厚实的经济基础之上。要实现2020年国内生产总值和城乡人均收入比2010年翻一番的“全面小康”整体性经济目标，则必须推进农村经济和农业产业的发展；但在当前城镇化的背景下，农村出现了“过疏化”的特征，农村经济萎缩，传统农业的效率低下，农村优质（无论是年龄意义上的优质还是智识意义上的优质）劳动力不愿留在农村和农业中发展，这使得农村经济的发展面临着巨大的挑战。为此，在农村全面建成小康、推动农村社会建设，首先要促进农村经济和农业产业的发展，一方面要结合地域优势与特色，发展劳动密集型的产业，吸纳农村劳动力在地就业，活化农村经济；另一方面则要针对当前农业主要矛盾业已由总量不足转变为结构性矛盾这一特征，加快农业供给侧结构改革，结合地区优势优化农产品产业结构，壮大新产业新业态，拓展农业产业价值链，使农村社会建设拥有厚实的经济基础。需要指出的是，发展农村经济绝不能再以破坏生态环境为代价，不能再继续“先污染后治理”的老路子，必须在项目选择和产业发展的规划中将生态环境保护作为前提条件纳入其中。

第二，加强农村社会保障体系建设，提升农民的安全感和幸福感。经济发展仅仅是将蛋糕做大了，但若做大了的蛋糕分不好，其诱发的风险与危机可能更大，而加强农村社会保障体系建设则可以大大化解经济发展中存在的风险。当前，农村的教育、医疗等保障种类已经广泛覆盖到农村，但无论是相对水平（与城市居民相比）还是绝对水平都亟待进一步提升。同时，当农民进城务工，子女的教育及医疗保障也常常因地域的区隔而难以兑现，这都极大地降低了既有保障体系的功能。此外，无论是全面建成小康还是推进农村社会建设，在微观层面的目标都是提升农民的幸福感和安全感。已有研究表明，个人的幸福感与其财富之间并不存在线性的关系，即并不是其拥有的财富越多，他就越幸福。有调查显示，中国人的幸福感在过去的 30 年间先升后降，表现出与经济发展之间的非同步性，即在改革开放初期，物质财富迅速增长，同时社会分化程度还不高，社会成员在心理上更多的是纵向比较，较容易产生满足感，但随着社会分化程度增加、贫富差距扩大以及人们需求层次的提升和多样化，需求能被满足的标准相对提高，由于资源相对短缺和竞争加剧，人们的幸福感开始大大降低。特别是在最近十余年的发展中，伴随着城市经济的发展和越来越多的农民进城务工，城乡居民的收入差距越来越大，农民的相对剥夺感也越来越强。在这种情况下，加强农村社会保障体系建设，提升社会保障的范围和水平则有助于提升农民的幸福感和安全感，降低其对未来不确定性的预期和社会越轨的可能，从而实现社会的稳定。

第三，健全农村社会的利益表达机制，创新农村社会的整合与治理机制。随着城镇化的迅速发展，征地拆迁的范围越来越大，其业已成为社会矛盾聚集、诱发社会冲突的“阵地”，加之农村人口流动使得农村社会原有的整合纽带松动、整合功能降低，农村社会失序的风险正在增大。当前全面建成小康和推动农村社会建设，一个重要的工作就是要化解经济社会发展过程中的风险，这需要针对农村社会整合与社会矛盾的问题进行相应的体制创新，要针对农村中的社会矛盾焦点（特别是征地拆迁过程），建立健全农民的利益表达机制和利益博弈机制平台，让农民的利益诉求和利益冲突能够通过公平的公共渠道合理地解决；同时要立足当下农村社会业已分化的特征，挖掘地域社会认同与整合的新纽带，重建村庄的共同体，使村庄成为农民的精神归宿，同时提升村庄社会内部自我化解社会矛盾的能力。

三 全面深化改革：农村社会建设的动力保障

在当代的治理实践中，运动式治理和常规式治理是两种同时使用但又路径各异的方式，其中运动式的治理主要是自上而下通过广泛动员，以及配备非常规的资源，运用非常规的制度规范来推进的治理。运动式治理的优势在于短时间内能形成较大幅度的改变，治理绩效显著，而弊端则在于其不可持续性。常规式治理是在既有制度与程序框架内展开治理，其动员的资源和运用的规则都具有常规性，它的优势在于可持续、可复制性，其弊端则是见效相对缓慢。农村社会建设是一项长期工程，必然也必须伴随整个现代化发展的过程，它不是一两次突击性努力可以完成的，必须通过改革机制、完善制度，建立农村社会建设的常规、长效机制。对于如何推进社会建设，全面建成小康社会，习近平在其系列讲话中曾指出："决胜全面建成小康社会不是新一轮大干快上，不能靠粗放型发展方式、靠强力刺激抬高速度实现'两个翻番'，否则势必走到老路上去，带来新的矛盾和问题。"运动式的建设方式虽然能够在短期内改善现状，但这些方式不仅难以从根本上解决社会矛盾和冲突，还可能进一步激化矛盾，为此，在农村社会建设中必须以改革为动力，推进制度化建设，一方面增强体制防止分化、促进社会公平的能力，另一方面提升运用制度化的方式化解社会冲突和社会矛盾的能力。具体而言，必须通过对以下方面的改革来为农村社会建设的深入提供持续动力。

第一，在认知层面，要改变既有重视生产轻视民生的观念。在中国共产党的治理史上，曾有"先治坡，后治窝"的理念，其中"治坡"可谓是发展生产，"治窝"可谓是促进民生、进行社会建设，认为"坡治好了，窝自然会有，假如窝治得不错，坡却懒得治理，很可能连窝都会失去"。这种治理理念产生、实践于特定的历史时期，对动员国人奋力建设、促进国民经济的发展起到了巨大作用。当前，在农村社会建设的过程中，这种"先治坡，后治窝"的观点仍占据着重要的地位，认为中国经济势力尚不够强大，过早地强调社会建设将影响甚至阻滞中国经济的发展（其中最为重要的一个理由便是社会建设的推进，特别是农民工社会福利制度的完善将大大抬高工业发展的劳动力成本，从而令中国经济发展存在的比较优势消失殆尽）。因此，其主张待经济建设再持续发展到一个阶段后，再进行社会建设、改善民生。这种观点从本质上是未能清晰地认识到当前中国社会发展存在的危机及其产生的根源，即中国社会发展的危机主要是经济改革与经济发展使得原有的社会各子系统（经济、社会、政治、生态）的均衡被打破，彼此之间出现结构性张力，对此必须通过改革来促进社会、政治、生态等子系统的协调发展来消弭经济发展所带来的系统失衡等负面影响。因此，加强农村社会建设首先必须从认知层面进行改革，要认识到社会建设不仅是经济增长和社会整体良性发展的保障，同时也是经济增长和社会发展的最终落脚点；并从战略层面来认知推动社会建设、深化社会改革对中国持续发展和社会良性运行的重要意义。

第二，在体制层面，要改革阻碍民生发展的利益格局，改变制约农村社会发展的制度结构。经过三十多年的改革开放，中国迅速崛起，虽然我们从 1978 年的全球经济总量第十发展到 2014 年全球经济总量第二，GDP 总量从不到 4000 亿美元，到 2015 年时已突破 9 万亿美元，人均 GDP 从 300 美元增长到 7000 多美元，但在经济发展的同时也造成了地区之间、阶层之间的社会分化，不同地区和不同阶层的民众未能共享经济发展所带来红利。与此同时，由于利益结构等因素的影响，中国经济自 20 世纪 90 年代开始由包容性发展向排他性发展转变，造成这种局面的关键是自改革开放以来，各方面的经济体制改革要远远快于社会体制改革，进而使得中国的总体制度越来越难以消化由经济发展所带来的消极后果。当前，我们要改变这一局面，就必须对既有的体制中阻碍民生发展，造成社会分化的部分进行改革。首先，需要改变既有城乡二元结构，打破因户籍制度所带来的社会保障、社会福利及公共设施投入等方面存在的城乡二元区隔，使农村农民享有与城市市民对等的社会福利与公共服务。其次，改革农村公共服务供给体制，提升农村公共服务的质量。随着农业税费的取消以及国家各项惠农补贴的发放，国家对农村农民的投入有了明显增长，但惠农资金投入与惠农政策实施所产生的效果同时取决于与之相匹配的制度运行状况。当前农村公共服务设施老化、农业技术服务体系虚化使得政府的投入事倍功半，为此，提升政府农村投入的绩效亟待加强对农村公共服务体制的改革。再次，改革完善农业产业发展制度，促进农村经济的发展。在坚持和完善稻谷、小麦等作物最低收购价政策的基础上，要进一步深化粮食等重要农产品价格形成机制和收储制度改革，实现农户利益与国家利益的统筹；要深入推进农业补贴制度改革，完善粮食生产区的利益补偿机制；以农地确权为抓手，进一步落实农村土地集体所有权、农户承包权和农地经营权的“三权分置”工作，深化农村集体产权制度的改革，以此来促进农村经济发展，活化农村社会。最后，健全农业劳动力转移就业和农村创业创新体制。就业是一切民生工作之本，在“经济增速放缓、经济结构转型”的“新常态”之下，要进一步探索、创新和完善农村劳动力转移就业和返乡创业的服务体系，改革、完善农村创业创新的财税、服务与管理的制度，发挥其在农村就业中的吸纳功能。

第三，在机制方面，要改革收入分配机制，健全利益表达、利益协调机制和纠纷化解机制。当前中国发展面临着一系列的风险，其既包括经济发展的不确定和脆弱性增长等经济风险，也包括社会冲突风险加剧等社会性风险，导致上述风险产生的一个重要原因便是收入分配不均的加剧。改革开放三十年来，我国从一个收入分配均等化程度很高的国家转变为一个在国际比较中收入差距很大的国家，而收入差距的扩大，分配的不公以及与此相联系的腐败问题已成为引发诸多社会问题的深层原因：如何调整收入分配结构，建立公平合理的收入分配秩序则成为维护社会和谐稳定需要解决的深层问题。此外，随着城镇化过程中农地开发的推进，农村社会中围绕新增利益展开的矛盾与冲突增加，农村原有的传统权威日渐消解，农村社会的利益表达渠道缺乏，社会矛盾容易积累和爆发。对此，加强农村社会建设必须创新农村社会治理机制，健全农村社会内部的利益表达、利益协调、利益保护机制，以及矛盾纠纷调处机制，使经济社会发展中的冲突能在既有体制内得到化解，进而增强社会的稳定性。

四　全面依法治国：农村社会建设的制度保障

在传统的乡村社会，由于人们很少流动，因此身处其中的人们彼此之间形成了“对外以聚居集团为单位的孤立和隔膜、对内则以熟人社会为特色”的人际关联，而维系这个由熟人构成的“亲密社群”的结构是“一根根私人联系所构成的网络”，“这个网络的每一个结都附着一种道德要素”。因此，在传统的乡土社会之中维系村庄秩序的方式事实上是政府在“儒家主义”理念下，以伦理规范教化民众，并以“少汲取、少干预”的方式对农村社会进行“简约治理”，这种“简约治理”在晚清随着国门被打开而发生转变——中央政府试图挑战与变更农村社会治理机制以加强对农村社会的控制与汲取。在20世纪50年代开启的农村集体化过程中，国家通过对农村原有的社会结构进行变革与重组，农村旧有的宗族组织被互助组、贫农协会等新组织所取代。与这一特定的社会基础和组织基础变迁相对应，国家运用社会主义意识形态来替代传统的礼俗与伦理道德来完成农村社会的整合。20世纪80年代初的分田到户改革使得家庭重新成为农村基本的生活生产单位，加之城市劳务市场的开放，使得农村的社会流动增加，就业开始多样化，农民的异质性也因此大大增加，农村社会内部的社会整合与治理呈现出规范真空的局面，即既有的社会规范正在失去其功效，而新的社会规范却又尚未完全建立起来。在这样的局面下极易产生越轨与社会不稳定，为此，要深入推进农村的社会建设必须坚定不移地加强农村社会的法治化建设，坚定不移地推动农村普法教育，使法律成为地方政府、农村社会组织及农民行为的基本规则。

要加强农村的法治建设、全面实现依法治国，必须落实包括两个相互区别但又相互联系的层面。首先，地方政府在进行社会建设与社会治理时，必须严格地依照法律进行治理和行政。一方面，地方政府在行使社会建设和社会治理职能时，应严格遵循法律规范，依照法律的要求来推进工作和履行职责，应该坚持廉洁透明、便民高效、诚信负责；另一方面，地方政府必须在法律的框架和职责范围内积极行政，绝不能“和稀泥”或纵容违法乱纪的事情，要充分利用自己的公权力坚决维护社会公平正义。其次，要通过不断加强法治宣传和法治教育，使农民及农村社会组织自觉以法律规范为基本准绳，严格自律。因为法律作为一种公共规则，必须被民众认知和信服，才能发挥应有的作用。

在农村社会建设过程中，全面推进依法治国绝不能将法律与道德对立起来，必须充分挖掘和利用乡村社会的“德治”资源。正如习近平总书记所讲，国家的治理必须“要坚持依法治国和以德治国相结合，把法治建设和道德建设紧密集合起来，做到法治和德治相辅相成、相互促进”。农村的法治建设与社会治理同样如此，必须从农村的实际情况出发，其路径选择要同农村的社会结构以及农村的治理体系和治理能力相匹配。当前的农村虽然在城镇化的背景下较之传统农村有很大的不同，但情理与伦理仍在乡村社会的互动和治理中扮演着重要角色。在农村社会建设和依法治理的过程中有必要充分挖掘和利用“德治”资源，使法治和德治在农村社会建设中相互协调，既要发挥好法律的规范作用，以法治体系和道德观念强化法律对道德建设的促进作用，又要发挥好道德的教化作用，以道德涵养法治精神，强化道德对法治化的支撑作用。

五　全面从严治党：农村社会建设的组织保障

城镇化的发展导致农村社会的“过疏化”和乡村“精英”外流，在这一背景下，加强农村基层党组织建设、全面从严治党，既是新时期对执政党的整体要求，也是农村社会建设本身对基层党组织的内在要求。只有全面从严治党，才能确保党组织的纯洁性和先进性，使其更好地在农村社会建设中发挥好领导和领军作用；同时也才能保障农村社会建设在现有法律和制度的框架下有序展开。

“打铁还需自身硬”，基层党组织要在农村社会建设中发挥领导作用，则首先必须要有过硬的组织力与号召力，因此加强农村基层党组织建设，全面从严治党，提升党组织的战斗力则势在必行。在当前的背景下，全面从严治党、加强农村基层党组织建设必须从以下方面入手：首先，培养吸纳对党忠诚、为民服务的青壮年农民，充实到基层党组织中，提升基层党组织的战斗力。目前农村基层党组织普遍呈现党员老化的现象，甚至有的农村支部还出现“七个党员八颗牙”的景象，为此基层党委和党支部要积极加强党的组织队伍建设，培养和吸纳对党忠诚、为民服务、有能力的有志青年加入到基层党组织之中，夯实基层党组织的力量。其次，加强基层党员的思想建设，补足共产党员精神上的“钙”。市场经济的发展与多元价值观的传播，使基层党组织的思想建设面临新的挑战，基层党委和党支部要通过思想建设，坚定党员的思想信念，通过组织生活会与组织学习等多种方式，引导党员用马克思立场观点方法理解现实、指导经验、时刻保持与党中央一致。最后，严肃党的纪律，坚持对基层党组织的腐败、腐化现象严惩不贷。基层党组织是党在农村的旗帜，它直接影响到老百姓对党的认同，因此基层党委在加强作风建设的同时，一定要坚决与政治上变质、经济上贪婪、道德堕落与生活腐化的现象作斗争，并对腐败、腐化的党员严肃处理，让老百姓对基层党组织和党员拥有坚定的信心。

加强农村社会建设除了依赖党组织的领导外，需要动员农村社区内部的组织资源，针对地域社会文化和基础，培育和发展一批具有动员和建设能力的社会组织（如乡贤理事会等）及经济合作组织（如合作社），借重这些谙熟地方性知识的社区组织首领（族老、乡贤理事会会长、合作社理事长）来达到事半功倍的效果。需要指出的是，在农村社会建设中动员和利用社区内的自组织，借助这些组织成员谙熟地方性知识的优势，令其在社会动员、资源筹集等方面发挥积极功能，但这并不意味着放任由这些农村社会组织来实施，这期间基层党组织（特别是基层党委）必须发挥领导作用，基层政府担任责任主体。强化基层党组织和基层政府在农村社会建设中作用的前提是加强党组织和政府的作风及能力建设，要通过严肃党纪、国法，形成公务员和党员的清正廉洁、务实服务的作风，提高他们为百姓做好事、做实事的能力，提升其“化解农村矛盾，解释反映和协调农民各方面利益诉求，处理好政府和群众利益关系，从源头上预防减少社会矛盾”的能力。

相较于经济建设而言，在最近的三十余年间，社会建设一直未被给予足够的重视，社会建设滞后于经济建设所带来的负面效应随着社会转型的加剧而被凸显和放大。农村的社会建设较之于城市更为落后，农村以及流向城市无法在城市享受公平待遇的农民工正在成为当前经济社会发展中的不稳定因素，如何通过推进农村社会建设来保障农民的福利、化解当前经济社会所面临的危机已经成为国家治理的重要内容。习近平总书记所提出的“四个全面”的战略布局为加强农村社会建设提供了方向和思路，而农村社会建设本身也成为在实践中落实“四个全面”战略布局思想的重要场域，即全面建成小康是农村社会建设的阶段性目标定位，全面深化改革是农村社会建设的动力保障，全面依法治国则是农村社会建设的制度保障，而全面从严治党则是农村社会建设的组织保障。

第十章

基层治理与社会风险及其动态监测的理论与实践[①]

一个社会何以能保持常态化的、良性的运行？这是社会学所要探讨的基本问题之一。对这个问题的探索和研究，可以有多种视角和进路，但平常视角是容易被忽视却又很有效的认识视角。平常视角就是从基层社会的平常生活中去考察和把握社会运行的规律。为揭示社会健康、稳定运行的机制，我们是否可以从基层社会存在和发生的矛盾纠纷中去预知社会常态运行所面临的风险呢？如果对影响社会正常运行的风险进行预测是可行的，那么如何实践这样的监测呢？本研究旨在探讨通过对基层纠纷及其解决机制的抽样调查来监测社会健康、稳定运行面临的风险的基本原理和方法。

一 基层纠纷与社会风险问题及相关理论

基层纠纷是指在基层社会生活过程中产生的个人与他人、个人与组织机构之间的不满、冤气、争执和纠纷。法社会学的纠纷金字塔理论曾区分了进入正式司法程序的纠纷和基层纠纷，认为那些进入法院、仲裁机构审理解决的纠纷其实不过是纠纷金字塔的塔尖而已，大多数纠纷并不是上升到金字塔塔尖的纠纷，而是基层部分的纠纷占更

① 本研究为国家社会科学基金重点项目“转型期中国矛盾纠纷的动态监测与多元化解机制研究”（项目编号：14ASH004）的成果。

高的比例。[①] 纠纷金字塔理论概括了一个社会的纠纷总量和结构特征，即在一个时点上一个社会其实有一定量的矛盾纠纷，其中进入正式司法领域的只是很小的比例，大多数纠纷会在基层以多种形式出现或多种方式得以解决。从纠纷金字塔结构来看，既然基层纠纷占据更大比例，且与进入正式司法程序中的纠纷有密切关系，即纠纷如果处于基层或是在基层解决的越多，进入司法领域的纠纷就会越少。那么由此看来，对社会运行中纠纷问题的探讨和研究，更需要关注基层纠纷。

如果说纠纷金字塔代表的是社会纠纷总量和结构模型，那么纠纷宝塔（dispute pagoda）则是反映基层纠纷的解决机制模型。所谓纠纷解决机制，是指人们在日常生活中遇到纠纷时所选择的解决方式和途径。通常，纠纷解决方式主要包括：各自忍忍算了、一方使用武力解决、双方自行协商解决、请求非正式第三方调解、诉诸正式权威第三方解决。纠纷宝塔论根据对中国农村居民的纠纷及其解决机制的经验调查（2002），认为中国基层纠纷的总体形态类似于宝塔形，从农户报告至少有一起纠纷的解决机制来看，有近 47% 的人选择双方协商解决方式，占据多数，有 33% 的人选择忍忍算了，仅有 20% 多的人选择通过多种形式的第三方力量来解决问题。[②] 在关于基层纠纷形态的形成问题上，纠纷宝塔论不同于金字塔理论，不是关注纠纷在基层或非正式程序中的解决情况，而是强调人们诉诸官方正义系统的情形，认为基层纠纷之所以多数没有通过法院、警察等官方正义系统来解决，主要是因为制度以及人们与官方机构的关系资源成为纠纷进入官方正义系统的障碍。

无论是纠纷金字塔论还是纠纷宝塔论，其实所探讨的问题主要是法律或正式权威之于纠纷及其解决的意义，他们虽关注到基层纠纷，然而对基层纠纷之于社会系统及其运行的关系和意义并未加以更多的注意。因而，对什么样的纠纷总量和什么样的纠纷解决机制模型会构

---

① William L. F. , Richard L. Abel, and Austin Sarat, "The Emergence and Transformation of Disputes: Naming, Blaming, Claiming...", *Law and Society Review*, 1980, Vol. 15, pp. 631 – 654.

② Michelson, Ethan, "Climbing the Dispute Pagoda: Grievances and Appeals to the Official Justice System in Rural China", *American Sociological Review*, 2007, Vol. 72, pp. 459 – 484.

成影响社会常态化运行的风险这一问题，也就没有作进一步的探索和讨论。

如果从结构的视角来看基层纠纷问题，往往会注重结构因素对纠纷事实的作用，而忽视纠纷在社会背景中的动态演变过程及其意义。由此，纠纷过程论则注意到纠纷不仅仅是一种对立关系结构，而且还是一个关系演变的过程。就过程而言，纠纷的演变主要有三个阶段：第一阶段是冤情（grievance），即人们在社会生活中感到遭遇不公、冤屈和损失；第二阶段为冲突（conflict），由冤情引发相互对立、争执和冲突的关系；第三阶段则为纠纷（dispute），双方因争执和冲突而产生纠缠并诉诸法律系统。[①] 纠纷过程论为理解和认识纠纷问题提供了另一种视角，从这个视角人们可以注意到纠纷的动态性与可变性，可以探索纠纷会发生怎样的演变，以及这些演变是怎样发生的。但是，纠纷过程论提出了纠纷演变的三个阶段，而对不同阶段演变之于社会常态运行的意义却未作进一步的探讨。

关于纠纷的演化与社会运行之间的关系问题，一些研究从社会矛盾的角度分析了改革开放以来中国社会矛盾纠纷的宏观特征及演变态势，认为社会矛盾的演化空间比较大。所谓演化空间较大，指的是一些小的矛盾纠纷可能会演变为较大的社会矛盾，一些个案问题也可能演化为影响整体运行的矛盾。[②] 此外，社会矛盾论还有一种观点，认为新时期是矛盾的凸显期，深层矛盾浮现出来，人民内部矛盾异常尖锐，突发群体性事件不断发生，这些都与改革和社会转型进入深水区有关，因为改革的深化会触及深层利益调整。[③] 根据一般性经验现实，在宏观层面对影响社会运行和社会稳定的重大社会矛盾加以研判，可引起人们对社会生活中的纠纷事件和矛盾关系的重视。然而，仅有宏观的判断并不能提供关于矛盾纠纷演化过程和社会风险生成机制的具体认识，而要防范矛盾纠纷演化为社会风险，则需要对演化过程与机

① Nadre, W. and H. Todd, eds., *The Disputing Process*, Columbia University Press, 1978, pp. 1 – 40.

② 吴忠民：《中国改革进程中的重大社会矛盾问题》，中共中央党校出版社 2011 年版，第1—6 页。

③ 于咏华：《当代中国社会矛盾论》，九州出版社 2004 年版，第1 页。

制有更为具体、更为确切的认识。

在探讨基层纠纷问题时，社会学自然会联系到社会冲突。矛盾、纠纷和冲突这三个范畴有着密切的内在联系，都反映着社会中的对立与争端，但不同概念又有不同的侧重点。社会学的社会冲突论对冲突的讨论，更多的是侧重于功能的论述和分析。如齐美尔（G. Simmel）认为社会冲突就是争端和斗争，是"社会化的形式"，其社会学意义不仅在于改变相互关系而且还改变自身。[①] 科塞（L. A. Coser）提出："冲突产生于个人、阶级或群体为寻求实现自己美好理想而进行的斗争之中。"冲突具有16种社会功能规律。[②] 达伦多夫（R. Dahrendorf）对社会冲突的探讨，已经关注到了冲突所具有的暴力性和破坏性，提出现代社会的冲突的根源在于权利与权力的抗争，尽管这种抗争是普遍存在的，但并不是一种不可消除的斗争，也不一定是暴力的和破坏的。关键是要通过制度化和组织机构的抑制，来消除激烈的暴力冲突和冲突的破坏性。[③] 诚然，即便在社会常态化运行过程中，在社会稳定状态下，并不排除冲突或纠纷的存在。冲突或纠纷的普遍存在，可以将其视为一种"社会化的形式"，甚至不可否认冲突可能还具有一些积极功能。但是，这并不意味着可以忽视冲突或纠纷所携带的社会风险，毕竟冲突或纠纷是"社会火山"的喷发口，是社会运行走向非常态的重要风险源。因此，探讨和监测社会冲突和基层纠纷的发生规模、水平和性质，对于预知冲突和纠纷是否会演化为激烈的暴力和破坏性形式显得尤为重要。

某种意义上，"风险社会"理论为我们理解和认识当下社会的冲突和纠纷及其对社会系统运行的影响提供了一个重要视角——社会风险。在贝克（Wrich Beck）看来："现代性正从古典工业社会的轮廓中脱颖而出，正在形成一种崭新的形式——（工业的）'风险社会'。"那么，为何现代性的社会就是风险社会呢？那是因为："占据中心舞台的是现

---

① ［德］齐美尔：《社会学——关于社会化形式的研究》，林荣远译，华夏出版社2002年版，第219页。

② ［美］科塞：《社会冲突的功能》，孙立平译，华夏出版社1989年版，第6页。

③ ［德］达伦多夫：《现代社会冲突》，林荣远译，中国社会科学出版社2000年版，第142页。

代化的风险和后果，它们表现为对植物、动物和人类生命的不可抗拒的威胁。"[①] 风险社会理论虽主要从宏观理论层面探讨了有关工业社会的"反思性现代化"问题，但其提出的"风险"概念对于我们考察和研究当前社会中的一些具体问题如纠纷和冲突问题，则具有重要参考意义。风险问题在经济、安全领域已经受到高度关注，而在社会领域，对风险问题的认识似乎并不是很清晰，因此对社会风险的关注和考察仍处于摸索阶段。目前国内关于社会风险问题的探讨，主要集中于两个方面：一是项目建设的社会风险评估，属于应用性的社会评估研究；二是社会稳定风险研究和评估，把社会风险视为影响社会稳定的负面因素。如一些研究强调在国家治理和社会治理中，要注重和改善社会稳定风险评估的机制。[②] 对社会稳定构成威胁的可以说是一种社会风险，但社会风险并不仅仅局限于社会稳定范围之内，社会安全以及社会系统的协调、常态化运行也会存在一些风险的威胁。

就基层纠纷与社会风险的关系而言，如果从"社会气场"论的角度看，一些基层纠纷可能反映的是基层民众"为气而争"[③]。这些抗争和争端也会产生一定的气场和"气压"，当一定社会场域中的纠纷不断增多，且化解渠道存在问题，那么这一场域中的"气压"也就不断增大，由此也就构成毁坏系统的风险。既然风险来自于社会场域中的"气压"，那么通过对"气压"强度的监测也就可以把握和预知风险的程度。

关于基层矛盾纠纷及其影响社会正常秩序的风险的动态监测问题，笔者曾结合西部民族地区的现实特征，提出运用客观指标和主观指标两种途径加以监测。运用客观指标的监测可以通过信访部门、法院、派出所、街道和社区纠纷调解室等官方机构上报并汇总基层纠纷发生的规模和演化趋势，主观指标可以设置"纠纷状况""社会距离""社会满意度"和"集体行动倾向"四个维度，再根据四个维度

---

① ［德］贝克：《风险社会》，何博闻译，凤凰传媒集团、译林出版社 2003 年版，第 2、7 页。

② 张玉磊：《多元主体评估模式：重大决策社会稳定风险评估机制的发展方向》，《上海大学学报》2014 年第 6 期。

③ 应星：《"气"与中国乡村集体行动的再生产》，《开放时代》2007 年第 6 期。

设计相应的问题加以测量，然后通过抽样社会调查把握基层民众对不同问题回答的百分比分布情况，由此可监测与基层纠纷相连的社会风险状况。[①]

无论我们所处的社会是否为“风险社会”，我们的社会生活乃至社会运行中总有各种各样的不确定性。所以，从风险的视角来探讨矛盾纠纷和社会冲突问题，从风险的角度来理解社会建设和社会治理，一方面将丰富纠纷及其解决机制研究的内容，另一方面也将有助于推进风险社会研究从理论走向具体经验研究。

二 基于纠纷治理调查对风险进行动态监测的原理

就一般意义而言，纠纷“反映的是社会成员间具有抵触性、非合作的，甚至滋生敌意的社会互动形式或社会关系”。在社会学取向的法律与社会研究中，“纠纷概念的外延拓展到日常生活中人们在主观层面上的情绪、态度和关系，也就是人们在生活中遇到或感受到的所有不公正，即所有的委屈、冤情和争执或纠纷”[②]。将纠纷的外延从客观行动事实扩展至主观意识倾向，无疑使纠纷的社会意义更加丰富，从而对纠纷的考察和认识社会的运行也就更为重要。

显现为对峙、冲突行动的纠纷，确实已经对均衡的社会关系、稳定的社会秩序和常态的社会运行构成直接的影响。例如，当一个社会成员与他人之间发生了纠纷事件，那就意味着纠纷当事双方的正常生活秩序就会发生改变，这种改变直接体现在他们以往常规化的时空秩序会因此而被打破，当事双方必须花一定时间来应对和解决纠纷问题，必须到不属于常规的生活空间里去处理纠纷问题。显性的纠纷事件对正常秩序和常态运行的影响往往较容易被认知，因为已经发生的事件迫使人们去面对、去解决。然而，那些潜性的纠纷也就是人们在主观意识上感受的不公、冤屈和不满，虽没有转变为冲突和纠纷行

---

① 陆益龙：《族际社会的基层矛盾化解与维稳机制——兼论民族地区的和谐社会建设》，《甘肃社会科学》2014 年第 6 期。

② 陆益龙：《转型中国的纠纷与秩序——法社会学的经验研究》，中国人民大学出版社 2015 年版，第 41—42 页。

动，但对正常社会秩序和常态社会运行其实也构成一定的威胁，而且这种威胁或危险往往不容易被认知，也不太容易引起重视。相对于客观的纠纷事件，主观意识中的纠纷倾向对社会常态化运行构成的风险可能更大。一方面，已发生的纠纷事件虽然直接影响正常秩序，但随着事件爆发和纠纷的化解，其对社会系统和社会运行的风险也会随之降低。相反，民众的不公感、冤屈感和不满情绪则对社会系统运行构成巨大的潜在风险，因为这种潜性纠纷隐藏着巨大的纠纷演化空间。另一方面，客观纠纷事件发生后，人们容易发现问题和症结所在，只要解决和处理纠纷问题得当，也就能化解风险。而民众主观意识上的纠纷倾向往往是难以认知和把握的，一旦这种潜性的怨气积压到一定程度后“喷发”出来，就会造成类似“社会火山”的破坏后果，因而其潜在风险更为巨大。

那么，如何才能对那种潜性的纠纷加以把握呢？如何对基层民众主观上的纠纷倾向加以认知呢？掌握民众主观上对他人和社会的感受与态度，社会心理学常用“社会心态”来进行总体概括，也就是通过对社会现象及一般经验的了解和分析，判断并概括出一定时期社会总体的心理特征和精神面貌。[①] 这种从总体上对民众主观意识倾向和态度的判断，虽有助于我们抓住某一时期民众社会心态的突出特征和演变态势，但由于总体性的判断往往带有研究者的认识和选择等主观倾向，从而使得这种总体判断的效度和信度存在较大的局限。

要对基层纠纷包括行动层面的纠纷事件和主观层面的怨气加以更客观的、确切的把握和认知，社会学的调查研究方法既是常用的也是相对较为有效的途径。通过社会调查，不仅可以获得基层民众所报告的纠纷事件发生情况方面的信息，而且也能从调查中掌握和了解基层民众的一些主观意识和选择倾向。对基层纠纷的调查，可以采用问卷调查方式，也可以运用访谈调查。调查的问题主要是关于民众普通的、日常的事件、交往、人际关系、态度和评价，以及平常交往中遇到的挫折和反应。例如，有一项关于美国民众的法治意识与法律在社

① 周晓虹：《改革开放以来中国社会心态的变迁》，《中国社会科学辑刊》2009 年夏季卷。

会中运行情况的法社会学研究，就是通过分层抽样和访谈调查方法对普通美国民众日常生活中的普通事件和平常观念进行调查和分析，由此勾勒出美国社会的法治意识图式，并揭示出法律权力运行过程中的主要问题。①

在对基层纠纷的调查中，最基本的问题就是询问被访者在生活中是否有纠纷的经历，第一个问题是："在此前一年内，您是否遭遇过与其他个人的纠纷或摩擦?"通过这一问题，可以了解基层社会中个体与个体间纠纷的发生率。回答与他人有过纠纷的被访者在样本中所占比例，可以用来表示某一时期调查的个体间纠纷发生率。

第二个问题是："在此前一年内，您是否遭遇过与某个组织的纠纷或摩擦?"向被访者询问这一问题主要是为了解个人与组织之间纠纷的发生情况。现代社会，越来越多的人成为组织或机构的成员，社会运行越来越与组织或机构的运行状况密切相连。个人与组织间的纠纷发生情况能从一个侧面反映出个人与组织的关系及组织的运行情况。如果调查显示个人与组织或机构间纠纷发生的比例越高，则能反映个人与组织间关系的紧张度越高，组织运行潜在的风险越高。

第三个问题是："在此前一年内，您是否遭遇过与政府机关或其工作人员的纠纷或摩擦?"这一问题主要用来考察基层民众与政府机关之间的纠纷情况。居民与政府之间关系或者干群关系是一种重要的社会关系，在社会运行中作用较大，也是较为关键的社会风险源。调查此类纠纷的发生比例，可以了解民众与政府间的关系状态以及潜在风险的程度。

对基层纠纷治理的调查还包括关于纠纷解决机制的问题，通过向被访者询问这方面的问题，主要是为了掌握民众在遇到纠纷时选择解决方式的倾向。这方面的问题有三个，用来询问被访者："当您与他人或机构发生矛盾纠纷时，您是否想运用法律来解决?""当您与他人或机构发生矛盾纠纷时，您是否想用武力自己解决?""当

① ［美］帕特里夏·尤伊克、苏珊·S. 西尔贝：《日常生活与法律》，陆益龙译，商务印书馆2015年版，第359页。

您与他人或机构发生矛盾纠纷时，您是否想动员众人采取行动?”第一个问题主要用来考察民众选择理性的、法律的途径解决纠纷问题的情况，如果愿意选择运用法律途径解决纠纷的人的比例越高，则意味着基层纠纷潜在的风险相对较小，因为较多的纠纷通过正式法律途径解决，反映出社会中的纠纷仍处于理性和规则的控制之下，对稳定秩序构成的威胁相对较小。第二、第三个问题主要是用来监测基层纠纷演化为暴力的冲突和群体性的风险。如果个人在解决纠纷时倾向于使用武力，那么普通纠纷演化成恶性暴力冲突事件的可能性大增，因为武力方式不仅无助于纠纷解决，反而会对社会秩序构成更大的威胁。在基层纠纷演变过程中，以牙还牙、用武力摆平，通常会成为人们解决纠纷的方式之一。如果有此种选择倾向的人的比例越高，那么对正常秩序构成的风险将会越大。此外，在基层纠纷解决过程中，双方当事人还可能选择动员众人采取集体行动或集体上访等方式来寻求纠纷问题的解决。如果基层社会具有这一选择倾向的人的比例较高，那么也就预示基层纠纷的潜在风险较大。因为通常情况下，普通的民间纠纷只要双方当事人心平气和地去解决，或是通过第三方来加以解决，那么纠纷就不会对社会秩序和运行产生威胁。如果让更多的其他人员卷入纠纷，就有可能使普通纠纷演化为威胁正常秩序的群体性事件。

从法社会学角度看，民众的一些不公感也属于基层纠纷的范围。例如民众在职务晋升、工资待遇、福利分配方面，可能会对单位、机关的做法有不满情绪，由此产生不公感。这种不公感虽并未转换为行动上的争端和冲突，但实际上也属于一种潜性纠纷。由于潜性纠纷是基层民众的一种主观感受和评价，所以要把握基层这一动向，较为有效的方法就是社会调查。为了掌握基层潜性纠纷，我们在调查中设置两类问题：一类是民众公平感问题，如“总体来说，您是否认为自己得到了公平的待遇?”二是民众对政府和法律机关的评价，如“总体来说，您对法院的评价是：非常满意 、满意 、不满意、非常不满意?”潜性纠纷虽主要反映基层民众的主观和态度倾向，但也可作为考察社会风险的重要参考指标。例如，有对失业风险监测指标的研究，研究者不仅将登记失业率和调查失业率作为基础指标，而且也将民众的一些主观意识和态度作为参考指标。[①] 如果在基层社会有不公感、对政府和法律机关评价极其不满的人所占比例越高，那么也就意味着基层潜性纠纷越多，对社会稳定和常态运行构成威胁的风险越大。因为民众的不公感反映的是“社会怨气”程度，是社会动荡的重要源头。基层对权威机关做出“非常不满意”评价则意味着社会不满情绪高涨和对抗态度明显。国际上通常会采用两个指标来衡量社会动乱的风险，一是客观指标基尼系数，二是民众不公感指标。表明监测基层民众的主观感受和态度倾向是测量社会风险的重要指标之一。

对社会风险概念的界定和测量方法，社会学与公共管理的理解存在较大差异。在公共管理和社会保险研究中，社会风险被界定为个体风险的集合，所谓个体风险，也就是导致破坏性事件的脆弱性条件和因素。测量社会风险的典型方法主要与消费的变化有关，例如最大可能福利损失最小化、既定阈值下消费损失概率最小化、给定收益变化范围内预期收益率最大化。[②] 由此看来，社会风险被界定为个体在社会生活中的风险，而社会学意义上的社会风险是指社会系统和正常秩序在社会运行过程中遭遇破坏的可能性。社会风险虽与个体生活风险有某种联系，但并非个体风险的集合，社会风险与个体风险的风险主体有着本质差异。

综合上述对基层纠纷与社会风险之间相关关系的分析，可构建起基于纠纷调查的社会风险监测指标体系（见图 10—1）：

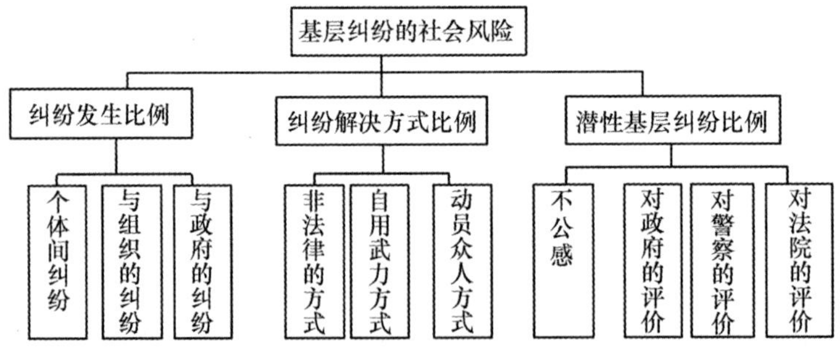

图 10—1 基于基层纠纷调查的社会风险监测指标体系

① 陈仲常：《失业风险监测预警指标体系研究》，《统计与决策》1998 年第 6 期。

② 黄英君：《社会风险管理：框架、风险评估与工具运用》，《管理世界》2013 年第 9 期。

图 10—1 显示的是通过对日常生活中的纠纷和民众的主观倾向的调查，来监测基层纠纷可能影响社会秩序和常态化社会运行的风险。调查所把握的虽是被访者个体的经验事实，但个体不同反应的比例则可说明社会系统和社会运行在不同方面的总体情况，亦即社会成员的行为和态度在社会中产生破坏性影响的可能性的大小。

根据纠纷发生比例、纠纷解决方式比例和潜性纠纷比例所蕴含的风险可能有所差异，所以我们对三项分项指标赋予了 0.2、0.4 和 0.4 不同的权重系数，由此得出测量基层纠纷社会风险系数的方法：

$$R_d = 0.2 P_d + 0.4 P_r + 0.4 P_l$$

式中的 R_d 是指基层纠纷的社会风险系数（0～1），P_d 为调查基层纠纷的平均发生率，也就是个体间纠纷、与组织的纠纷和与政府的纠纷发生率的加权平均比例，即：$P_d = (P_{d1} + 2P_{d2} + 3P_{d3})/6$。$P_r$ 代表基层民众选择非法律途径、自用武力和动员众人三种纠纷解决方式的平均比例，考虑到不同方式的作用大小，对三项作了加权平均，具体为：$P_r = (P_{r1} + 2P_{r2} + 3P_{r3})/6$。$P_l$ 代表基层潜性纠纷的平均比例，是根据调查基层民众四种主观感受和评价而计算的，其中包括具有不公平感的民众比例，对政府和法律机关评价为“非常不满意”这一极端值的比例。对这四项进行加权平均可得：$P_l - (2P_{l1} + 2P_{l2} + P_{l3} + P_{l4})/6$。将三个分项指标综合起来，可构成纠纷的社会风险系数的监测方法：

$$R_d = 0.2[(P_{d1} + 2P_{d2} + 3P_{d3})/6] + 0.4[(P_{r1} + 2P_{r2} + 3P_{r3})/6] + 0.4[(2P_{l1} + 2P_{l2} + P_{l3} + P_{l4})/6]$$

基于基层纠纷的调查情况来监测社会常态化运行的风险，主要是依据基层社会关系的协调程度和社会怨气的压力程度来预测社会风险程度。监测的社会风险系数在 0 至 1 之间，如果系数越大则意味着社会常态化运行面临的风险越高。

三　基层纠纷治理和社会风险动态监测的实践

为对基层纠纷治理及社会风险进行动态监测，2016 年 10 月，我们运用电话调查方法就基层纠纷治理和民众心态问题进行了调查。此次电话调查选取了北京市，并在全国随机抽取石家庄市、太原市、济南市、哈尔滨市、昆明市共6个城市。调查采用电脑随机抽样方法，抽样框为中国移动、中国联通、中国电信各号段用户的电话号码。最后在北京获得有效样本500个，其他5个城市各200个，共计1500个。电话调查的整体成功率为9.97%，用户接通率为25.46%。

通过对基层纠纷治理的电话调查，可以发现目前基层社会矛盾纠纷的发生情况和趋势（见图10—2），从结果分析看并未显现出纠纷凸显的特征，这与一些研究认为当前社会矛盾和较为严重的社会冲突处于多发和增加趋势的观点似乎并不完全一致。① 就基层民众报告的一年内纠纷发生率而言，个人间纠纷发生率相对较高，为17.4%，而与组织的纠纷和与政府机关的纠纷发生比例都处于较低水平，分别为4.9%和8.4%。就地区间比较而言，北京市的基层纠纷发生率略

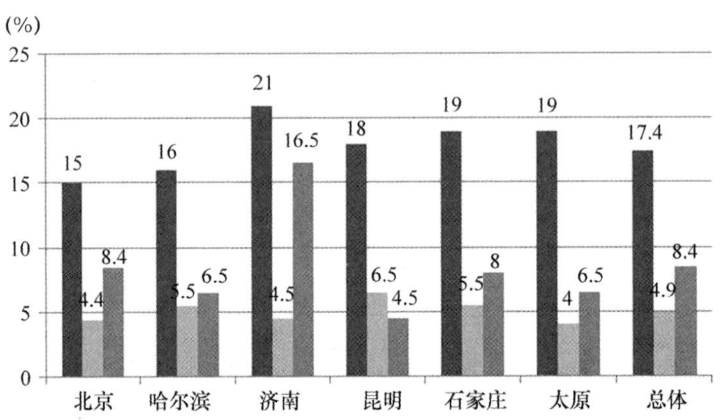

图10—2 一年内基层纠纷的发生率

资料来源：2016年基层矛盾纠纷的电话调查。

① 胡联合等：《影响社会稳定的社会矛盾变化态势的实证分析》，《社会科学战线》2006年第4期。

低，济南市的基层纠纷发生率相对较高，其中个人间纠纷和与政府机关纠纷的发生率都是最高。不过总的来看，地区间的基层纠纷发生率没有显著差异。

对基层纠纷潜在风险的认识和预测，仅仅关注纠纷发生情况是不够的，因为矛盾纠纷和社会冲突的发生虽可能影响正常秩序，但也是社会生活与社会运行的一个组成部分。基层纠纷治理的影响还要看人们会选择什么方式或途径来处理和化解纠纷，纠纷解决方式的选择倾向在较大程度上影响着基层纠纷治理的演化方向。

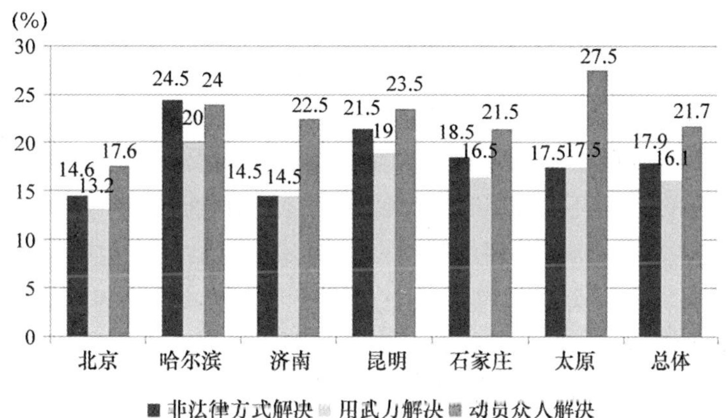

图 10—3　基层民众选择纠纷解决方式的倾向

资料来源：2016 年基层矛盾纠纷的电话调查。

从图 10—3 的调查结果来看，基层民众在面对纠纷时，愿意选择法律途径解决问题的占大多数，总体上只有 17.9% 的人有选择非法律方式的倾向。此外，大多数人也不具有自己使用武力来解决纠纷的倾向，只有 16.2% 的人具有这一倾向。在动员众人参与解决纠纷的倾向方面，比例相对较高，占 21.7%。就基层纠纷治理解决方式选择倾向的地区间差异而言，北京市民更倾向于理性，而哈尔滨市民的法制意识显得较为淡薄，更多的人倾向于使用武力解决纠纷，在太原市，因纠纷引发群体性事件的风险最高，因为更多的人（27.5%）具有动员众人来解决纠纷的倾向。此外，从纠纷解决方式选择倾向来看，昆明市的基层纠纷治理的化解也显得较为重要，如果不增强法制宣传和基层矛盾的协调与化解，基层纠纷治理演化为暴力和群体性事件的风险相对较高。

被访者的公平与不公平感表面看虽只是一种主观的感受，但从社会调查的分布比例来看，则能从一个侧面反映社会关系的协调程度和社会运行的状况。感到自己遭受不公待遇的人的比例越高，在一定意义上反映出"社会怨气"的压强越大，潜在的破坏性风险越大。之所以有较高比例的民众感受到不公平，则反映出社会中的权力和制度规则可能存在某种问题。①

图10—4显示的是6个地区民众的公平与不公平感的分布情况。从总体来看，72.5%的民众认为自己受到了公平的待遇，而具有不公平感的人为27.5%，占四分之一左右，这个比例不算很高，因为从一些国际比较调查经验来看（国际社会公正调查ISJP），像北欧福利国家的居民社会不公感相对较低，这一比例也会达到30%，而有些东欧国家这一比例有时超过70%。具有不公感的民众比例相对较低，表明目前基层社会的"怨气"总体上还不是很突出，基层潜性纠纷的社会风险不大。不过，值得关注的是，太原和昆明两地，基层民众的不公感相对较高、较为突出，两地有不公感的民众都超过了30%。民众不公感是监测社会运行风险的一个较为灵敏的指标，民众不公感升高问题则是一种很复杂的社会问题，不仅仅与经济系统中的收入和财富分配不公问题相关，也与政治系统中的权力腐败问题有关，而且还与社会的建构有一定联系。因此，缓解民众的不公感，降低这一潜性纠纷的社会风险，既需要综合施策，也需要深入研究，发现主要矛盾，有针对性地改进基层社会的治理。

民众与国家公权力机关之间保持和谐统一的关系对社会常态化运行来说至关重要，而如果两者关系处于紧张甚至对立冲突状态，那么其潜在的社会风险也就随之大增。在社会主义制度设计中，公权力机关的基本属性是"为人民服务"。因此，民众在与政府及法

① 李春玲：《社会不公平感源自何方》，《企业文化》2006年第4期。

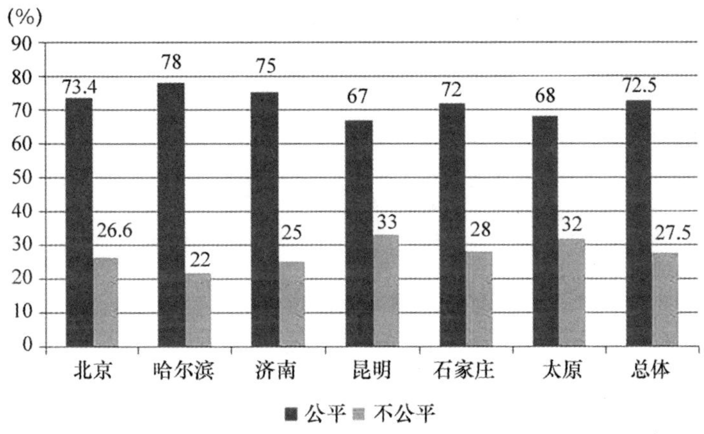

图 10—4 基层民众的不公感

资料来源：2016 年基层矛盾纠纷的电话调查。

律等公权力机关交往互动过程中，也就会根据这一原则来对公权力机关的行为有相应的期望。而如果公权力机关的现实行为与民众的原则性期望相距甚远的话，那么就可能招致民众的不满甚至引发抗争行为。虽然说基层民众的抗争行为是制度安排提供的一种维权渠道和机会，[①] 但无论从历史还是从现实看来，民众与公权力机关的对抗与冲突行为，导致破坏性事件和社会动荡的风险是比较高的。因此，对社会常态运行风险的监测，需要重点考察基层民众与公权力机关之间的关系状态。

表 10—1 显示的是基层民众对政府、警察和法院等公权力机关做出“非常不满意”评价的分布情况。之所以只把“非常不满意”评价一项纳入监测指标之中，因为这属于负面的极端评价。从理论和现实经验看，极端观念和极端行为所包含的社会风险一般更大。

① Kevin J. O'Brien, K and Lianjiang Li, *Rightful Resistance in Rural China.*, New York: Cambridge University Press, 2006, p. 131.

表 10—1　　基层民众对政府和法律机关的极端评价（%）

地区	对政府非常不满意	对警察非常不满意	对法院非常不满意
北京	4.0	3.8	1.2
哈尔滨	7.5	4.0	4.0
济南	3.0	3.5	4.0
昆明	0.5	2.5	0.5
石家庄	3.0	2.5	1.0
太原	6.0	3.0	3.0
总体	4.0	3.3	2.1

资料来源：2016 年基层矛盾纠纷的电话调查。

从表 10—1 的统计结果来看，基层民众对公权力机关负面的极端评价的比例并不高，对政府作负面极端评价的占 4%，对执法机关和司法机关作负面极端评价的比例分别为 3.3% 和 2.1%，由此反映出基层社会中特别有怨气和有极端倾向的并不突出，潜性纠纷的社会风险还不是很高。从地区间比较来看，哈尔滨和太原两地民众对政府的负面极端评价比例相对较高，昆明的民众则对公权力机关较少有极端负面评价。

根据 2016 年基层纠纷治理的调查结果，运用社会风险系数的计算方法，最后形成基层纠纷治理社会风险的监测结果。基层纠纷治理社会风险系数的总体水平为 0.14，这一水平可以说并不高，反映出基层社会的运行总体上处于较为正常的、平稳的状态之中，出现对社会系统和社会秩序构成威胁的社会动乱的风险并不凸显。比较不同地区的社会风险监测结果，社会风险相对较高的前三位分别是太原、哈尔滨和昆明，社会风险系数分别为 0.160、0.151 和 0.148，而北京的社会风险水平相对较低。

社会风险系数是理解一个社会在一定时期内社会系统运行基本状态的一种参考指标，根据这一指标，可大体预测社会发生威胁常态化运行和正常秩序的社会风险的大小。当前，中国社会在快速转型过程虽面临诸多挑战和问题，但从基层民众所反映的调查信息来看，总体上基层社会的运行并未出现突出的社会风险，只是有些地区所面临的社会风险相对高一些。就影响因素而言，不同地区社会风险的高低主要受基层纠纷治理的解决和基层民众的观念倾向的影响较大。当然，基层民众主观倾向的形成反映的是复杂的客观社会现实，具体原因仍需作进一步的探讨和研究。监测结果只是反映出基层纠纷治理的非法律方式解决倾向以及基层民众的不公感潜在的社会风险相对较大。这种风险的根源可能还在于基层社会的纠纷化解渠道和法制建设问题，以及权力和规则的合法性危机问题。由于一些基层纠纷治理有时难以通过合法的、正式的渠道去化解，加上法治意识尚未深入人心，所以在基层社会形成非法使用武力及群体力量来解决纠纷的风气。此外，公权力的运行以及社会规则的制定在现实中偏离民众期望较远，由此而形成紧张关系，并对社会常态运行构成威胁的风险。

四　研究的结论和讨论

注重从社会调查中获得社会事实，也就是社会学的平常视角，从这一视角所看到的其实是基层民众反映的社会现象。关于社会矛盾、社会冲突和纠纷等问题，社会矛盾论、社会冲突论、纠纷金字塔论主要从宏观视角，重点探讨这些问题的关系性质和功能特征。从平常视角来考察基层纠纷治理问题，既可揭示当下基层社会的矛盾纠纷发生状况，也可从中了解基层纠纷治理的演化态势及可能的风险。因此，当我们在探讨矛盾、冲突和纠纷与社会良性运行之间的关系问题时，对基层纠纷治理的考察就显得尤为重要。

关于基层纠纷治理的电话调查，问题虽较为简单，但调查结果犹如对基层社会运行的“常规检查”，其信息对于了解基层社会运行的基本状况，改进社会治理，保持基层社会健康、稳定运行具有重要参考价值。调查结果显示，当前中国社会的基层纠纷治理总体上发生率并不高，表明基层社会目前并未处在矛盾纠纷凸显期，只是济南显现出基层纠纷治理相对多发。

在基层纠纷治理解决方式选择倾向方面，基层民众总体上趋于理性，具有暴力和发动群体性事件倾向的比例相对较低，不过哈尔滨和太原两地民众的这一倾向则相对明显，值得关注。民众倾向于选择什么样的纠纷解决方式，表面看是个体的主观偏好所致。其实如果从总体的角度去看，则能反映出民众的法治意识和法律在基层社会中的实际效力。如果民众把法律或制度规则内化为理应遵循的行为规范，那么他们就会倾向于用合理合法的方式解决纠纷问题。[①] 而如果较多的人倾向于运用非法律途径解决纠纷，那就表明要么是民众法治意识存在问题，要么是法律对解决问题没有很好的效力，总之皆属于法制建设问题。

基层民众的不公感和对公权力的负面极端评价反映出基层的社会怨气，因而也代表基层社会的潜性纠纷，纠纷调查显示基层潜性纠纷总体上并不突出，只是太原、昆明和哈尔滨三地在这方面相对明显。基层潜性纠纷增多、社会怨气加大，原因虽是多方面的，但主要原因还是公权力和制度规则的合法性问题或正义性和正当性问题。降低社会怨气，既要让权力合法正当地运行，而且还需要有合理的、正义的制度规则作保障。

社会风险为我们认识基层纠纷治理与社会常态化运行之间的关系提供了一个重要的分析性概念，社会风险虽与个体行为有关，但不是个体风险的加总，而是社会系统面临危机和被破坏的条件的因素。既然对立冲突和社会怨气达到一定程度时就可能造成对系统常态运行产生破坏的风险，因此，通过调查基层纠纷治理亦可达到对社会风险进行动态监测的效果。运用基层纠纷治理调查中的纠纷发生率、纠纷解决方式选择倾向和基层潜性纠纷数据，测算出当前基层社会运行的风险系数为0.14，处于相对较低水平，表明当前中国基层社会运行尚未出现较大风险。社会风险系数的计算，主要是为认识基层社会运行总体状况和问题提供一种参考，同时也为完善基层纠纷治理管理，[②]改善社会治理提供一些信息参考。社会风险监测的指标体系的构建以及分项指标的权重的确定，主要依据一般理论和经验而作出，虽带有一些主观性，但并不会影响我们对基层社会运行状况的理解。对基层纠纷治理及其潜在社会风险的动态监测，主要目的是要把握和判断社会健康、稳定运行是否面临突出的风险。

---

① Tyler, T., *Why People Obey the Law*, Yale University Press, 1990, p. 59.

② 陆益龙：《纠纷管理、多元化解机制与秩序构建》，《人文杂志》2011年第6期。

第十一章

社区情感治理中的现实问题与未来挑战①

人类有着很强的利他需要，这种需要可以称为“社区的本能”（an instinct of community），然而这种指向团结的本能（instinct to be together）伴随着不断破碎、分离的现实而走向物化（materializing）的一端。在人类发展历史中，我们同时拥有了两种截然不同的际遇，既遭遇了伦理分离、战争屠戮等创伤，也享受了网络社区、虚拟俱乐部等新兴事物的乐趣。② 或许可以说，正是这种充满悖论的现代性本身使得现代社区集撕裂式体验与虚实交织的快感于一身。面对程度日渐加深、影响日益复杂的全球化，社区理论家们开始将“社区”置于“全球危机”（global crisis）的背景之下加以讨论，并逐渐将焦点转向本土性（locality）、本土能动性（local agency）与外界社会事实变迁的张力上，③ 不懈探寻新时期社区发展的可持续道路。与国际背景下“社区发展”的潮流相对，我国的社区治理领域也正在进行大

① 本研究系国家社科基金重大项目“有序推进农业转移人口市民化研究”（项目编号：13&ZD043）和“社会治理背景下我国社会工作行动本土化理论框架与实践体系研究”（项目编号：16ZDA084）、2017 年度上海市教委人文社会科学重大项目“社会转型的中国实践与转型社会学的建构”（项目编号：201701070005E00041）等课题的阶段性成果之一。

② Wheatley M. J. , Kellner-Rogers M. , “The Paradox and Promise of Community”, in Hesselbein F. , Goldmith M. , Backhard R. , Schubert R. F. eds. , *The Community of the Future*, San Francisco: Jossy-Bass Publishers, 1998, pp. 9 – 18.

③ Forde C. and Lynch D. , *Social Work and Community Development*, London: Palgrave, 2015, p. 5.

量的理论与实务探索。作为全体居民活动主要的客观或主观空间，社区成为社会中相对基础的结构单元，其在国家治理中占据着重要的地位。社区治理的水平、能力的高低直接关系到国家治理体系和治理能力的现代化问题。芝加哥学派的帕克教授曾言，人（社会）有二相——调和（concert）与贯彻（consistency），其中如何保持调和乃最大问题。① 从现实的制度设计来看，我国社区建设大体上经历了从“社区服务”到“社区管理”再到“社区治理”的三个阶段，这三个阶段的价值追求、方式方法、关注焦点和实践效果存在着一定的区别。② 从国际到国内、从理论到实践，“社区及其治理究竟走向何处”仍然是研究者和实践者共同思考的一个问题，这也为本研究提供了理论探讨的可能性与现实背景。本研究试图以“情感理论”为新的分析视角，着重探讨理论与现实条件下的“社区情感治理”何以成为现实，以及“社区情感治理”框架如何运用到实践中并发挥何种功能或产生什么样的效果。

一　社区情感治理的可能空间：理论与现实的双重考量

一种治理思路的提出和付诸实践至少需要同时具备两个条件：一是理论层面的基础，通过对社区治理内涵的重新检视，我们不难发现其长期存在的关系向度和对幸福感的追求；二是现实层面的基础，主要指向目前社区治理的研究和实践现状，只有立足于现实讨论社区治

① 一方面，帕克非常关注社会中的调和问题，此处的调和不是心理层面而是社会学层面的，调和需要交通（交流沟通），侧重于方向的一致性，完全的调和就是和谐，是人们根据一种共同目的重新分配自己，单位之间互相感应、发生改变，社会才有进步。另一方面，帕克认为人（社会）不只有调和还有贯彻，有贯彻就有裁制，人类原本是用目的裁制自己，为达到某一目的，须建立道德秩序进而创造社会制度。需要说明的是，对帕克的观点我们需要批判性地借鉴与发展，对此，本章将在最后一部分进行讨论。参见北京大学社会学人类学研究所编《社区与功能——帕克、布朗社会学文集及学记》，北京大学出版社 2002 年版。

② 吴越菲、文军：《作为“命名政治”的中国社区建设：问题、风险及超越》，《江苏行政学院学报》2015 年第 5 期。

理的路径与方法，才能使治理方案具有可操作性。

（一）社区治理的内涵：情感是不可忽视的维度

社区治理是社会变迁的产物。20 世纪下半叶，经济社会加速发展和新技术革命的进步带来国家政治、经济体制的变迁，社区发展（community development）正是在这种潮流下应运而生。从我国社区治理的理论脉络中可以概括出两种主导性的理论取向：一是基层政权建设取向，其旨在重建城市基层社区中带有指令性的行政协调系统，即国家通过对基层行政组织加以强化和完善，在行政社区中完成国家权力合法性的重建，以实现国家基础性权力（infrastructural power）的巩固，这种取向倾向于将社区治理看成是国家权力向下渗透的过程；二是基层社会发育取向，这种取向倾向于将社区治理看成是共同体构建的过程，其目标在于促进社区自组织建设和社区认同的增强。[①] 上述两个视角主要是基于“国家—社会”框架而形成，将国家与社会视为两个相对的实体，在以权力为主要质素的空间内展开策略性博弈的过程，无论是自上而下的权力流动还是自下而上的权力传导，都是研究者站在“外部”甚至“上部”视角看到的社区治理景观。

然而，我们不能仅仅从外部或上部“俯瞰”社区治理的内涵，更应该深入到其内核中去找寻社区治理的本质与愿景。实际上，社区治理内涵的本身便包含了诸多情感的要素：

第一，社区治理起源于对社会变迁导致的社区消极情感的回应。滕尼斯最初提出的“社区”与社会相对，表征着一种共同体精神，这种共同体的氛围是充满温度、相互体恤的，与冷冰冰、理性算计的现代社会形成了鲜明对照。“社区治理”一词最早是 1915 年美国社会学家 F. 法林顿在其著作《社区发展：将小城镇建成更加适宜生活和经营的地方》中率先提出的，后来第二次世界大战结束后很多国家因受到战争的创伤而面临贫困、疾病、失业、经济发展缓慢和社会矛盾突出等问题，引发了人们运用社区民间资源、发展社区自助力量的思考，20 世纪 50 年代初联合国开始在不发达国家和地区推广基于社区

① 李友梅：《社区治理：公民社会的微观基础》，《社会》2007 年第 2 期。

的地区发展策略。[①] 对社区和社区治理追本溯源，有助于我们循着历史的印迹找回社区治理的原初宗旨，即对因发展问题不平衡、利益群体分割、社会矛盾突出导致的人们普遍性的消极情感进行制度性的回应，然而我们不能忽视的是此种制度性的回应演变到今天似乎“偷换”了回应的对象，回应的不再是消极的情感，而演变成了利益与利益、权利与权力之间的交锋。

第二，社区治理的过程机制以本土社会文化为基础和准则。地域性曾经是社区概念中一个挥之不去的维度，之所以重要主要是基于地域性背后的要素——社会文化基础。不同国家、不同地区都有着自身独特的社会文化条件，即本土性、地方性之表征，这里是居民生活世界的集中体现，也是地方治理思维和治理方式的集中施为点。在这种充满地方性、本土性的社区场域中，治理实践过程必须和人发生对话、沟通与协商。即便是曾经盛极一时的动员式治理，也不得不采取社会化的治理方式，遵循某种社会逻辑而表现出“无情执法、有情操作”的图景。[②] “人”则作为社会习惯与文化传统的个体表征，是社区治理实践必须重视的角色。将社区仅仅看作是空间、基础设施或资本的运作点，只能使社区治理陷入“治理—问题—治理”的技术和制度怪圈。

第三，社区治理的核心目标是促进关系协调[③]和积极社群的达成。全球治理委员会认为，治理是各种各样的个人、团体（公共或个人的）处理其共同事务的总和，是一个持续的过程，通过这一过程，各种互相冲突和不同的利益得以调和，并采取合作行动。[④] 可见，关系是治理含义中的关键向度。只有在较为协调的关系环境中，协商议事、民众参与才能成为可能，各项社区事务才能得以理顺，进而社区治理才能取得积极的效果。随着社会转型进程的推进，公共情感从激情驱动逐渐演化为

① 张玉枝：《转型中的社区发展——政府与社会分析视角》，上海社会科学院出版社2003年版，第58—59页。

② 张虎祥：《动员式治理中的社会逻辑——对上海K社区一起拆违事件的实践考察》，《公共管理评论》2006年第2期。

③ 此处的“协调”不等于“和谐”，两者最大的差别是对成员异质性特征的保留、保障和认可。

④ 杨雪冬、王浩主编：《全球治理》，中央编译出版社2015年版，第144—145页。

被利益驯服。[①] 民众日常生活中的困惑、焦虑与日俱增进而引发了人际情感危机，信任危机表现尤为突出。从空间角度来看，城市中的人基本上生活在空间分割、安防严密、内部私有、同质聚集的隔离社区[②]内，在互动情境中表现出对深度交往的排斥、人与人之间相互存疑等信任匮乏的人际交往状态。在社会从强调生产向注重消费的转变过程中，人际信任危机势必对消费社会中的交换行为及结果产生影响，一方面加剧了消费社会本身表征的理性与计算，另一方面则导致了诸多不必要的误解和窘况。在这样的背景下，社区治理中关系的协调显得更加重要，积极的关系网络有助于居民积极自我的实现。

第四，社区治理的参与和评价主体是居民中的"人"。"人"是历史的实践者，"实践是检验真理的唯一标准"，因此检验社区治理历史实践的权利和责任自然就归属于"人"。在全球化与本土化的强烈冲击以及资本与文化的相互碰撞中，社区已然产生了本体论和方法论的分野，[③] 然而社区的走向究竟是什么，最有权利和责任做出决定的必然是社区中的每个"人"。每一位积极参与社区事务的个体，在充分考量自群体立场与社区大局的前提下提出相关建议、倡议，并对社区治理实践过程加以监督、评估，这也是社区治理的应有之义。

如果以滕尼斯笔下的"社区"[④] 作为参照，当前盛行关于社区的几种论说，如"社区失落论""社区继存论""社区解放论"以及"社区可能论""社区不可能论"等，[⑤] 也恰恰反映了不同论者对社区

---

① 成伯清：《从同情到尊敬——中国政治文化与公共情感的变迁》，《探索与争鸣》2011年第9期。

② 冯敏良：《隔离社区的兴盛与社区治理的迷思——中国式社区治理的范式危机》，《学术界》2014年第3期。

③ 作为本体论的"社区"研究试图回答诸如是否存在一个"共同体"意义上的社区，它的理论及现实意义何在，"社区"如何从自在走向自为，进而走向公民社会，什么样的治理结构才是合理的等关键问题；作为方法论的"社区研究"则更多将其视为研究社会的特殊方法、研究范式或切入点，或者将其作为研究其他主题的一个具体而独特的"场域"，从而更好地理解相关问题。参见肖林《"'社区'研究"与"社区研究"——近年来我国城市社区研究述评》，《社会学研究》2011年第4期。

④ 这里指的是那种关系密切、休戚与共、守望相助、富有人情味和强烈情感依赖的社区/共同体。

⑤ 邱梦华、秦莉、李晗、孙莉莉：《城市社区治理》，清华大学出版社2013年版，第9—11页。

的态度、价值甚至立场，但从这些观点中我们也看到了共性：一方面，现代社区相比于原初的社区含义已经发生了变化；另一方面，现代社会中，人们对“社区（共同体）”所蕴含的互助性、归属感、亲密感等情感因素是与日俱增的。因此，“人”及其情感一直是社区治理不可忽视的维度，越是在这个标榜“加速”和“差异”的现代社会中，人们对关系协调、人际信任和幸福感的情感追求越是强烈。

（二）社区治理之困：对制度、技术的倚重与对“人”的淡化

改革开放对经济、社会、文化、政治等各个领域都意味着“脱胎换骨”的开端，作为社会治理重要组成的社区治理同样与改革开放伴生的社会变迁息息相关。继20世纪80年代民政部提出社区建设作为顶层设计之后，90年代社区治理逐渐从概念走向实践领域。[①] 当前，各地社区治理实践进入新的发展阶段，各种带有创新性的项目、案例层出不穷，令人眼花缭乱。在特定的理论框架下对当前社区治理的实践进路进行分析有助于更加清晰地把握社区治理现状：第一，当前关于社区如何治理的问题主要是围绕社区究竟是“地域共同体”还是“脱域共同体”来展开的。无论是“社区”概念引入中国之初对“社区”的界定还是政府文件中对“社区”的理解，都表征着在一定地域中建设的开发活动。但随着市场化改革进程加快、社会流动程度加深，现实中社区的地域性意义逐渐被弱化，演化成一个“脱域共同体”，人们对共同情感和群体归属的脱域性认同导致了滕尼斯意义上的“社区”意义的复兴[②]。第二，关于谁来进行社区治理的问题主要诉诸社区精英、社会组织及居民群体三方行动主体。就精英而言，体制内精英与体制外精英共同组成了社区治理的精英群体，体制内精英如社区居委会、社区党建组织等，体制外精英指的是那些有着强烈的自我意识、突出的行动能力、较多权威性资源的人。[③] 第三，关于社

① 陈燕、郭彩琴：《社区治理研究述评》，《重庆社会科学》2016年第3期。

② 文军：《反思社区建设的几个关键问题》，《清华社会学评论》，社会科学文献出版社2017年版。

③ 卢学晖：《城市社区精英主导自治模式：历史逻辑与作用机制》，《中国行政管理》2015年第8期。

区治理的理想图景问题，在国家—社会框架支配下，主要有两种图景——国家基层权力建设的加强抑或是现代社会的培育，这对关系自始至终成为社区治理实践中各种张力和矛盾的主要构成。第四，关于社区治理的现实路径问题，近些年来我国不断创新社区治理的制度和技术，如依法治理、公共服务供给、文化治理、合作治理、网格化治理、信息化治理、智慧化治理、协商治理等，可以说，治理媒介的变换驱动了治理方式的变革，这些媒介主要涉及法律法规、公共服务、本地文化、情感沟通（主要是认知层面的）、网络技术等。

尽管面对社会的急遽变化，治理者不断调整治理的模式以应对时代变迁，但仍然存在一些“时代之问”持续困扰着研究者和实务界人士：一问社区究竟为何治理？由于居住方式改变、共同兴趣爱好消减、宗教仪式衰微、公共利益责任主体转移等使得传统社区精神逐渐消逝并陷入“共同体困境”①。二问社区治理主体之间关系究竟是何？多主体、多中心面临的主要问题就是如何平衡多主体之间的关系。社区主体之间本应该制度化的伙伴共治关系由于缺乏制度性界划导致彼此之间关系不明晰，直接影响了居民在社区内的制度性参与意愿、程序和渠道。② 三问社区治理的终点为何？如何在既有的国家与社会框架中达成平衡，对社区治理而言是一个纲领性的问题，这直接关乎社区治理手段的刚性还是柔性以及刚、柔本身的内涵，也直接关乎社区内外的人的生活质量（quality of life）。四问社区究竟如何治理？治理的过程和基础不仅仅是控制和支配，协调才是治理真正的应有之义。③ 如何在管控与协调之间寻找支点或者如何本着协调的原则进行治理，这也是社区治理遗留的另一个难题。

---

① 陈友华、佴莉：《社区共同体困境与社区精神重塑》，《吉林大学社会科学学报》2016 年第 6 期。

② 付诚、王一：《公民参与社区治理的现实困境及对策》，《社会科学战线》2014 年第 11 期。

③ 根据全球治理委员会 1995 年给出的界定，“治理”有四个规范性特征：治理不是一整套规则条例或活动，而是一个过程；治理过程和基础不是控制和调配，而是协调；治理同时涉及公共部门和私人部门；治理不意味着一种政治制度，而是持续的互动。参见冯猛《城市社区治理的困境及其解决之道——北京东城区 6 号院的启示》，《甘肃行政学院学报》2013 年第 5 期。

由此可见，在充斥着技术更新与制度改革元素的社区治理实践中，更多表征为一种“合理的非理性化”政策工具，造成社区治理日益凸显的麦当劳化（McDonaldization）、内卷化和社区内部机构的过密化。[①] 我们几乎看不到作为个体的“人”、作为群体的“居民”的情感表达和情感参与，我们的社区治理实践很大程度上忽略了“人”及其情感的维度。诚然，社区治理中对制度与技术的重视是必要的，但是不能忽视的是，制度安排的最终目标，无非是为现实中的个体提供安身立命的保障，如果忽视了个体体验的维度，社会建设的宗旨便无从谈起。[②] 如今，网络社会的崛起引发了权力结构、时空关系及人际交往范式的变迁，这些都为新时期的社区治理提出了新的命题——在以制度和技术理性标榜的时代，我们将如何更好地开展社区治理？一味地秉持工具理性开展社区治理将引导人们走向何方？

二　社区情感治理的运作逻辑：多重情感再生产过程的干预

诚然，西方社会学的情感转向[③]为我们开始讨论从情感角度进行社区治理的研究和实践提供了重要的理论基础，但在“中国体验”的呼声和探索背景下，“社区情感治理”在很大程度上附着较浓厚的本土建构色彩和意义。与社会工作一样，社区治理不仅关乎实践技术和操作性知识，更不能忽视的是这套技术和知识体系背后的社会文化

---

① 冯敏良：《隔离社区的兴盛与社区治理的迷思——中国式社区治理的范式危机》，《学术界》2014 年第 3 期。

② 成伯清：《社会建设的情感维度——从社群主义的观点看》，《南京社会科学》2011 年第 1 期。

③ 20 世纪中叶以后，在西方资本主义和现代化推进下，物质文明日渐发达但社会心理状况和情感却并没有得到同步进展，由于发展和分配的不平等以及科层制的去人格化，社会阶层矛盾日趋突出，怨恨等社会情感逐渐以社会运动等形式为载体发泄出来，面对眼前的社会变化，学界开始反思资本主义和理性主义，同时伴随着后现代主义思潮对现代性的怀疑、批判与解构，区别于以往理性主导的社会学情感维度逐渐突出显现出来。参见郭景萍《西方情感社会学理论的发展脉络》，《社会》2007 年第 5 期。

价值观。[①] 可以说，“社区情感治理”正是基于中国社会特有的（或显著的）情感、关系文化价值特征而展开的社区治理本土建构实践。

（一）社区情感治理：内涵、要素与行动路径

我们将社区场域内，社区行政人员、服务人员本着以居民为本的理念，通过对社区情感再生产过程的干预，从而协调居民之间、居民与行政人员、服务人员等其他相关群体之间关系的过程作为“社区情感治理”的内涵。具体来说，社区情感治理主要包含如下几个要素：第一，强调社区场域中居民的主体性；第二，更侧重社区治理中的关系重构之维度，即协调社区行政人员、服务人员与服务接受者——居民之间以及居民群体内部的关系；第三，治理的焦点是社区情感的再生产过程，而不仅仅是人际情感的简单回应。

由于社区情感治理聚焦于通过干预社区情感的再生产过程进而重构和协调社区各主体之间的关系，因此，社区情感治理的实践维度可以从三个方面入手，即对结构性情感、情境性情感[②]和个体性情感同时加以干预，主要是借助干预各个层面的情感再生产过程尝试贯通宏观到微观、社会结构到个体行动的链条：[③]

第一，优化结构性情感的再生产过程。就现代性状况而言，内在精神世界的崩塌及日常生活的瓦解，导致个体的原子化和物质化，进而带来认同、身份的危机和本体性安全的缺乏；处在现代化进程中的中国，情感支持的缺乏、权威体系的缺失、内在群体凝聚机制的沦落

---

① 安秋玲：《实践性知识视角下的社会工作本土化建构》，《华东师范大学学报》（哲学社会科学版）2013 年第 6 期。

② Kemper 曾区分结构性情感（structural emotions）、情境性情感（situational emotions）和预期情感/情绪（anticipatory emotions），本书借鉴此种划分中的“结构性情感”与“情境性情感”作为社区情感治理框架中的其中两个维度。参见 Kemper T. D.，*A Social Interactional Theory of Emotions*，New York：Wiley，1978，转引自 Bericat E.，“The Sociology of Emotions：Four Decades of Progress”，*Current Sociology*，2016，64（3），pp. 491 -513。

③ 需要说明的是，由于当前有意识的社区情感治理实践才刚刚起步，以下三种维度的社区情感治理主要侧重于理论或理念层面的分析，具体的实践策略及工作步骤还有待今后在实践中不断提炼和总结。

以及社会荣誉分配的紊乱等都导致了社会结构性怨恨的滋生和蔓延。[①]生活在社区中的居民对公平正义的感知与社会结构实质上的公平、正义程度息息相关，公平、正义的结构性行动缔造公平、正义的结构性情感。社区情感治理要求在正式与非正式制度中加入与群众的情感联结，即中共一直倡导的群众路线。[②] 从上而下看，社区治理体现着国家治理向社会延伸的过程，这一过程正是结构性情感的生产过程；从下向上看，社区治理过程本身促使居民参与社区治理与国家治理体系和治理能力现代化的目标建立联系。尽管理性与情感一直被视为相互排斥的两个方面，但是两者对决策而言都扮演着十分重要的角色。[③]重构结构性情感的实质是要求社区行政人员、服务人员在大是大非等制度性处置方面做到公正、廉洁，保证居民在制度内进行政治、生活参与的机会、程序和话语权，进而建立结构性信任、组织性忠诚、群众的热爱与尊重。因而，为了使国家治理政策能够反映并惠及最广大人民群众，社区行政人员、服务人员需要真切反映现实中居民生产、生活中的经济、社会、政治、文化等域的合理化诉求，进而建构积极的结构性情感，为整个社区情感治理奠定总基调。

第二，注重情境性情感的再生产过程，交往、互动双方彼此之间的坦诚有助于增进双方的尊重与同理心。情感互动作为社区治理的情感运作过程的同时，也可作为社区治理重要的内在环境。研究表明，社区治理内在环境的关键组成部分是地方性知识，主要指的是居民之间在血缘纽带基础之上的亲戚伦理关系、传统文化习俗和心理认同感。[④] 在对一个社区“拆违”行动的经验观察中，我们发现社区工作者与居民之间持续性的真诚互动有助于促进社区居民主体之间关系的协调与信任。首先，运用同理心获取居民支持和理解。同理心常常被

---

① 成伯清：《怨恨与承认——一种社会学的探索》，《江苏行政学院学报》2009 年第 5 期。

② 何雪松：《情感治理：新媒体时代的重要治理维度》，《探索与争鸣》2016 年第 11 期。

③ 参见 Anderson Garrett R. A. , *Reason and Emotion in Policy Making*: *an Ethnographic Study*, Ph. D. dissertation. , Edinburgh: the University of Edinburgh, 2015。

④ 吴晓林、郝丽娜：《“社区复兴运动”国外社区治理研究的理论考察》，《政治学研究》2015 年第 1 期。

称为“同感”“共情”，指的是能够体悟到他人的感受并且能够将这种体悟到的感受再传达到对方那里，从而实现真正意义上的“理解”，对人际关系起着重要的润滑作用。其次，秉持问题解决与未来建构的取向。后现代社会工作实务模式中，焦点解决短期治疗是不容忽视的一个脉络，该模式将会谈的焦点放在“解决”方法而非“问题”本身，着眼于未来取向是其最为突出的特点。[①] 情境性情感强调的是在互动中将认知、情感和行为取向相互传递，在面对面的互动中建构起社区各个主体之间的情感联结。

第三，深化自我关联性（self-relating）情感的体验过程。通过增加体验的深度以提升表达与反思的能力和意愿，进而提升居民的主体意识，促使其行动主体性的彰显。和思想一样，情感体验在人类进化中扮演了重要的角色，也构成了“人之所以为人”的重要部分。社区治理作为现代社会的基础，从微观层面来看，直接体现为社区行政人员、服务人员与居民的面对面交往中。尽管情感一直以来不被纳入理性的范畴，但是情感却往往直接干涉了理性的结果——决策。当居民感受到社区工作者表达的正向情感后，便在不自觉中增进了对社区的认同，深化了社区参与的行动，而这种行动则进一步彰显了居民自身的主体性。正如特纳（Jonathan Turner）所论，人有“群体卷入”的需要，人们根据其在互动进程中的卷入情况来评估情境，人们总是希求自身成为人际互动进程中的一部分，当人们感受到被卷入时，将体验到积极情感，反之，则体验到消极情感。[②]

（二）迈向情感治理：柔化结构、关系重建与主体认同

早在20世纪70年代就有学者将“社区发展”的内涵提炼为如下几个方面：第一，社区中的人们为了实现共同目标而做到“自助”

---

① 沈黎：《焦点解决短期治疗——后现代主义的社会工作理论新趋向》，《华东理工大学学报》（社会科学版）2008年第3期。

② 对特纳来说，人类的几种普遍需要推动所有的互动，这些需要主要是：证明自我的需要、盈利交换的需要、全部卷入的需要、信任的需要和确定性需要。参见［美］乔纳森·特纳、简·斯戴兹《情感社会学》，孙俊才、文军译，上海人民出版社2007年版，第135页。

(self-help)；第二，社区中部分人努力建立情感性信念；第三，有充分的过程性目标保证人们在其中能够表达意义；第四，程序的使用与这些目标一致或指向社区效果；第五，关注人们行动的感受性需要；第六，关注到社区的社会文化、人口和生态维度。① 其中，“情感”“意义”“感受”在社区发展的目标中占据着重要的地位。“社区情感治理”意味着促进社区权力结构的重组、人际关系的重构、居民主体性的凸显、个体社区情感认同的增强等治理效果的达成。

第一，以情感为纽带柔化“国家—社会”刚性的权力结构。虽然社区情感治理强调的是情感的视角，但与社会学长期以来对情感的偏见和误解有所不同，本研究阐释的社区情感治理试图将宏观的权力结构变化囊括其中，跳脱以往的理性方法论路径依赖的进路，旨在将传统难以通晓的基层政权取向与基层社会发育取向结合起来，将宏观的社会结构与微观个体性的行动串联起来，从而促使社区治理的过程得到居民认可，治理结果惠及社区居民，让社区工作者在更加愉悦的氛围中完成治理的工作和使命。在社区参与面临的各种困境中，政府及其准代理人的自上而下的行政管理与居民自下而上的社区自治如何有效对接互动，始终是关于如何破解社区参与困境的元问题。② 从分析层次上来看，社区中居民公共情感的转变意味着对整个社区、社会、国家的意象发生改变，如果这种改变是积极性质的，那么国家与社会之间的鸿沟就在不知不觉间得以柔化。当国家与社会的刚性权力结构被柔化之后，国家与社会的准代理人之间的抵触情绪便随之减弱，于是社区事务、社会治理的实践中将会减少大量的不必要的因未能换位思考而导致的麻烦和难题。

第二，以情感联结重构居民之间、居民与社区工作者之间的人际互动关系。情感是在互动的情境中产生的，互动的频率、时间对互动中产生的情感联结发挥重要作用。社会互动中的情感可能对社会结构产生影响，形塑微观社会秩序（micro-social order），互动中表征情感

① Edwards A. D., Jones D. G., *Community and Community Development*, Paris: Mouton · The Hague, 1976, p. 139.

② 向德平、高飞：《社区参与的困境与出路——以社区参理事会的制度化尝试为例》，《北京社会科学》2013 年第 6 期。

的面部表情通过编码与解码进而成为建立坚实互动模式的关键。[①] 当社区工作者与居民、居民与居民之间建立了信任、包容等积极性情感联结后，社区中的人际互动关系则变得更加润滑，其结构更富有韧性以应对在居住、生活中不期而遇的诸多问题和困难。面对国家政策和个体主观因素共同作用的生育率降低这一社区人口发展现状，家庭规模小型化、核心化，未来的社区居民主体在家庭中能够建立情感联结的对象越来越少。与此同时社会分工愈加细化，新兴信息技术、人工智能等技术日新月异，使得未来的社区将呈现为现实与虚拟、本土与外来、移出与迁入、长者与幼者同时存在的复杂化、差异化图景，而于此图景中求共生和包容，正是未来社区治理的关键要旨，也就是说合作在未来只会比今天更重要。因此，保持人与人之间那份真诚的情感联结，也将使我们看到更加互信、合作的有温度的社会网络的前景。

第三，以提升居民社区参与的主体性来增进社区认同和归属感。主体性的感知建立在对观点与情感感受、表达规则的自由把控上，作为社区成员的居民在社区相关事务中获得了情感表达的机会且这种表达被感知、体悟到，那么居民自身即会产生被重视感，这种被重视感将直接强化居民参与决策的意愿和行动。其实，互动中的每个节点并不仅仅关涉他人，更与自我本身发生关联，尤其表现在理想与现实之间。[②] 社区情感治理的意义不仅致力于对社区社会网络的重建、社会资本的链接、社区归属感和凝聚力的提升，更以提升个体化背景下个体、群体的情感满足、精神愉悦作为重要目标，着力找回“居民”作为“人”在社区治理中的角色，也是对内生发展（endogenous development）[③] 理念的一种尝试。在居民与居民、居民与社区工作者之

---

① Scheve C.，“The Social Calibration of Emotion Expression：An Affective Basis of Micro-social Order”，*Sociological Theory*，2012，30（1），pp. 1 – 14.

② Silver D.，Lee M.，“Self-relations in Social Relations”，*Sociological Theory*，2012，30（2），pp. 207 – 237.

③ 该理念（理论）认为发展应该是以区域内人的基本能动性为前提的一种均衡发展，作为基本手段的开发要充分注意环境及民众生活质量的改善，其决定权在于现地民众而不是开发主体的政府及企业。参见张文明《新型城镇化：农村内生发展的理论解读》，《华东师范大学学报》（哲学社会科学版）2013 年第 6 期。

间的互动过程中，情感发挥着联结他人与联结内在自我的重要作用，理想的公共参与与现实的社区参与相接近的情形下，个体自我的一致性和对他人的理解性随之提升，作为主体的社区居民与社区工作者将同时加深对社区的认同感，人们彼此学会尊重他人与自我尊重，获得一种鲜活的责任感，懂得对自己和他人的权利进行正确的估价，形成自我管理的技能与习性，并学会服务于他人。①

与国外的社区发展运动类似，社区情感治理也代表了“中国体验”对现代化过程表征出的现代性因素的本土性回应。可以说，较长时间内，在全球化力量的推动下，世界各国、各地区处于一种动态的同质化、“被同质化”与“反同质化”的进程中，面对同时展开的不同谱系的现代化景观，不同文化主导的不同区域做出了源于自身、适合自身的回应，我国近些年来的改革实践既不照搬国外经验又能不断保持更新状态，正是这种持续性回应的表现。

三 总结与反思：社区情感治理的挑战与未来

改革开放以来，经济体制转轨与社会结构转型不断加剧了对国家—社会同构关系所赖以生存的制度因素的消解，尤其是单位制解体、政府职能转变和现代企业制度的确立，大量单位人转变成社会人，人口跨区域流动骤增，亟须发挥社区的中间转换作用来填充“国家—社会—个人”这一纵向社会治理体系的真空。② 社会转型预示着诸多可能性的发生，置身于转型社会背景中的社区治理不需要也不能一味地因循以理性为出发点的制度、技术理路，而应该尝试更多其他有效的治理路径，避免各种“二律悖反”现象的发生。③ 对人及其情感的重视是社区治理的应有之义，而非对资本和权力的一味追逐，就此而言，社区情感治理在当下中国城市发展与社会治理中具有特别的

① 成伯清：《社会建设的情感维度——从社群主义的观点看》，《南京社会科学》2011年第1期。

② 文军、吴晓凯：《社区协商议事的本土实践及其反思——以上海市普陀区“同心家园”建设为例》，《人口与社会》2017年第1期。

③ 文军：《城市更新的社会文化基础及其张力》，《探索与争鸣》2017年第9期。

意义。在社区治理中恰当发挥情感的作用，有助于社区公共资源的集聚，促进社区资源的合理化配置；有利于使居民在对社区工作者团队形成认同的基础上，逐步内化社区共同体的意识并采取合作行动；社区情感治理的关键在于形成坚韧的情感联结，面对社区事务和难题，情感联结能够发挥润滑剂和调节器的作用，使得整个社区治理具备一定的韧性和弹性。然而，社区治理具有一般性的原则框架，但是并不具备标准化的答案，特别是在社区治理的操作层面。[①] 可以预见，社区情感治理在实践层面将会遇到一系列操作性挑战：

第一，如何处理好作为科学的技术治理与作为艺术的情感治理之间的关系？谈及情感，很容易使人联想到"人情社会""关系社会"等本土词汇，人们日常生活中使用这些词语的时候通常带有一定的贬义色彩，因此运用情感治理很容易和"人治"混为一谈，更何况两者的边界并非恒定或刻板的，而是富有弹性的，这就需要社区治理主体能够具有区分边界的能力，同时需要处理一系列伦理议题，除了最基本的法、理、情的关系，还有作为个体的人与人之间的关系与界限，特别是社区工作者与居民之间的专业界限。在新的社会条件下，要以更加细致、更加制度化的、居民可接受的方式回应居民社会关切，巩固社区工作者与居民之间的情感联结。[②] 情感与制度的关系并非简单的非此即彼、一方压倒另一方的制衡关系，而是可以维持两者之间的动态平衡。[③] 可以说，同社会工作一样，社区情感治理具有科学理性和艺术情感的双重特性。

第二，在尝试情感治理的过程中，如何处理好公共与私人这组范畴之间的关系？水能载舟，亦能覆舟。情感是流动性的，因而能够将宏观社会结构与微观个体行动勾连到一个完整的、流动的体系中，但也正由于作为关系脉络中重要要素的情感具有流动性，才需要引起我

---

① 吴晓林、郝丽娜：《"社区复兴运动"以来国外社区治理研究的理论考察》，《政治学研究》2015 年第 1 期。

② 何雪松：《情感治理：新媒体时代的重要治理维度》，《探索与争鸣》2016 年第 11 期。

③ 此处援引了翟学伟教授的论述，并将其文中的"人情"替换成了本研究中的"情感"。参见翟学伟《人情与制度：平衡还是制衡？——兼论个案研究的代表性问题》，《开放时代》2014 年第 4 期。

们的另一个警惕——即如何正确且恰当地处置公私关系。身处绵延的关系文化传统脉络中的国人，往往将一个完整的自己一分为二，即公己（public self）和私己（private self），两者之间的界限经常处于模糊、混淆的状态，同时西方语境中的“特殊主义”与“普遍主义”的边界到了中国情境下也并不清晰，这便形塑了中国式的“普遍的特殊主义”①。再加上情感本身的特质，社区治理过程中我们更需要对情感的公共性与私人性有所区分，如情感的成分、情感表达的场合、情感表达对象的定位等，这些都考验着我们为公私划界、参与社会治理的能力和素养。

第三，如何施行情感治理使其免于沦为“情感控制”？现实实践中的情感很可能被施为者（giver）作为另一种工具或手段而达成社会控制的目的，为工具理性所俘虏。事实上，无论何种治理方式或模式，其过程与效果都取决于施为者、参与者内心的理念——究竟是以人为本的治理还是以物、权为本的治理。一旦固守社会控制的维稳思维，情感最终可能沦为治理工具甚至导致人际关系的进一步恶化，而情感则演化成“谎言的帷幕”。

第四，社区情感治理如何规避理想主义或功能主义等怀疑或指责性标签？确实，在充斥着“道德滑坡”“信任危机”等负面情感判断的今天，论及情感治理很容易招致“理想主义”的标签，但是需要我们扪心自问的是，难道“恶劣”环境中就不能倡导看似“理想化”的行动，更何况这种“理想化”行动业已具备了社会文化基础。另外，我们也知道，社会的进步或社会动力学的机制并不唯一，不仅包括那些激进的社会革命甚至变革，需要铿锵刚强的冲突论和批判论范式的支持，同样社会的发展也是在流水无声中循序进行着。因此我们不应该带着既定的预设，否定任何一个促进社会发展、变迁的可能路径。

---

① 中国人讲自己分为两个层次：“公己”可以随人际作用而调节，“私己”则不必因为他人的影响而改变；“公己”主要是对他人“演戏”的角色，“私己”则是对他人保密的自己；“公己”重应变，“私己”重稳定；“公己”作为一种角色要求，无法稳定也不需要稳定，而“私己”常听从“公己”的诸种要求，欲求稳定而无法做到稳定。参见李向平《当代中国的“私人信仰”陷阱》，《江苏行政学院学报》2017 年第 1 期。

需要坦诚说明的是，社区情感治理是工具理性之外的一种治理方式的探索，由于目前还缺乏透彻的实践检验，难以保证其在实践中是否如理论预设般可行，因此这一治理模式尚需付诸实践并加以检验。社区情感治理立足于本土实际，作为发挥本土内生力量的治理进路尝试，并不是唯一的合理模式。在未来的社区治理或者整个社会治理体系中治理模式将越来越趋于多元性、系统性和整体性，将理性的制度、技术与情感治理较好结合于一体的一种整合型的治理模式将越来越成为人们的选择。换言之，未来社区治理将会更加趋向多元化、立体式、复合型治理，这种多元性和立体性的趋势主要取决于转型时期社会整体的复杂性和社区内部的异质性。此外，就情感本身而言，未来社区治理甚至社会治理过程将可能更加重视情感的本体性意义，而不仅仅停留于功能性或功利性层面，“以情换情”，即通过改变情感在各个层面的社会生产过程而从整体上使社区乃至社会复归情感共同体，工具理性可能不再是治理领域中的主导思想，价值理性重新回归到人们的日常生活中来。再者，未来社区中的人们需要习得一项对于社区参与而言十分重要的能力素养，那就是对公共情感与私人情感进行恰当评估、划界的能力。公共情感渗透于制度设计体现了社区治理对“真”和“善”的追求，而私人情感贯彻于日常沟通中则体现了人们对社会“美”的追求，立基于社会事实基础上的辨清、评估公共情感与私人情感的成分而非主观臆断，并且结合自身所处的位置和角色在合适的范围内运用私人情感，这也是未来社区治理和社会治理中人们调整个人与社会关系所需的重要转变。

社区治理要从“善政”走向“善治”。“善政”仍然未脱离人治的范畴，因为其往往属于集权、精英主义与个人魅力的产物，而“善治”则是法治与社会协调的理想状态，因为其意味着分权、草根民主与公共精神相互作用的结晶。[1] 社区治理的核心在于塑造“人”，而且塑造的“人”是指向积极的社会存在而非被动消极的指令接受者。只有以人为本，才能增加社区的韧性，提升社区的复原力（communi-

---

① 黄晓军、靳永翥：《“善治”：一种社会和谐的美好愿景——“治理”范式下的现实挑战与未来设计》，《中共福建省委党校学报》2008 年第 6 期。

ty resilience）和未来可持续发展的能力。带入了情感想象和情感技巧的治理实践，才能真正诠释和体现出“以人为中心”的社区治理这一要义，才能最终凸显情感治理在国家治理体系中基本的不可或缺的、具有核心地位的价值。[①]

① 何雪松：《城市文脉、市场化遭遇与情感治理》，《探索与争鸣》2017 年第 9 期。

第十二章

城市社会治理的论争及其超越[①]

在“稳定取向”和“变动取向”两种城市观的张力中，城市治理陷入封闭与开放之间的内在两难。在“流动社会”来临的背景下，长期居于主导地位的地域性治理表现出治理限度，并持续地受到来自流动性治理的挑战。在中国的语境下，流动性是否正在重构城市社会治理的现实基础？流动性治理又是否能够成为超越地域性治理的替代性方案？城市选择何种治理模式来更好地回应经济社会的挑战，这本身需要在不断变化的社会现实和多元的治理方案中加以反思和讨论。

一　两种城市观与城市治理的内在两难

基于城市在全球化时代所扮演的重要角色，越来越多的政府政策和学术研究正在关注城市的总体性表现。[②] 从全球来看，城市区域（city-region）在全球政治经济发展中越来越成为重要的空间单元，[③]

---

① 本研究系国家社科基金重大项目“有序推进农业转移人口市民化研究”（项目编号：13&ZD043）的阶段性研究成果之一。本研究得益于与华东师范大学社会发展学院文军、华东理工大学社会与公共管理学院何雪松等教授于“城市发展与城市治理”高端论坛上的发言和讨论，受其启发，特此致谢。

② 城市的总体性表现涵盖了政治、经济、社会、生态环境等多面向的内容。

③ Purcell, M.,“City-regions, neoliberal globalization and democracy: a research agenda”, *International Journal of Urban and Regional Research*, 2007, Vol. 31, No. 1, pp. 197 - 206.

并被视为最能够培育和维持繁荣的理想规模。[①] 通过增加城市的有形和无形资产来加强其吸引力、竞争力和创新力，这种建立在城市区域之上的发展策略已经被现代国家广为选择，并由此形成了主导城市发展的区域主义（regionalism）取向。城市在驱动国民经济的竞争力和财富的同时，也集中地面临着公共问题的聚增。城市治理不仅旨在城市层面解决公共问题，而且旨在推进社会秩序和社会变迁。

不同国家和地区选择不同的治理模式和治理策略来应对城市所遭遇的经济社会挑战，[②] 其更深层次地蕴含了有关于“城市”的不同理解，并且嵌入于特定的权力关系和知识脉络之中。长期以来，城市研究中形成了两种相互关联但立场截然不同的城市观：一种称之为“稳定取向”的城市观，另一种称之为“变动取向”的城市观。稳定取向的城市观来自于主流的城市定义，[③] 与城市发展史中的早期城市发展特征相吻合，[④] 主要将“城市”理解为一个由地理边界构成的“空间固定物”（spatial fixity）或“地域固定物”（territorial fixity）。其中，“地域”被认为是城市空间和城市生活组织形式的中轴，城市内

---

① McCann, E., “Inequality and politics in the creative city-region: questions of livability and state strategy”, *International Journal of Urban and Regional Research*, 2007, Vol. 30, No. 1, pp. 188 - 196.

② Malecki, E. J., “Cities and regions competing in the global economy: knowledge and local development policies”, *Environment and Planning C: Governmentand Policy*, 2007, Vol. 25, No. 5, pp. 638 - 654.

③ 主流的城市定义将城市视为一个具有地域边界的实体，以土地和农业为基础。比如马克思曾经对城市发展做出解释：“在生产力发展的一定阶段上，总是需要有一定的空间，并且建筑物在高度上也有它一定的实际界限。生产的扩大超过这种界限，也就要求扩大土地面积。”参见《马克思恩格斯全集》第25卷，人民出版社1974年版，第880页。

④ 在历史上，“城市”是一个具有明晰边界的地理空间和社会空间。作为一个地理空间的城市有明确的地理边界，比如古代的城墙以及现代城市区域的行政边界，在物理空间上区分了可见的城市与农村的边界。由于古代城郡带有主导的政治性，围绕城郡的内外产生了标识政治身份的“野鄙”分野。比如在夏商周时期，城池往往就是一个国家。“邦中，在城郭者。”城市周围人口密度相对较低的地区被称为“野”或“鄙”，“野人”或“鄙人”人群区分主要依据的是国人身份而非社会经济身份。

在地域包含具有亲密性、相似性、临近性的地方空间。[①] 在过去几十年间，“流动”已然成为最鲜明的世界图景。[②] 伴随着人口流动的增加以及流动世界的多面展现，现代性的演进开启了人们对于城市的不同理解和想象，由此带来了另外一种具有竞争性的观点——“变动取向”的城市观。与稳定取向的城市观不同，变动取向的城市观批判性地改变了对于城市本质主义的认识。在本体论上，变动取向的城市观拒绝将城市视为一个固定、封闭、永久的空间“容器”，转而对其做出流动性和关系性的解释。它认为，城市生活和城市社会关系脱嵌（disembedding）[③] 于地理空间，流动和关系网络构成了城市的基础。从根本上而言，这两种不同的城市观来自于对于城市的本体论论争，其分野在于“城市”究竟是一种边界性的地域实体还是跨地方网络中的一个节点，究竟是一个独立运转的系统还是不断卷入到远距离的联系和影响之中？这两种具有张力的观点持续地存在于城市研究之中，后者瓦解前者的努力也并未轻易实现。

稳定取向和变动取向的两种城市观延伸至城市治理中，带来了两套立场不同却又彼此缠绕的治理逻辑，城市社会治理因此充满内在的张力与纠葛。基于稳定取向的城市观，城市社会治理内在地呼唤封闭的治理逻辑，目标导向于维护城市地域共同体的稳定性和整合性，因此突出地表现出治理的封闭特点。而基于变动取向的城市观，城市社会治理则内在地呼唤开放的治理逻辑，其目标导向于达成更有效率的资源流动来增强城市活力，因此突出地表现出治理的开放特点。城市社会治理的复杂性和难点在于，不仅要处理繁荣和发展的问题，也同

---

① 西方城市研究中经常出现两个中文词义相近的词：“地方”（local）和“区域”（region）。一般而言，“地方”和“区域”涉及不同的地理层级，“地方”的范畴要小于“区域”的范畴。地方层面主要是指邻里和居住的区，而区域层面主要是指城市区域。在西方的语境中，地方空间（local space）与全球空间（global space）相对，地方（the local）被视为一个具有亲密性、相似性、临近性的具体空间，而不是遥远的、虚拟的、异质性的抽象空间。

② 吴越菲、文军：《新流动范式：当代移民研究的理论转型及其论争》，《学术月刊》2016 年第 7 期。

③ 有关“地域脱嵌”的表述来自于：Castells, M., *The Rise of the Network Society*, Oxford. Blackwell, 1996；Giddens, A., *Modernity and Self-Identity*, Cambridge: Polity, 1991；Bauman, Z., *Liquid Modernity*, Cambridge: Polity Press, 2000 等。

时需要应对诸如安全、不确定性、社会风险以及社会整合等问题。问题是，城市社会治理究竟应当遵循封闭逻辑还是应当遵循开放逻辑？一方面是基于封闭性原则的边界捍卫，另一方面则是基于开放性原则的边界再造。在封闭还是开放之间，现实中的城市治理深陷困境，其突出地表现在城市在政治治理、经济治理、社会治理中存在的一系列两难选择（见表12—1）。

表12—1　城市治理的内在两难

基本面向	边界类型	边界争议	目标两难
政治治理	权利边界	谁是被制度化确认的成员（权利边界开放还是封闭）	政治绩效——政治稳定
经济治理	市场边界	谁是分享经济收益的成员（市场边界开放还是封闭）	市场效率——利益维持
社会治理	社会边界	谁是融入城市社会的成员（社会边界开放还是封闭）	异质性包容——同质性整合

城市是“城”与“市”的混合，决定了城市既有以权力为基础的治理内容，也有以市场为基础的治理内容。近年来，伴随着城市共同生活以及市民阶层的逐步形成，城市同时具有了以社会为基础的治理内容。① 政治治理、经济治理以及社会治理因此构成了城市治理的三个基本面向。然而，无论从理论还是现实来看，城市治理因内在逻辑的张力出现了治理的边界争议和目标两难。在政治治理中，城市权利边界究竟是开放还是封闭？谁能够获得制度化的市民身份始终充满争议，城市治理在政治绩效还是政治稳定之间面临选择两难；在经济治理中，城市市场边界究竟是开放还是封闭？谁才是分享经济收益的

① 值得注意的是，不能简单用“市民社会”的视角来考察中国的城市。中国城市自古有之，但并不存在西方古典意义上作为政治实体或经济实体的城市。马拥军认为：中国古代存在商业生活，但不构成共同生活。由于历朝历代实行重农抑商的经济政策，中国商人处于较低的社会地位。这使得中国历史上不可能形成西方古典意义上的“城邦市民社会”。参见马拥军《“市民社会”，“公民社会”，还是“城市社会”——生活哲学视野中的“城市社会”理论》，《东岳论丛》2010年第11期。

成员始终充满争议，城市治理在追求市场效率和利益维持之间面临选择两难；在社会治理中，城市社会边界究竟是开放还是封闭？谁才是融入城市社会的成员？城市治理在促进异质性的社会包容还是维持原有同质性的社会整合之间面临选择的两难。因此现实中的城市政策经常面临“促进—控制”两难、“普惠—特惠”两难、安全与繁荣目标之间的政策摇摆……

为什么一些治理实践表现出封闭性，而另一些治理实践却又表现出开放性？为什么城市治理在不同阶段表现出了封闭与开放之间的波动？流动性在新的社会条件下不断引导人们重新思考不同形式的流动究竟如何改变了社会内在结构。[①] 在城市治理的内在两难背后，隐藏的是流动性对社会、城市和国家的传统定义所发起的持续挑战。[②] 本研究从两种立场不同的城市观及其带来的治理论争出发，反思性地检视了城市社会治理中长期占据主导地位的地域性治理及其治理限度，并进一步阐述了当前“流动社会”来临的背景下城市治理的流动转向以及由此带来的治理论争。客观而言，当前城市社会治理对日益增强的流动性仍然未有充分准备。一方面，关于什么是治理、谁来治理以及如何治理的问题因主导的地域性假设已经受到了诸多思考局限。以往城市社会治理较多地关注于如何在特定地域空间中提升治理水平，而对于城市社会的结构性变动对治理产生的影响缺乏足够的关注。另一方面，正是在流动性形塑当前世界主要图景的时代背景下，仍然少有研究告诉我们长期居于主导地位的地域性治理如何在新的时代背景下回应流动性并将流动性纳入到城市社会治理体系中来，地域性和流动性之间的矛盾难以调和。在中国的语境下，流动性正在如何重构城市治理的现实基础？流动性治理是否能够成为超越地域性治理的替代性方案？城市又应当选择何种治理模式来更好地回应经济社会的挑战，这本身特别需要在不断变化的社会事实和多元的治理方案中

---

① John Urry, *Sociology Beyond Societies: Mobilities for the Twenty-First Century*, London: Routledge, 2000.

② Freudendal-Pedersen Malene, *Mobility in Daily Life: Between Freedom and Unfreedom*, Farnham: Ashgate Publishing, Ltd., 2009; Bauman Zygmunt, *Community: Seeking Safety in an Insecure World*, New York: Polity, 2001.

加以反思和讨论。

二 地域性治理的实践特征及其治理限度

长期以来，“城市”无论在理论上还是实践上都被认为是构成国家治理体系的重要地域单元，其突出地包含了三种地域特质：一是边界清晰的地域空间和行政空间，由地理边界和行政边界所划定，并且经由一系列政治性的领域实践（territorial practice）得到反映和强化；二是地域性的政治—社会共同体以及市民身份的制度化赋予，其中包含了与特定城市相匹配的地域性的权利和义务；三是作为中央—地方关系中的基层治理单元，城市为经济社会发展和政治动员奠定了地域基础。特别是在户籍制度的影响下，城市的地域特质通过制度化的分离、限制和封闭被凸显出来。对城市地域性的强调更深层次地根植于稳定取向的城市观中，来自于“城市应当是一个具有内在整合性的地域单元”这一规范性陈述，并且具有鲜明的地理政治学的立场。因此长期以来，城市社会治理主要是围绕城市的地域性来展开的。

当前城市社会治理常见于以复合的原则来输出治理模式，而不是绝对地选择一种，从而能够达成多种社会目标。但是在中国的语境中，城市治理的基本原则仍然主要建立在地域基础上。城市治理依赖于一套以地域为基础的治理体系，并突出地表现出地域性治理的实践特征：第一，主要以行政性的地域联系来搭建城市社会治理的基本架构。在城市中自上而下地形成了以“市—区—社区”为基础的治理格局，社会治理被板块化为若干个地域单元，治理在空间上被逐层切分和固定化。特别可以看到，基层社区在当代中国的城市社会治理中扮演重要角色，社会的“社区化”[①] 使地域在社会治理中的重要性一再被强调，并借由一整套空间治理技术将地域性推向治理的中心，比如城市社区治理中实行的网格化管理、院落—楼道治理、区域化党建等，都试图建立起城市社会治理的地域架构。第二，主要形成了以地域为基础的公共服务供给和城市福利获得模式。90 年代以来的财税

---

① 夏学銮：《从社区社会化到社会社区化》，《社区》2001 年第 2 期。

体制改革改变了中央—地方处置地方税收的规则，使地方政府成了一个自给自足、相对独立的财政体，激励地方政府在追求地方经济发展方面主动性的同时，[①] 也赋予了地方政府在地方经济社会活动上更大的配置、管理、计划和调控能力，地方政府由国家的代理机构转向独立的利益主体，并开始对城市资源的分配承担直接责任。[②] 在央地关系调整的背景下，城市公共服务供给和城市福利获得更加突出地具有地域导向。城市资源形成了对内且封闭的分配模式，比如制度化地进行人群分类（市民—准市民—流动人口），并差异地赋予城市资源。城市社会治理中的一系列社会服务项目也主要用于提升地方福祉。第三，主要以选择性进入来进行地域的社会边界控制，强调地域的稳定性。城市社会治理的基本价值浸透在稳定话语之中，其突出地表现在城市对外来流动人口的警惕、调控和管理上。城市人口的流动性程度极大地受到制度的影响，基于地方利益形成了对于城市进入的选择性控制，[③] 从而使一些人获得流动机会而限制另一些人。[④] 中国长期以来就有编户齐民的人口治理传统，户籍制度对城市外来人口形成了强有力的进入限制。即使在户籍制度改革的背景下，城市仍然表现出对于成员的选择性。比如特大城市一方面通过制定人口红线限定人口上限、降低人口迁移速度和规模；通过清理市场、开展"五违一治"等城市治理行动，抑制了一部分人群向特大城市的流动。另一方面，通过一系列政策来促进另一部分具有定居能力的流动人口在城市的稳定化。第四，主要依托地域范围内的权力关系来形成城市社会治理的主体结构。"条块结合，以块为主"的城市社会治理主要依赖于地域范围内高度中心化、相对稳定的权力安排。在治理主体上形成了地域性行政体系带动地域内多元治理主体的联动和合作，水平层面的社会

---

① Lin Justin Yifu, Liu Zhiqiang, "Fiscal decentralization and economic growth in China", *Economic Development and Cultural Change*, 2000, Vol. 49, No. 1, pp. 1 – 21.

② 有学者用"地方政府的城市化"来形容中国城市化背后的主体作用的改变。参见 Hsing You-Tien, *The great urban transformation: Politics of land and property in China*, New York: Oxford University Press, 2010。

③ Balibar, E., *Politics and the other scene*, London: Verso, 2002, p. 84.

④ Hyndman, J., *The Geopolitics of Migration and Mobility*, *Geopolitics*, 2012, Vol. 17, No. 2, pp. 243 – 255.

治理网络主要局限在地域内，落脚于地域事务的处理，并且主要在地域范围内完成治理权力和资源的配置。

地域性治理将“地域”视为城市社会治理的中心，其前提假设来自于稳定取向的城市观，即将城市视为一个装载城市社会的“地域容器”，并旨在达成人与人之间、人与城市之间的稳定关系和整合水平。地域性治理成为城市社会治理的主导取向，这与改革开放以来治理的“去中心化”进程相关，并且具有实践上的合理性。改革开放以来中央—地方关系的变化带来地方主义的兴起，并且不断巩固地域性治理的权力基础。地方政府的重要性和区域发展的能动性[①]开始在治理实践中占据重要地位。以地域性为基础的城市治理具有三重重要意义：一是保持地方控制力。“城市”作为一个分权下的地方行政单位，其发展并不是一个政治中立的过程。[②] 地方政府作为一个政治实体，主要基于优先的政治利益和社会利益来进行社会规制，其需要建立在一个相对具有稳定性、功能性、独立性的权力和资源分配体系之上，因此具有对城市社会的稳定性和边界维持具有政治性的内在要求。二是增强经济回报。城市作为一个资源和权力聚集的特定空间，其运作的必然逻辑是限制过多人的进入以避免资源的过度分配，而使组织活动更有效率。三是维持本地社会的整合。由城市社会成员共同构成的生活共同体和利益相关体，具有天然的团结取向，通常表现出对外来者的抑阻。[③] 新来者的进入意味着对既有利益相关者结构和社会网络联系的冲击，也同时会对城市社会的同质性造成挑战。也正因如此，地域性治理在城市社会治理中长期占据主导地位。

然而，在过去的几十年间，伴随着全球化的浪潮，人口、物品、资本、信息的流动正在显著地改变人们的生活以及社会形成的组织方

---

① 在这里，需要区分领域（territory）和区域（region）两个概念。是领域的，一定是区域。而是区域的，并不一定是领域。“领域”与其他区域最大的差别是具有边界和人口控制的资源。因此，“领域”具有政治性，是选择性空间策略建构的产物。参见 Anssi Paasi，“Territory”，in John Agnew，Katharyne Mitchell and Gerard Toal eds.，*A Companion to Political Geography*，Oxford：Blackwell，2003，pp. 109 – 122。

② Boone，C.，*State building in the African countryside*：*Structure and process at the grassroots*，*Journal of Development Studies*，1998，Vol. 34，No. 4，pp. 1 – 31.

③ Aydalot，P.，*Milieux Innovateurs en Europe*，Paris：Gremi，1986.

式，“流动社会”的来临正在广泛地被认可。问题是，地域性治理是否能够应对社会生活和社会基础的变动，这本身是一个需要反思的问题。事实上，城市中日益剧增的流动性正在对传统的城市治理方式发起全面的挑战，地域性治理尽管具有其必然的实践逻辑，但也因其地域性特点而面临诸多方面的治理限度：

第一，地域性治理难以充分回应社会生活和社会组织方式的“脱域性”。客观而言，以地域性为基础的城市治理方案在处理超地域的问题上缺乏综合处理能力，并且对于空间内社会关系的多重性和变动性缺乏足够的感知能力和回应能力。① 在当代社会，城市人口开始超越地域社区，而广泛地进入到跨地区组织、全球人口流动以及虚拟空间中来。社会生活中的流动性呈现出越来越多的形式和能动性。城市人口无论在社会生活还是在身份归属上都具有了更多选择空间，② 选择性进入、选择性参与、选择性依附成为城市社会生活的新特点。地域认同只是成为现代人身份认同集合中的一种，地域也只是成为身份认同形成的要素之一。身份认同可以来自于某一个地域，也可以来自于其他地域，也可以来自于非地域。对此，稳定而同一的治理方式就难以回应社会生活和社会组织方式脱域背景下的流动选择性。③

第二，地域性治理难以充分回应不同人群流动性获得的差异。不同群体与流动性之间具有不同的匹配关系。④ 流动社会到来的一大社会后果就是流动性获得的群体差异，城市社会出现空间的极化和社会阶层的分化。⑤ 一方面，地域已经无法成为群体划分的唯一标准，同

---

① Amin, A., “Regions Unbound: Towards a New Politics of Place”, *Geografiska Annaler*, 2004, Vol. 86 B, No. 1, pp. 33 – 44.

② 从主体的角度而言，流动性本身可能成为行动者自我保护的关键策略，而这恰恰未被国际保护所识别。参见 Cindy Horst, Anab Ibrahim Nur, “Governing Mobility through Humanitarianism in Somalia”, *Development and Change*, 2016, Vol. 47, No. 3, pp. 542 – 562。

③ 比如在大都市中出现了一批城市精英，他们有非常强的国际化取向，然而对于地方参与和地方义务则并不热心，这些人群难以真正被吸引到地域性的治理网络中。

④ Massey, D., “Power-geometry and progressive sense of place”, in J. Bird ed., *Mapping the Futures: Local Cultures, Global Change*, London and New York: Routledge, 1993, pp. 280 – 288.

⑤ Sack, R. D., *Human Territoriality: Its Theory and History*, Cambridge: Cambridge University Press, 1986.

一个地域社区内的成员并不具有必然的同质性，而不同地域社区内成员却可能具有同质性。流动性的产生已经极大地动摇了地域内社会的同质性和社会团结的必然假设，地域性治理因此将面临更大的治理难题。另一方面，当地域性不再成为社会生活唯一的组织方式，地域性治理对于获得更高流动性的群体将更有可能束手无策。比如一些活动范围和资源获得能力超越本地社区的中上层人士，他们在社区义务和社区参与方面的意愿和实际行为都表现出较强的疏离性。①

第三，地域性治理难以充分回应城市人口和社会文化的多元性。②城市在吸引人口、商业、投资、服务的同时，也因流动性的剧增而带来了城市人口和社会文化上的多元性，从而打破了城市内部身份、认同、文化的同一性。对于城市治理构成巨大挑战的是，城市治理如何在同质性和异质性之间获得新的平衡。在流动社会来临的背景下，地域性治理在识别和回应不同群体的需求差异性方面将集中面临以下挑战：其一是治理资源的地域局限，仅仅依托地域内部的资源在应对需求差异方面存在限制，因为城市成员的需求可能指向地域之外。其二是治理主体的地域局限，治理主要向地域内治理主体（具有制度合法性的地域成员）的开放。城市制度化地判定了市民—准市民—流动人口，这种人群的划分遵循于边界性的空间假定，其中流动人口主动或被动地游走于城市治理之外。未来大都市可能迎来更多元的人口，而边界性的地域空间仍然持续地在制造边界，呈现出对于社会多元性的包容不足。

第四，地域性治理难以充分回应城市人口生命历程和城市社会的变动性。现代生活越来越充满弹性、反思性和个体化特征，个人的流动性不仅受到特定情境的影响，也因生命历程中的重要事件而产生变动性。这种变动性带来的直接后果就是地域认同和依附的重要性和唯

---

① Bauman、Castells 以及 Lasch 等都对这一问题有所担忧，具体参见 Bauman，Z.，*Globalization*：*The Human Consequences*，Cambridge：Polity，1986；Castells，M.，*The Rise of the Network Society*，Malden：Blackwell，1996；Lasch，C.，*The Revolt of the Elites and the Betrayal of Democracy*，New York：W. W. Norton & Company，1995。

② Elisabeth Ivarsflaten，"Threatened by diversity：Why Restrictive Asylum and Immigration Policies Appeal to Western Europeans"，*Journal of Elections*，*Public Opinion and Parties*，2005，Vol. 15，No. 1，pp. 21 –45.

一性正在瓦解。当前地域性治理在面对城市社会和城市人口的变动性方面仍然存在治理能力上的不足。现代都市人口多地居住、国际移民、远距离通勤、流动人口在城市中数量庞大，人口流动性的增加使城市人口具有了更多的模糊性以及政策上的不可见性。地域性治理的大量治理成本用于监测流动人口，并在许多公共服务的供给上面临人户分离的窘境。然而，地域性治理开始在地域中“看不到人”，对人口变动的动态缺乏捕捉能力。在应对城市人口和城市社会的变动性上，完全依靠地域性治理很难形成应对城市流动性挑战的空间策略和技术，城市治理与不断变化的社会流动之间还没有形成很好的匹配和适应。

有必要进行反思的是，传统城市社会治理所依赖的地域单元是否还能够成为治理的有效载体？或者说是否能够带来充分的治理效能？这一问题正在被越来越多的研究者所质疑。伴随着信息化和全球化的时代进程，城市更多地参与到全球市场体系、全球公民社会以及全球治理体系中，城市正在不折不扣地成为经济塑造者、政治革新者、外交推动者和国际体系变革者，[①] 这已经超越了传统意义上对于城市功能的想象。超越于地域的社会组织原则正在形成，并对传统城市社会治理的基础假设构成冲击。基于对地域性治理中基本假定的反思，也基于对当前经济、社会发展所产生的新空间需要的追求，在城市治理中开始形成了另一种具有竞争性的理论观点和治理方案——流动性治理。

三　城市治理的流动转向：一个替代性方案

在过去的十几年间，“流动性”已经变成了社会科学研究中的一个核心主题，人们普遍地认识到全球化时代人口流动、文化联系、经济互动、超越于地方的商务网络、媒介和虚拟网络对地域单元所带来的基础性变革，有关城市、社会、国家的传统定义在跨学科的语境中

① 汤伟：《超越国家？——城市和国际体系转型的逻辑关系》，《社会科学》2011 年第 8 期。

持续地被再评估和再概念化。从全球范围来看，现代城市已经无法与流动性相分离，流动性正在塑造现代城市生活的基本特质。与稳定取向的城市观不同，城市研究中形成了一系列强调流动特征、网络特征的新观点：在现代城市中，城市发展和城市生活极大地依赖物质和技术网络。一系列基础设施网络（资源网络、信息沟通网络、交通网络等）在物质层面为人口、资本、信息的流动奠定了网络基础。城市本身成了一个能够超越地域的现代网络城市（modern networked city）；① 城市生活变成了一种超地域的社会实践过程。人和制度进入到各种远距离联系之中，人类活动时空中的延展能力前所未有地拓展，社会生活开始与地域相分离；全球范围内的城市都广泛地显示出与其他城市或地区的联系。地域性的文化、历史、制度也都开始卷入全球政治经济体系中来。超越于地域的行动者网络、管理组织形式在新的时空条件中不断变化和生成。为此，有必要在新的经济社会背景下去重新检视一种“流动的城市性”。

在社会学的视阈中，“流动性”（mobility）具有两个不同层面的含义：第一个层面是作为一种社会位移现象的流动性，涉及人在地域空间和社会空间中结构性位置的变化，主要包括居住流动性（长距离的流动和短距离的流动）以及阶层流动性（向上的阶层流动和向下的阶层流动）；第二个层面是作为一种隐喻的流动性，指向更深层的社会结构生成。在认识流动性的问题上，权力视角逐渐取代地域视角，权力关系的变化不断生产和再生产出社会结构，也即将流动性重新概念化为一种关系实践（relational practice）。② 从这一意义上来说，流动性不仅仅是社会形态的一个要素，而且是主宰我们经济、政治、社会、文化生活的一种过程表达。③ 从理论上来讲，有关流动性的认识重新为理解城市提出了一种新的路径，由此改变了城市治理赖以形

① Steve Graham, Simon Marvin, “Splintering Urbanism: Networked Infrastructures”, *Technological Mobilities, and the Urban Condition*, London: Routledge, 2001.

② Rory Coulter, Maarten van Ham, Allan M. Findlay, “Re-thinking residential mobility: Linking lives through time and space”, *Progress in Human Geography*, 2016, Vol. 40, No. 3, pp. 352 – 374.

③ Castles, S., “Migration and community formation under conditions of globalization”, *International Migration Review*, 2002, Vol. 36, No. 4, pp. 1143 – 1168.

成的知识基础。从现实上来讲，城市流动性的激增将引发社会不平等、阶层分化、环境退化、日常生活不确定性以及社会秩序失控等一系列风险问题。因此，流动性无论在政治、经济还是社会方面都是城市社会治理必须回应的关键问题。

在近 20 年的时间里，城市理论围绕"流动性"展开了自我反思和再造，城市治理也正在经历"流动转向"，并倡导以变动取向城市观为基础的流动性治理。与流动性所具有两层含义相对应，流动性治理具有双重含义：以流动性为对象的治理（Governance of mobility）和以流动性为手段的治理（Governance through mobility）。前者指向作为一种社会位移现象的流动性，致力于捕捉人类活动的动态性，对其中蕴藏的人与地点、人与人之间的关系变动给予充分的制度和行动回应；而后者则指向一种关系实践过程。在此意义上，流动性治理并非是简单将"流动性"问题化为城市治理的对象，而是将流动性本身确立为城市治理的重要立场和特征。或者说，流动性治理在根本上试图建构城市治理的流动范式。以下，笔者将从本体论假设、治理结构、治理手段、治理导向及其带来的社会后果五个方面来比较地域性治理和流动性治理的差异：

表 12—2　　地域性治理和流动性治理的比较

	本体论假设	治理结构	治理手段	治理导向	治理后果
地域性治理	地域性假设	地理政治	资源—权力下沉	目标导向	排斥性群体关系 单一空间建构
流动性治理	关系性假设	联系政治 传递政治	行动者网络 政策流动性	过程导向	包容性群体关系 多重空间建构

（一）从治理的本体论假设来看

地域性治理建立在对于城市空间的地域性假设基础上（territorial assumption），而流动性治理则提供了一种关系性假设（relational assumption）。[①] 关系性的假设反对给城市以本质主义假设，认为城市并

① Massey, D., *The Political Challenge of Relational Space. Introduction to the Vega Symposium*, Geografiska Annaler, 2004, Vol. 86 B, No. 1, p. 3.

非一个天然存在整合的地域和系统，而认为城市是由空间中不间断的流动和联系网络构成的，城市具有孔状的结构特点而不是一个封闭的地域空间。因此，前者将城市描述为具有确定性、稳定性、同一性和封闭性的空间，而后者将城市描述为具有不确定性、动态性、异质性和开放性的空间。

（二）从治理结构来看

地域性治理主要建立在以行政边界框定的地域单元之上，在治理结构上主要以地域内的权力架构为基础，治理过程中的主体参与和资源涉入都强调地域边界，从而形成对内的开放和对外的锁闭。流动性治理则强调用网络来替代地域单元，在治理结构上形成了"联系政治"和"传递政治"的特点。联系政治也即强调在城市治理过程中对地区内外权力和资源的整合，将治理的重点放置在城市内部、城市之间以及不同空间规模之间的网络和联系上①，并且在治理主体的参与和资源—权力的涉入方面都表现出超越地域的开放性。传递政治则强调在城市治理过程中促动资源和权力在网络内的流动、交换和互惠。因此在治理结构上，流动性治理不仅对外来者保持开放性，对于资源和权力的变动性和多元性也保持足够的开放性。

（三）从治理手段上来看

地域性治理在解决地域内部的经济社会事务的过程中所采用的治理手段仍然保持相当程度的管理特征。在治理手段上主要依靠自上而下的资源—权力下放。其中，行政性的资源和权力成为城市治理实践开展的主轴。而流动性治理在治理手段上则依赖于行动者网络（actor-network）和流动性政策（mobility policy）。行动者网络提供了一种在多元行动者之间达成关系的治理手段，包括近距离—远距离、内部—外部、现实—虚拟、人—物的不同形式的网络。城市流动性政策

① McCann, E. J. and Ward, K., *Relationality/territoriality: Toward a Conceptualization of Cities in the World*, Geoforum, 2010, Vol. 41, No. 2, pp. 175 - 184.

则试图发展出一整套提升政策流动性（policy mobility）的方案，一方面致力于具有弹性结构的治理模式，能够就公共议题形成快速而有效的合作治理；另一方面培育出更具有流动性的城市政策和发展策略，以促动更快速的知识、技术、信息、资源传递。

（四）从治理导向来看

地域性治理框定了地域性的政治、经济、社会利益，集中于用地域性的资源—权力关系来针对性地解决地域内部所遭遇的政治、经济、社会、文化等挑战。因此地域性治理具有更强的目标导向特点，其主要目标是解决地域内部的公共事务，对地域内的资源和权力进行分配，对地方秩序进行规制，促动地区发展和地方福利的提升。而流动性治理试图穿透城市社会治理的地域边界，转而将治理的基础放置在不受地域边界框定的网络之上。相对而言，流动性治理更多地具有过程导向，聚焦于在更具有联系性和传递性的网络建构中提升城市居民对于资源和权利的可及性，更加强调治理过程中的互动和合作。

（五）从治理的社会后果来看

不同治理模式所带来的社会后果主要体现在对城市空间和社会关系的改造两个方面。地域性治理实践试图以地域单元为基础，建构具有政治、经济、社会、文化复合的单一空间。但是由于强调地域内部的稳定性、整合性以及地域边界，由此带来的可能后果是形成排斥性的社会关系。地域内部的社会网络和社会资本通常被正面化地表达，但是过多的地域整合有可能因不断巩固的群体边界给其他群体带来排斥。[①] 流动性治理消解了以地域单位来承载多重整合的可能。流动性治理将城市社会治理扩展到地域空间之外，建构出地域、政治、经济、社会、文化并列的多元空间，其可能相互重叠，可能相互交织，也可能相互分离。由于打破了地域的主导性，流动性治理所追求的治

---

① 吴越菲、文军：《从社区导向到社区为本：重构灾害社会工作服务模式》，《华东师范大学学报》（哲学社会科学版）2016 年第 6 期。

理开放性和治理流动性为城市社会可能带来更为包容的社会关系，同时也为不同的社会群体在多重空间中的多栖性开拓了更宽广的治理空间。

可以看到，流动性治理在全球化时代全面开启了对地域性治理的治理和重构。问题是，这是否意味着流动性治理在未来的城市治理中会成为一个替代性的方案呢？确实能够看到，在全球化的背景下，建立在地域基础之上的制度建构和治理实践确实面临着诸多治理限度，尤其是处理非地域问题方面缺乏有效的回应能力。不可否认，当代社会中的人、观念、信息、资源的跨边界流动无论在形式上、频率上还是强度上都超越了任何一个时代，以至于全球化扬言要创造一个无边界的全球村。然而，全球化在打开地域边界的同时，并没有使世界迎来无边界的流动状态，亦没有形成完全超越地方利益的开放网络。实际上，在流动社会来临的背景下，地域仍然是理解当代社会重要的概念。可以看到，流动性的增强并没有彻底消解地域在组织经济社会生活中的重要性。相反，地域仍然在居住、权力保存、集体记忆延续、情感建构四个经验维度上启动人们对于城市社会的归属和依附。换句话说，地域仍然是能够形成社会性、政治性、文化性和情感性的有效空间载体。按照新区域主义者的看法，“地域”是社会生活中永久性的角色。但是，这并不意味着城市应当永久性地被视为一个边界地域空间。流动性提醒我们需要看到当前城市发展的基础越来越依赖于地方社区和城市区域之外的社会实践和社会进程。因此从这一角度上来说，流动性正在重新阐述“地域”，而不是简单地替代“地域”。

因此，由地域性治理和流动性治理构筑的治理论争并非意味着地域性治理的必然式微，两者并不是一种此消彼长的关系。简单地在两种城市观和城市治理逻辑间去进行选择并没有实际意义。更值得思考的问题是：经由地域所定义的城市治理策略是否能够以及如何能够在新的社会发展条件下去更好地回应流动性并超越地域性治理的局限。笔者认为，地域性治理和流动性治理应当被视为具有不同侧重点的治理模式或者是两种可被用于提升城市治理效能的资源，而不是“稳定—变动”“封闭—开放”之间的逻辑对立。

四　超越“地域性—流动性”的论争：总结与讨论

城市治理中所遭遇到的最大难题根植于自身具有内在张力的知识体系之中。一种规范性陈述认为城市发展的重要目标是创造一个经济上更强、更具有竞争力且具有相当程度自治能力的地域实体。然而另一种规范性陈述则认为城市的地域基础已经失去了本体意义上的确凿性。城市越来越嵌入到各种形式的流动网络中，城市发展的重要目标是在全球城市网络中成为一个更强有力的节点。在这两种规范性陈述中，城市治理表现出在理论和实践上的内在两难。

事实上，地域性治理和流动性治理的分歧不可避免地延伸至对城市现代性（urban modernity）的讨论上。相较于以往占据主导地位的稳定取向城市观及其带来的地域性治理，近年来关系主义城市理论的发展带来了对于城市现代性的另一种判断——流动的城市性，并且进一步带来流动性治理的倡议。不可否认，地域性治理较少地给予城市一个发展的语境。当代中国社会已经日益凸显出高流动性的特征，其中尤以城市地区的流动性最为活跃。可以说，城市的流动性现象对于任何城市的治理而言都是必须直面的挑战。如果说地域性治理展现了“地域”是如何构成城市治理的基础，“地域”又是如何被用于城市治理的话，那么流动性治理则会在当代社会展现“流动”是如何构成城市治理的新基础，而“流动”又是如何被用于城市治理的变革。在国家层面、超国家层面以及次国家层面都面临着当代社会的流动性带来的挑战，流动性治理对传统城市社会治理发起的挑战正在宣告与“地域”相关联的价值、态度和生活方式正在经历一个“去中心化”的过程，并不断产生出多元的治理方案。

本研究在系统梳理地域性治理和流动性治理之间的治理论争基础上试图去回答这样一个问题，从传统的地域性治理到当下的流动性治理，是否是一种替代式的治理革新？值得肯定的是，从地域性治理到流动性治理，确实给予了我们一个重新对城市展开想象的机会，也拓宽了我们对于创造城市活力的空间。但是需要看到的是，流动性治理本身也面临诸多争议和批评。比如，流动性治理强调政策的传递性，但是对于其中的政策传递的失败和其他中断流动性的意外后果并没有能够解释（比如新政策为什么没有被接收）；城市政策流动性对自己的命运也缺乏明晰的认知，这也直接带来了方法论上的模糊；流动性治理所依赖的本体论认识也同样被怀疑，所谓的网络本体被认为未能抓住当代城市的多样性和虚拟性。[①] 关系主义的理论并不想加入到不同城市的城市地理之中，而是想让城市地理看到差异性。流动性治理由于强调空间的联系性和流动性，模糊了其中的中心—边缘关系。同时，流动性治理强调扁平化网络中的互动和合作，但对于其中的支配、主导、依附关系没有很好的说明。

为此，简单地在两种城市观和城市治理逻辑间的争论中去进行选择并没有实际意义。值得说明的是，从地域性治理到流动性治理，并不意味着流动治理中全然抛开以地域为基础的治理结构，也并非意味着在流动性的社会中地理空间的解体。当下城市发展中正在产生传统治理方式下难以覆盖的新空间，基于流动性形成的城市网络难以被地域逻辑下的城市社会治理所捕捉。因此，城市社会治理中应当考虑并纳入流动性的治理逻辑。事实上，地域性和流动性不应该被视为相互对立和排斥的概念。相反，在现代社会，地域性和流动性正在以前所未有的方式彼此交融，并且同时存在于人们的日常生活中。在相当长的时间里，地域性治理和流动性治理的关系如地方与全球的关系一样一体两面地出现。流动性的增强一方面打破了传统的地域空间，另一方面也为地域空间的再造提供了新的时代机遇。流动性不是脱离地点的流动，而是人、地点、流动性之间持续地构成了情境性的关联。事实上，许多经验研究也在解释人口的流动性与地域依附之间共存的可能。事实上，流动性和地域性之间的关系十分复杂，远超于此消彼长的对立。流动人口也可能长期保持地域性的联系；流动性本身可能产生一种地域联系；地域性的联系中可能滋生出流动性并且需要不断连

---

① Smith, R. G. and Doel, M., "Questioning the Theoretical Basis of Current Global-City Research: Structures, Net-works and Actor-networks", *International Journal of Urban and Regional Research*, 2001, Vol. 35, No. 1, pp. 24 – 39.

接流动性……

因此城市社会治理的真正超越不是简单来自于流动性治理对地域性治理的颠覆，而是来自于在地域仍然作为政治、经济、社会生活的重要载体的前提下，地域性治理如何与流动性治理达成对话和相互整合。地域性和流动性已经成为当代城市治理必须同时回应的两大社会组织基础，也应当是城市社会治理的两大关键要素，应当成为一种一体两面的实践，彼此协调。归根结底，城市社会治理如何能达到更高的治理效能，最终应该是基于不同的情境而不同的实践问题，而不应当纯粹是一个理论和政治规范性的问题而徘徊于两种不同立场的方案之间。当然，流动性治理对地域性治理所发起的挑战也提醒我们不应当忽视其他更多的有竞争力的理论观点和实践方案。

回到城市社会治理的中国语境，仍然有一系列的问题需要得到进一步的反思和讨论：无论从学界的理论研究还是从实践部门的政策制定，城市中的流动性常被视为一种来来回回、居无定所、对社会秩序构成负面影响的存在。这种将流动性过于问题化的认识忽略了两方面的事实：其一是对于行动者主体而言，流动性的获得恰恰是一种通往福利的能力和社会资本。较为积极的观点认为流动性给社会成员带来新的机会、接近性以及更好的生活。因此，为整个社会创造更具有流动性的制度环境是必要的，对于整个社会而言也是需要的。其二是对于流动性的认识较多地停留在社会现象的层面，而忽略了其背后的隐喻，特别是流动性背后运作的权力关系、资源不平等、边界限制等，流动性背后的叙事少有展开。从现有的城市研究格局来看，21 世纪的城市现代性主要依靠欧洲和北美的城市来描绘出轮廓。相比之下，发展中国家的城市经验一直在城市理论的发展中保持沉默。当然中国社会的流动性日益凸显，在回应流动性方面已经有了诸多实践经验，但中国的城市治理经验如何能够回应这种流动性，无论在理论上还是在实践上都是待解的问题。在现代社会，流动性应当被承认、被纳入社会治理和社会政策体系，并成为可见且具有合法性的存在。

第十三章

城市群协调的治理逻辑：基于整体性治理理论

作为一种新的治理趋势的整体性治理符合城市群内府际关系协调的价值取向、治理结构和运行机制，二者之间表现出一定程度的耦合性。整体性治理作为城市群内府际关系协调治理逻辑的合理性，为我们探索城市群内府际关系协调的整体性治理路径提供了一定的理论指导

改革开放40年来，伴随着我国工业化和城市化的快速发展，城市已经成为国家或地区的经济、政治、文化、教育、科技以及商贸中心，在国民经济和区域经济发展中发挥着极其重要的作用。尤其是20世纪90年代以来，在经济全球化、区域经济一体化、信息网络化和城市国际化的时代背景下，我国的城市化呈现出向城市群方向快速发展的趋势，逐步形成了若干城市群区域。长江三角洲城市群、京津冀城市群、珠江三角洲城市群已经初具规模，山东半岛城市群、辽中南城市群、长株潭城市群、成渝城市群、海峡西岸城市群以及呼包鄂城市群等也正在或即将形成。强大的规模效应和集聚效应使城市群成为当前我国最具效率的经济增长极，促进并带动了区域经济的积极发展。与城市群发展相伴随，各城市群区域的公共性事务和公共管理问题也日益凸显，亟待城市政府之间的协调解决。城市群内部府际关系的协调不仅制约着城市群发展和整体效用的发挥，而且将对当代中国府际关系格局产生深刻影响，因为“城市群的出现，使地方政府之间

的关系发生重大变化，城市群府际关系成为地方政府间关系的重要部分，成为区域发展的关键性行政因素”①。本研究以整体性治理为视角，以城市群内府际关系协调为叙事文本，充分论述了城市群内府际关系协调的必要性与迫切性，在阐释整体性治理理论缘起及特征的基础上，分析其作为城市群内府际关系协调治理逻辑的合理性，为探索城市群内府际关系协调的整体性治理路径做出努力。

一　城市群治理问题的提出

城市群是在特定的地域范围内具有相当数量的不同性质、类型和等级规模的城市，依托一定的自然环境条件，以一个或两个超大型或特大城市作为区域经济的核心，借助于现代化的交通工具和综合运输网的通达性，以及高度发达的信息网络，发生与发展着城市个体之间的内在联系，共同构成一个相对完整的城市“集合体”②。由其内涵界定可知，一个城市群往往分属于不同的行政区，它们在发展战略、基础设施建设以及产业布局等方面可能存在分歧和冲突，缺乏协调一致。因此，“城市群作为一个由众多相同等级或不同等级的城市政府紧密联系的集合体，其内部各城市的发展以及城市群整体优势的发挥都需要加强府际关系的协调”③。

第一，从要素禀赋理论来看，为实现资源有效整合的目标，需要加强城市群内府际关系协调。现实生产中，城市群内各个在行政关系上相互独立的地方政府，得益于其自身所具有的要素禀赋，通常根据各自既有的比较优势来制定产业政策和发展战略。而“在特定时段内，只有某些特定产业具有较高的盈利水平，出于‘利益最大化’的考虑，城市群内地方政府在制定各自发展战略和产业政策时，更倾向于支持那些盈利水平高的行业发展，最终会形成城市群内各个城市

① ［法］爱弥儿·涂尔干：《宗教生活的基本形式》，渠东译，上海人民出版社2006年版。

② ［英］罗伯特·罗茨：《新的治理》，俞可平主编《治理与善治》，社会科学文献出版社2000年版，第87—96页。

③ 马西恒等：《城市社区党建：内涵与体系》，学林出版社2006年版，第349页。

产业发展的同质化现象"①。因此，加强城市群内地方政府间关系的协调，有助于在发挥各自地域优势和生产要素优势的基础上，实现城市群内各个城市产业发展的协调。

第二，从区域公共管理理论而言，加强城市群内府际关系协调有利于应对城市群区域的公共管理问题，实现城市群内公共产品和公共服务的持续、有效供给。伴随着我国城市化进程的不断加快，城市群内部区域性公共问题层出不穷，城市群内各地方政府之间诸如产业发展、城市规划、基础设施建设、环境保护、污染治理以及危机事件管理等跨行政区公共难题日渐凸显。城市化进程中催生的这些问题，不仅突破了传统行政区划的刚性约束，而且超出了以往那种单一地方政府可以独立处理的、自上而下的政府治理能力。由于缺乏超越城市群的区域性合法性权力，在城市群公共事务的管理上出现权力真空和治理盲区，难以实现城市群区域公共事务的有效治理，结果必然是该区域公共产品和公共服务供给持续性不足，单一地方政府应对城市群内公共事务力不从心的现实困境要求加强城市群内府际关系协调。

第三，从"公共治理"理论和"集体行动逻辑"的理论来看，为避免非理性的集体行动导致的损失要求加强城市群内府际关系的协调。上述理论向我们揭示，个体看似最优的选择往往并非集体的最佳选择，个体的理性甚至会导致集体的非理性。这正如凯恩斯所描绘的那样：许多人站在露天剧场看戏，一个人踮起脚来会高一些，可以看得更清楚一点。从个人角度讲，这是合理的行为。但是，如果人人都踮起脚来，虽然大家都高了一些，但却看不清楚了。而且人人都站得比原来更累，观看效果一点也没有提高。② 因而城市群内各地方政府需要加强协调以避免非理性的集体行动带来的损失。

就我国城市群发展的总体现状而言，加强其内部府际关系协调具有空前的迫切性。在各城市群，尽管内部城市间"竞合""竞融"势头强劲，但它们普遍陷于各自内部府际关系协调不力的困境，各城市

---

① ［法］爱弥儿·涂尔干：《宗教生活的基本形式》，渠东译，上海人民出版社 2006 年版，第 18 页。

② 张康之：《社会治理的历史叙事》，北京大学出版社 2006 年版。

群在关涉利益关系方面的协调并未取得实质性进展，城市群府际合作仍然踯躅向前。这种状况不仅在沿海发达地区城市群中存在，而且在西部欠发达地区城市群内更为突出。以正在崛起的呼包鄂城市群为例，毋庸讳言，其在快速发展的同时，出现了区域内产业趋同、无序竞争等问题。“由于呼包鄂能源资源富集，三市经济都存在明显的资源依赖型特征，在煤炭、煤化工、电力、水泥、铝加工等产业上都有交集，呼包鄂三市多年来分盘独算，产业趋同现象比较严重，导致招商引资时高成本恶性竞争、产业集中度偏低、抗风险能力差等诸多问题。”① 由是观之，各城市群发展过程中如何加强自身内部府际关系协调已经成为迫切需要解决的关键问题。

二　缘起及特征：整体性治理理论阐释

20 世纪 90 年代中后期开始，继新公共管理运动之后，以英国为代表的西方国家开始了一场新的探寻“公共部门协调与整合机制”的改革运动——整体性治理。与之相近似的提法还有“整体政府”“协同政府”“网络化治理”等。它们的共同之处在于通过制度化、有效的“跨域”或“跨界”合作以应对纷繁复杂的公共问题，增进公共价值。

从历史进程的角度看，整体性治理理论是顺应时代发展和社会需要的产物，它的缘起和发展是时代背景、理论渊源、实践基础、思想源泉以及技术条件等诸多动因共同作用的必然结果。

第一，全球化过程中形塑而成的风险社会环境是整体性治理理论产生和发展的时代背景。全球化是 20 世纪 90 年代初期，以科技进步、经济和社会发展、信息网络技术广泛应用、政治自由化和意识形态多元化等方面为突出表现的全球性变迁过程。在全球化过程中，环境自身的动荡性以及科学技术的发展为其注入了更多不确定性，风险危机成了社会环境的常态。就治理边界看，重大自然灾害、流行性疾病等各种复杂多发的公共危机事件，已经超出任何单

① 周红云：《社会资本与中国农村治理改革》，中央编译出版社 2007 年版，第 75 页。

一政府部门、单一地方政府以及单一层级政府所能独自应对的范围，成为复杂的跨部门、跨区域的公共事务。这驱使政府之间的联系越来越紧密，越来越重视政府各部门之间、各区域政府之间甚至各层级政府之间的沟通、协调与整合，旨在避免政策目标之间相互抵触，最终影响政府效率的提高。整体性治理理论倡导的“跨界”治理顺应了这一时代潮流。

第二，对传统公共行政的分割管理模式和新公共管理改革过程中造成的严重“碎片化”管理的辩证否定，是整体性治理理论形成的理论渊源。在工业社会条件下，以功能为导向的传统公共行政范式适应了大工业社会的生产和管理需要，官僚制组织运作模式被奉为圭臬。但是由于其狭隘的服务视野、政策目标与手段相互冲突、资源运作重复浪费、政府机构重叠以及公共服务分布于各部门间等弊端，这一范式不适应信息社会或后工业社会的要求，影响也日渐式微。新公共管理运动追求的是效率和绩效，是旨在以顾客需求为导向来调整组织结构和职能，并重新设计政府服务体系，打造以市场化和竞争为手段的“竞争性政府”模式。而“新公共管理运动强调市场取向、分散化取向和过度解除管制在一定程度上导致了新公共管理的碎片化。碎片化的公共管理既缺乏战略眼光，也缺乏协调机制，难以解决复杂的社会问题”①。因此，在扬弃传统公共行政范式和新公共管理经验基础上发展起来的整体性治理范式，是对传统公共行政的衰落和新公共管理改革过程中造成的严重“碎片化”的一种积极回应。

第三，传统的合作理论和整体主义思维方式是整体性治理理论的思想源泉。“整体主义思维方式和合作理论是社会科学研究中一个行之有效并有广泛应用的传统方法和论域。但是，深受经济学帝国主义对公共管理研究的入侵和影响，整体主义思维一度被轻视。”② 整体性治理理论是传统的合作理论和整体主义思维方式的一种复兴，因

---

① 周红云：《社会资本与中国农村治理改革》，中央编译出版社 2007 年版，第 75 页。

② 何菲：《博弈视角下的社区治理》，《山东理工大学学报》2006 年第 7 期。

为，“旧有的真理若要保有对人之心智的支配，就必须根据当下的语言和概念予以重述”①。以多中心治理理论、组织网络理论等为主要流派的各种协作理论为整体性治理理论提供了丰富的思想要素，使得整体性治理理论在摒弃新公共管理时期盛行的个体主义思维的同时，复兴了整体主义的研究方法。

第四，以数字化为表征的信息技术降低了政府各部门之间和各区域、各层级政府之间横向协调与纵向整合的成本，是整体性治理理论赖以生存的技术条件。信息技术一直是公共行政的重要变革因素，其对政府治理模式变革的影响主要有三：一是通过信息技术对组织进行科学的设计，能够加强部门之间的合作与协调，减少组织层级，使组织结构趋于扁平化，实现政府组织结构进一步优化的目标；二是随着信息技术的发展，各级各类政府组织都面临着更多更复杂的公共性问题和民众的更高要求，如要求信息公开、增加政府运行的透明度等，这些问题的解决和对民众要求的回应将催生一种全新的治理模式；三是信息技术的发展推动了治理技术的发展，治理技术的发展在政府管理中的渗透和运用，促进了政府各部门之间、各个政府之间的协调和整合，为跨越组织界限的整体性治理提供了可能，“整体性治理及其强调的信息技术在一定程度上是从技术的角度来理解的……技术要求从分散走向集中，从部分走向整体，从破碎走向整合”②。

作为传统公共行政和新公共管理理论的批判继承者，整体性治理理论具有显著的特征，表现出鲜明的自身特色：

其一，在治理理念上，整体性治理不仅提倡跨部门、机构的治理，而且倡导实行包括政府、市场以及公民社会在内的各利益相关者共同参与的多元化治理。与传统公共行政范式和新公共管理改革的理念不同，整体性治理理论认为，为实现有效的治理目标，既不能像传统公共行政范式那样依靠单一的政府主体，也不能如新公共管理改革

① 刘伟：《群体性活动视角下的村民信任结构研究——基于问卷的统计分析》，《中国农村观察》2009 年第 4 期。

② 汪向阳、胡春阳：《治理：当代公共管理理论的新热点》，《复旦学报》2000 年第 4 期。

一样完全依赖单一的市场或社会主体，理想的治理状态应该是包括政府机构、市场主体以及非政府组织在内的各利益相关者共同参与的多元化治理。“毕竟，在治理的过程中，政府只是作为行动者之一，公共管理发生在由不同行动者组成的网络结构当中，没有一个行动者有绝对的权威和权力来支配其他行动者的行动，各组织是站在同一条水平线上。”①

其二，从治理的目标取向来看，整体性治理强调以任务目标为导向，将特定问题的解决作为各参与主体一切活动的逻辑起点，协调合作，互利互惠，以期实现正和博弈的目标。与以官僚制和碎片化为显著特征、政府各部门之间、各地方政府之间、各政府层级之间分散的分割管理模式迥然不同，“整体政府的核心目的是通过对政府内部相互独立的各个部门和各种行政要素的整合、政府与社会的整合以及社会与社会的整合来实现公共管理目标”②。

其三，在治理结构方面，整体性治理强调必须使分割管理模式下的金字塔式治理结构变革为扁平化的网络状治理结构。整体性治理将特定问题的解决作为各参与主体一切活动的逻辑起点，必须充分利用各利益相关者的资源秉赋和比较优势，才能形成动态的网络结构。“整体性治理的治理结构既不能是以权威和行政命令为协调手段的科层制，也不可能是合同制和契约关系的市场组织，整体性治理与网络状结构是耦合的。通过网络状结构的整合和优化，整体性治理将高水平的公私合作特性与充沛的网络管理能力相结合，然后利用技术将网络连接到一起，并在服务运行方案中给予公民更多的选择权。由此，整体性治理实现了跨界合作的最高境界。”③

其四，就治理的运行机制而言，整体性治理主张以相互认同和信任为基础，各参与主体广泛地使用沟通、协商、谈判以及整合机制，在他们之间建立一种协作关系。在治理过程中，各参与主体的“理

---

① 王莉莉：《中国老年人社会参与的理论、实证与政策研究综述》，《人口与发展》2011 年第 3 期。

② 周伟文等：《城市老年群体生活需求和社区满足能力的现状与问题的调查分析》，《中国人口科学》2001 年第 4 期。

③ 孙立平：《走出体制性拘谨》，《经济观察报》2008 年 3 月 3 日第 4 版。

性”和利益不尽相同且往往相互冲突，这要求各方在信任的基础上通过协调与整合方式协作实现“共赢互惠”的目标。“在整体性治理范式中，其治理机制不可能是传统公共行政范式下的权力和权威；也不可能是新公共管理范式中的价格机制，从治理机制来看，整体性治理的实现，有赖于协调机制、整合机制和信任机制的培养和落实。”①

其五，在治理运用的技术手段上，整体性治理通过现代科学技术手段发挥其自身的作用。整体性治理是一项涉及治理理念转变、治理目标调整、治理结构构建、治理机制运作的复杂系统工程，是一个渐进过程。在这个过程中，“技术的应用和行政改革能否有机结合是一个关键问题。以计算机技术和网络信息技术为核心的现代科学技术是构建整体政府的重要保障和技术支撑”②。

三　耦合点：整体性治理作为城市群内协调治理逻辑的合理性考量

“整体性治理的核心思想在于，借助数字化时代信息技术的发展，立足于整体主义思维方式，通过网络治理结构培育和落实协调、整合以及信任机制，充分发挥多元化、异质化的公共管理主体的专有资源和比较优势所形成的强大合力，从而更快、更好、成本更低地为公众提供满足其需要的无缝隙的公共产品和服务。”毋庸置疑，整体性治理理论与城市群内府际关系协调具有高度的相容性。整体性治理符合城市群内府际关系协调的价值取向、治理结构和运行机制，二者之间表现出一定程度的耦合性。

（一）价值取向耦合：合作共赢

从本质上而言，一个城市群是由多个城市政府在地域空间上组合而成的集合体，其往往分属于不同的行政区，基于自身利益的考量以

---

① 周伟文等：《城市老年群体生活需求和社区满足能力的现状与问题的调查分析》，《中国人口科学》2001 年第 4 期。

② 同上。

及本身固有的“理性”，各城市政府在发展战略、基础设施建设以及产业布局等方面可能存在分歧和冲突，缺乏协调一致。博弈论中的“囚徒困境”理论向我们揭示，个体看似最优的选择往往并非集体的最佳选择，个体的理性甚至会导致集体的非理性。因此，城市群内各地方政府需要加强协调以避免非理性的集体行动带来的损失。此外，与城市群发展相伴而生的是，城市群内部区域性公共问题层出不穷，城市群内各地方政府之间诸如产业发展、城市规划、基础设施建设、环境保护、污染治理以及危机事件管理等跨行政区公共难题日渐凸显。这些问题突破了传统行政区划的刚性约束，超出了以往那种单一地方政府可以独立处理的政府治理范围，结果必然导致城市群内部公共产品和公共服务供给持续性不足。单一地方政府应对城市群内公共事务力不从心的现实困境同样要求加强城市群内府际关系协调，以期实现各方共赢的正和博弈目标。

整体性治理强调以问题的解决作为各利益相关者一切活动的逻辑起点，彼此合作，以实现正和博弈目标的价值导向，恰恰符合了城市群内府际关系协调所追求的价值特性。整体性治理主张政府部门间、各地方政府间和各层级政府间的合作、一致性和信任机制，它们之间是一种平等的、相互信任的诚信关系和合作伙伴关系；整体性治理认为有条不紊的城市群内府际关系协调来自多方合作与协同，包括从战略制定到政策执行、从目标设定到服务提供的整个过程。由以上分析可知，整体性治理正是城市群内府际关系协调所寻求的旨在通过各地方政府的有机整合和通力合作以满足城市群区域公共产品和服务供给的理想选择。作为政府治理新趋势的整体性治理能促进我国城市群内府际关系协调追求的合作共赢目标的实现。

（二）治理结构耦合：网络化治理

“府际关系是一个网络系统，这个系统由多样化的行动者组成……每个行动者都是府际网络体系中的一个节点，分别具有不同的利益偏好和政策目标，分别发挥着不同的政策功能和作用。在多向度和相互依赖为特征的府际政策网络中，每个行动者都无法单独完成目标，都需要其他行动者的资源支持。因此，在策略的互动中达成合作机制，并促成政府间合作来实现有关方的共赢是府际政策网络的最终目标。"[①] 作为一个网络系统的城市群，其内部各个组成城市的发展依赖于彼此之间的相互合作，特别是对于跨地区公共服务的供给以及城市群内公共管理问题的应对，更需要城市群内地方政府间的精诚合作才能实现。

整体性治理倡导的网络化治理结构与城市群府际关系的网络结构具有高度的耦合性。整体性治理主张，为实现使分割管理模式下的金字塔式治理结构变革为扁平化的网络状治理结构，必须将特定问题的解决作为各参与主体一切活动的逻辑起点，必须充分利用各利益相关者的资源秉赋和比较优势，才能形成动态的网络结构；整体性治理的治理结构既非以权威和行政命令为协调手段的科层制，也不是契约关系的合同制，整体性治理与网络状结构是耦合的。因而，整体性治理将在城市群内政府间关系的协调中大有作为。

（三）运行机制耦合：协调与整合

一切社会活动的中心是利益，一切社会关系的核心是利益关系。"府际关系的实质，即各级各类政府之间的管理收益关系——利益关系。以权力配置、利益分配关系为主导，实乃府际关系的真谛和本质所在。"显然，无论是从共同利益形成，还是从利益冲突化解的角度讲，以利益关系为核心探讨彼此之间的协同合作，是城市群内府际关系协调无法回避的现实问题。

在协调与整合方面，尤其是关涉利益关系的整合上，整体性治理适应了城市群内府际关系协调的要求。整体性治理主张各参与主体以相互认同和信任为基础，广泛地使用沟通、协商、谈判以及整合机制，协调彼此的利益关系，在他们之间建立一种协作关系。整体性治理范式中，其治理机制既不是公共行政范式下的权力和权威，也不是新公共管理范式中的价格机制，而是协调机制、整合机制和信任机制三者的统一。同时，整体性治理致力于对治理层级、功能以及公私部

---

① 周伟文等：《城市老年群体生活需求和社区满足能力的现状与问题的调查分析》，《中国人口科学》2001 年第 4 期。

门进行整合的整体性运作。与传统官僚制的权威性整合和新公共管理的竞争性整合相对照，整体性治理既不同于官僚制又不同于纯市场化，而是采用合作性整合。由此可见，整体性治理强调以利益关系协调、整合为核心的运行机制，认为其有利于城市群内府际关系协调的良性化发展。

四 城市群内府际关系协调的整体性治理路径探析

由于中西方制度环境差异巨大，政治生态大相径庭，我国城市群内府际关系协调不可能完全照抄照搬西方整体性治理的现成理论，但仍可对其采取批判性借鉴的态度。“社会主义要赢得与资本主义相比较的优势，就必须大胆吸收和借鉴人类社会创造的一切文明成果，吸收和借鉴当今世界各国包括资本主义发达国家的一切反映现代化生产规律的先进经营方式、管理方法。”① 整体性治理作为城市群内府际关系协调治理逻辑的合理性，为我们探索城市群内府际关系协调的整体性治理路径提供了一定的理论指导。

首先，革新传统行政等级制理念，摒弃封闭发展、自成体系的观念，倡导府际网络化治理的新理念。

思想理念是实践的反映和升华，同时理念又会指导实践。“由于城市群是一个跨众多行政区的经济区域，其内部政府间的层级差别大，从省级到副省级再到地市级甚至到县级都有所涵盖，这使得传统的行政理念越来越不利于城市群内政府间的交流和协调。”除此之外，封闭发展、自成体系的观念，直接导致城市群内地方政府间缺乏有效协调。“由于地方保护主义的存在，相当一部分城市政府缺乏合作意识，片面追求‘大而全’、‘小而全’，以邻为壑，另起炉灶，导致重复建设严重。”所以，可以借助整体性治理理念，打破传统行政等级制理念和封闭发展、自成体系观念的束缚，实现城市群内不同行政级

① 周伟文等：《城市老年群体生活需求和社区满足能力的现状与问题的调查分析》，《中国人口科学》2001 年第 4 期。

别政府间的直接交流和协调。由于城市群内的参与主体逐渐呈现多元化、网络化发展已经是大势所趋，城市群内府际关系的协调离不开政府以外的非政府组织甚至私营组织的协助和支持。通过引入网络化治理模式，可以打破城市群内旧有的区域观念和层级观念，建立权力和资源相互依赖、开放合作的多边共赢城市群府际关系，最终实现城市群内政府间的正和博弈，实现城市群整体利益和效用的最大化。

其次，建立有效的城市群公共治理组织形式，完善具有中国特色的城市群治理结构。

推动城市群地方政府间协调合作，促进区域经济发展，完善具有中国特色的城市群治理结构势在必行。整体性治理的过程绝非政府单方面行使权力的过程，而是政府与市场、公民社会以及公民互动的过程。因此，政府、非政府组织、企业以及公民已经成为当代中国城市群公共治理结构的构成要素。然而，当代中国城市群公共治理应该是以政府为主导的整体性治理，它更强调在政府、市场与社会互动基础上以公共权力运作为中心的治理结构，而非“权力中心多元”或“没有政府的治理”。这种治理结构要求转变政府职能，充分发挥市场和社会的作用，明确中央政府、各层级地方政府尤其是城市政府、市场及社会各自在城市群公共治理中的职责，建立网络化治理结构，从而构建促进区域发展的良性城市群府际协调关系。

最后，建立健全有效的利益协调机制，调节城市群内各地方政府间的利益关系。

当前，国内绝大多数地方政府已经充分认识到了区域协作对于地区经济发展的推动作用。为了推动城市群内地方政府间的协调及深入合作，我国多数城市群已经建立了相应的利益协调机制，如“长三角协作办公室”“呼包鄂经济工作座谈会”以及各种联席会议、高层论坛等，对城市群内府际关系协调发挥一定的作用。但这类协调机制实际上难以承担起协调职能，多数流于形式。更为关键的是，其并不具备行之有效的利益整合、共享、保障和补偿机制的特征。因此，这类机制在城市群试验阶段和总体规划启动阶段尚能起到宏观协调、高屋建瓴的作用，而一旦进入规划具体实施的阶段，其不规范、不完善、不稳定等弊端就暴露无遗，尤其面对城市群内地方政府之间复杂的利益纠葛时，就更显得力不从心。

既然利益分配关系是府际关系的真谛和本质所在，构建促进区域发展的城市群府际合作关系，关键在于建立以利益协调为核心的城市群政府合作机制，推动区域经济发展。在市场经济条件下，政府的行为受利益驱动，都要进行成本和收益的分析，并往往以利益最大化为目标。城市群内跨地区公共产品和服务的供给通常容易产生利益“外溢”效应，最终会致使某些城市得益而其他城市利益受损。从这个基本实际出发，有必要建立健全有效的城市群内利益协调机制，通过利益整合、共享、保障和补偿提高城市群内各城市在提供跨地区公共产品和服务上的积极性。比如，在分摊合作成本的时候要根据各方从合作中受益的情况，并不一定要求各方均摊。在合作中受益较多的参与方应该承担较多的合作成本，而受益较少的参与方则应该少承担一定的成本，并获得相应的补偿；发展水平较低的参与方可以适当少负担一定的合作成本。另外，在合作中由先期获益方提供第一次合作的成本，也是合理的。

第十四章

城中村治理：经济边界开放与社会边界封闭的共生[①]

城中村是城市化过程中村落走向终结的过渡地带。在这一过程中，村落共同体从高度重合的单一边界向城中村多元边界发展，并不断建构多元行动主体间的互动关系。调研发现，依托于大学发展起来的朝新村中存在着开放的经济边界与封闭的社会边界的共生结构。在这一共生结构下，本地人与外地人及其群体内部间存在着内外有别的博弈与互动。一方面，本地人社会关系网络具有排外性。另一方面，外地人在城中村内移植和重构着原有的社会关系网络。

一 城中村问题的提出与研究评述

城中村具有浓厚的中国特色，作为城市化链条上的最后一环，其所具有的某些功能吸引大量的外来人口，成为农村和城市断裂的连接带。在城中村，外来人口所受文化冲击力较小，缩小了多元行动主体之间互动的差异，但随着城中村的发展，城中村中出现了许多外地人小团体，比如像“湖南帮”“四川帮”“北方人”等，他们在各自的

① 本研究系民政部2016年度全国农村基层治理创新理论研究课题“项目进村对基层治理的影响研究”（项目编号：2016MZRJ010－01）、贵州省教育厅高校人文社会科学研究重点项目“贵州贫困地区农村基层治理的变动趋势研究”（项目编号：2017zd04）、贵州大学文科重大科研项目“项目进村背景下基层社会治理的变动趋势研究”（项目编号：GDZT201602）阶段性成果。

小团体中通过互动获取生存信息的同时，也在寻求归属感。尽管这些亚文化群体在城中村中已住了几十年，拥有自己的固定居所，熟悉整个村落，但仍然是村民眼中的“他者”。因此，在开放的经济边界与封闭的社会边界同时共存的结构下，行动主体之间的互动难以实现互相嵌入。

城中村一直是学界关注的焦点，对于城中村的研究，一些学者从问题视角出发，把城中村作为“问题村”，主要关注城中村存在的问题及治理路径。基于问题—对策的分析框架，部分学者在发现城中村问题后从城中村改造内容、改造的原则、改造模式和改造理念的转变等方面进行了探索，提出了包容性治理的理念，以实现城中村多元主体的共治。另一些学者关注了城中村的公共空间资源的使用问题，发现这种资源具有街头生活公私杂糅的空间使用特点。也有学者关注到了城中村改造过程中微观主体间的互动和博弈，并建构了城中村利益主体的行为分析框架，突出了在改造中城中村村民、政府、开发商之间的博弈而达到利益相对均衡。

在城中村问题研究中，学者注重从宏观的角度把城中村作为整体研究，虽有对微观个体的研究，但其关注主体是城中村改造过程中的政府、村民、开发商等，而对长期生活在城中村的本地人和外来人缺乏关注，忽视了他们日常生活中的互动，忽视了城中村社会结构对个体间互动行为的影响。本研究以一个大学周边的城中村即朝新村[①]为典型案例，从城中村开放的经济边界与封闭的社会边界的共生结构视野出发，重点关注城中村多元行动主体间日常生活中的互动，呈现城中村主体间的人际交往和社会关系网络，发现社会互动连接了微观个体和宏观的社会结构。

二　朝新村：依附于大学形成的城中村的研究个案

“幸福的村落似乎都有相同的幸福，不幸的村落则各有各的不

① 依照学术惯例，凡文中涉及的人名、地名等信息都进行了技术化处理。

幸”，城中村便是如此。城中村形成似乎都存在相似原因，但其具体发展状况又各具特色。有的城中村位于城郊结合地域，其形成是城市不断扩张的结果，这类村落的土地被变为城市用地，但村民仍然占有部分农地。有的城中村被繁华的大都市包围，农民失去土地，被称为“都市里的村庄”。本研究中的案例村朝新村既没有被繁华的大都市所包围，也不在城郊地区，其农民丧失了土地，它的形成依托于周边的大学扩展，大学生的消费成为村落发展的主要动力。朝新村是本研究关于城中村主体得以实现互动的实体空间。朝新村位于阳城市溪水区，紧靠阳城大学，该村与阳城大学没有明确的边界之分。由于朝新村横向的建筑风格造成其空间格局由三条街道组成，在三条比较规整的街道周围凌乱地围绕着修了一些不规则的建筑物，里面穿梭着各种小道。城中村中有一条主干道连接外面的公路，但路面狭窄，稍微大一点的货车都难以从朝新村中通过。村内卫生环境差，缺乏公共基础设施和公共空间。居住在朝新村的本地人大多数是苗族，且大都具有亲缘和血缘关系。

依赖于阳城大学发展起来的朝新村具有以下特征。城中村内经营较单一，主要是餐饮和住宿；城中村主体成分较单一，主要是本地人和外来商贩及学生，且各主体之间具有很强的同质性，村民之间的同质性表现在生活方式和闲暇时间上，城中村村民在无农用地的城中村中，由菜农转变为房屋出租老板时，出现了许多空余时间，村民打发闲暇时间的活动主要是钓鱼和打麻将，老年人是唱山歌，相同的活动轨迹让生活方式也逐渐趋于一致；外地人之间的同质性表现在学生及小商贩的活动时间上，朝新村对于小商贩来说就像候鸟的栖息地，而他们活动的时间轨迹遵循学生上课、放假、留校的时间轨迹，他们是朝新村中“候鸟型商人”，等到寒假来临，再一次离开，直到时机成熟，选择永久的离开或永久的留下。在朝新村中忙忙碌碌地赚着微薄利润的“候鸟型商人”与悠闲地过着包租公（婆）生活的村民形成了对比。

三　开放的经济边界与封闭的社会边界的共生

传统村落中村民活动的范围主要在村落，村民生活半径的边缘通常是几个村落共有的集市。对中国村落的基本研究单位有两种观点，一种是费孝通先生的以村落作为研究单位，认为村落是一个在经济与社会生活层面上都属于功能完整的相对封闭的单位；另一种是施坚雅认为的农民生活的基本功能范围是一个包括几个村落的市场共同体，显然他的村落是开放的，是与市场相连的。随着城市化的发展，村落边界向多元化发展，工业冲击和村落经济边界的开放使其生活方式和人口结构发生了变化，但其内在的社会结构和传统文化仍在起作用。贺雪峰认为村庄共同体由自然边界、文化边界和社会边界构成，李培林在前人研究的基础上增加行政边界和经济边界而完善多元化的村落边界。经济边界是基于经济活动和财产权力的网络与疆域；自然边界是基于土地属权的地域范围；行政边界是基于权力自治或国家权力下乡的管理体系；文化边界是基于共同的价值体系的心理和社会认同；社会边界是基于血缘、地缘关系的社会关系圈子。村落边界分化的过程大体上沿着从边缘到核心的次序，也就是沿着经济边界到社会边界的路径，社会边界的彻底解体意味着村落的终结，但这不是一个普遍的次序。本研究着重对经济边界与社会边界展开描述。开放的经济边界动摇着村落原有的社会结构，但村落并没有解体，传统村落共同体的乡土性已融入村民血液，其社会边界是难以彻底解体的，城中村存在着这种开放的经济边界与封闭的社会边界的共生现象，并在这种共生结构下影响城中村主体的互动行为。

朝新村就属于这一特例，朝新村 1991 年从老朝新村搬过来时，重组自己的自然边界，行政边界模糊不清，对朝新村日常事物的管理分属不同的社区服务中心和溪水村民委员会，没有统一的管理组织。但在稳定下来之后，大体上遵循从经济边界的开放到社会边界逐渐松散解体的路径。朝新村搬过来早期，村民主要靠种菜谋生，当时阳城大学学生还比较少，只有少量的店面出租。1999 年大学扩招之后，学生逐渐增多，学校严格的管理制度，不允许校园里出现餐饮业，大量学生涌入朝新村消费，而这为朝新村发展带来了契机，也让人们看到了潜在的大学生消费市场。学生带来了自己的亲戚或干脆自己创业开店，原本就在此开店的老板也带来了自己的亲戚和老乡，租住房屋和门面势必成为生存和发展的必要。经济边界越开放，吸引的外来人口越多，对出租屋的需求越大，村民看到了租屋所带来的利益。村民在国家征用朝新村的土地后，用获得的赔偿作为他们在自家宅基地上修建房子的资金，在较高的房屋租金刺激下，村民竞相在自家原住房上加盖楼层或重盖房屋，把以前的菜地变成了现在不规整的楼房。城中村较低廉的房租和外来人口对出租屋的刚性需求，使朝新村逐渐形成了出租屋市场。

由于朝新村中居住环境较差，附近上班的白领很少选择在里面居住，租住房屋的主要是外来商贩和学生。朝新村中的店铺的租金视商业位置而定，越靠近大学租金越贵，店铺租金每年都在涨，近年来已涨到 25000—35000 元/年，村民们一般是自己居住一层，把底层店铺和其他房屋全部租出去，房屋主要是带有卫生间的单间，大概 15—20 平方米的 400—550 元/月，而带有热水器的单间 600—750 元/月，套间主要是外来商贩家庭租住，经过简单装修没有家具的两室一厅 700—800 元/月，其价格比周围小区出租房便宜 300—400 元/月。对于一户具有四层楼房的家庭来说每年的租房收入大概在 50000—60000 元，而在朝新村中四层是最低楼层，高达六七层的村民每年收入最低大概 10 万元，且部分村民有两栋楼房。在朝新村中对于一个较低收入水平的村民家庭来说，其一年什么事儿也没干，光靠店铺租金每年收入大概 10 万元。原有的生计方式发生了改变，村民从种菜到“种楼”，实现了从菜农向房屋出租老板身份的转变。房屋租金成了大多数村民收入的最主要来源。

由于消费的主要群体是学生，朝新村中大约 70% 的店都是开餐馆的，较低的店铺租金及较广阔的消费市场使其获得利益，吸引了大量外来人口。外来人口的进入方式大多是通过亲戚和老乡带入，而以师徒制形式呈现的“新化现象”也在该村上演，这为外来人口移植和重塑自己的社会关系网络提供了条件。朝新村中也有许多旅馆，还有零星的其他店铺，每天朝新村中人来人往呈现出一片繁荣的景象。现在的朝新村已是无农用地的村落，从刚搬来时靠种菜谋生到现在利用自家农用地“种楼”追逐利益，其生计方式和生活方式发生了巨大的变迁。经济边界的开放，使朝新村与外界社会环境有了更大范围的联系，不断冲击着村落的社会结构，但村落并没有解体，时至今日，朝新村村民互动依然热闹非凡。

朝新村虽没有经济共同体的存在强化村民的共同利益而使社会边界更加封闭，但村民都是同一个寨子的，拥有共同的村庄记忆，村里人之间都有血缘、亲缘关系，村民强大的社会关系网络的排他性是不可忽视的强烈存在。以苗族为主聚居的朝新村，时至今日仍然保留着传统的风俗习惯，弘扬苗族文化，甚至相较以前更为隆重。以房租为主要收入的村民出现大量闲暇时间，在少数民族协会提供表演机会的推动下，村民自发组织找场地（主要是在阳城大学体育馆内）排练苗族传统歌舞，最后形成了收取一定费用的表演队伍，虽然钱少，但村民更注重的是丰富了其闲暇时间，也让原有的社会关系网络更紧密。虽然经济边界开放，现代化的思潮冲击着朝新村村民，但村民的意识深受传统文化的影响，而没有如其他城中村一样，朝新村村民从生存理性过渡到经济理性，他们在面对市场带来的种种不确定性时，选择满足于现状，害怕失去既得利益，而在原有的社会关系网络中抱团取暖，害怕去接触开拓新的不确定的领域，这强化了原有的社会边界。

在朝新村中，大多数村民依靠较高的房租收入过着包租公（婆）的生活，而不是谋划着自己开店做生意或投资。也有许多在阳城大学当清洁工和保安人员的村民，其把工作作为他们闲暇时间消遣的一种方式，而不是作为家庭收入来源。他们满足现状，用村民话说“又赚不来几个钱，做生意不但麻烦还容易把钱赔了，出租房子是稳的嘛!”基于这种既得利益带来的相同的生活方式和价值观强化了原有的社会关系网络，而其子辈也正在复制父辈的生活，当儿子女儿长大开始成家立业时，村民会将自己的一块土地分出去给儿子修建房屋，儿子也依靠这一栋房屋的房租收入生活，而女儿不愿意嫁出去，所以朝新村中存在许多上门女婿，其家庭主要收入也是依靠房租收入。朝新村的村民固化于原来的生活状态和关系网络，不想做出改变，直到朝新村被拆迁，村民从包租公（婆）向拆迁户的身份转变。

显然一个由亲缘、地缘、宗族、民间信仰、乡规民约等深层社会网络连接的村落乡土社会，其终结问题不是非农化和工业化就能解决的。尽管经济边界的开放和流动人口的加剧，城中村已不再是传统意义上封闭的社会，但在传统苗族文化和既得利益强化的亲缘社会关系网络的作用下已存在的社会边界仍然存在。令人不由得反思在这种开放的经济边界与封闭的社会边界的共生结构下，城中村多元行动主体是怎样进行互动的？

四 城中村多元行动主体间的互动关系

城中村日常生活互动的主角主要是朝新村本地村民和外地人，而外地人主要是来自全国各地的学生、小商贩、蓝领和极少数工薪阶层。开放的经济边界与封闭的社会边界的共生结构在为城中村多元行动主体获得生存机会的同时，也限制了其融入，并且这种共生结构也影响着城中村多元行动主体的行为方式。城中村多元主体之间的互动主要是指村民与村民之间，村民与外地人之间，外地人与外地人之间的互动。

（一）村民与村民之间的互动

在传统村落中，村民之间的互动是一种情感性的互惠互动。随着经济边界的开放，村民之间竞相模仿，村民的谋生方式从种菜到“种楼”转变，菜地变成楼房，为该群体提供了丰富的出租屋，形成了屋租市场。在阳城大学下学期部分学院将搬去新校区时，朝新村内出现了许多空置的出租屋（这也是笔者最近做访谈时，村民聚在一起聊天的主要话题），对房屋租赁市场造成了冲击。为了自己的利益，屋租市场中存在有限的理性竞争，村民之间存在潜在的利益博弈，不过并未演化为恶性竞争关系。这主要是因为存在封闭的社会边界，朝新村中村民之间都有亲戚关系，理性的竞争对原有的社会关系网络会形成一定的冲击，村民深知维护原有社会关系网络的重要性。而这种基于血缘和地缘的社会关系网络的社会边界更强化了村民的互动。朝新村中村民的主要收入是出租屋和门面租金。由于没有正规职业，也不需要到土地上劳作，因此如何打发和充实闲暇而无趣的生活，成为村民关注的重要议题。这样，那些沉淀在村民血液中的传统文化与习俗礼仪在村落中又再次复生。

朝新村村民主要是苗族，在苗族的传统节日如三月三、四月八、六月六等，老年人会身着传统服饰组织唱山歌活动，并且比以前更隆重。苗族传统的玩花场（部分地方称为跳花坡）的习俗至今仍还在传承。过新年的时候，村民会相邀去指定的地点，通常是在磊庄，其曾为贵阳的老飞机场，磊庄的当地苗族会按传统习俗接待他们，他们也按习俗给予相应的反馈。平时村民也偶尔相邀去跳广场舞，而年轻人通过钓鱼和打麻将填补生活中空白。村里的红白喜事大部分还是按照传统的习俗操办，红白喜事中的互相帮忙把村民聚集在一起，为村民提供了交流互动和深化感情的契机。这些活动不断强化着村民之间的互动与认同，维持着原有社会关系网络，强化着该群体的社会边界。朝新村中住第一条街郑某的日常生活在一定程度上呈现了村民之间的互动方式。

案例一：郑某，62 岁，小学文化，两个儿子。老大结婚后分开住。现有一幢五层的楼房，一楼出租给外地人开餐馆。两个老人和小儿子住二楼，三楼出租给开餐馆的外地人。四楼是学生租住，五楼目前空置，房屋租金是其生活的主要来源。郑某说她们的房子是后来看到周围的亲戚加盖楼层租出去收益还不错，才想着把自己家房子加盖的，以前只是两层的楼房，资金主要来源于积蓄和国家征用十里河滩湿地公园的土地的赔偿。说到自家房子，郑某说，租我们房子安全，下面都有铁门锁着，光照好，通风，其他家白天都需要开灯，并让笔者帮忙给周围同学宣传一下。郑某每天早上去菜市场买菜，感叹说，以前都是自己种，我们挑出去卖的菜比现在买回来的好很多。吃过早饭后，两个老人看看电视，串串门，走走亲戚，聊聊天，唱唱山歌，周末也偶尔和大儿子去钓鱼。郑某说以前虽然也唱，但一天忙种菜、卖菜，没有多余的时间去唱，现在一天也没有什么事情，组织大家唱唱山歌，一天的时间就又过去了。红白喜事是聚集村里人最多的时候，在笔者访谈期间，正好遇到朝新村里有老人过世，上门做访谈总是遇不到人在家。郑某说大家都是一个寨子里的，抬头不见低头见的，又是亲戚，不去的话面子上过不去，你以后还不是要别人帮忙。在问及对现在生活状况感受和未来希望时，郑某说，我对自己现在的生活大体上是满意的，以前生活差，饭都吃不饱的时候都有，现在大家还能有多余的时间来唱山歌、聊天，笑着说以后的事谁说得准，不过听说我们这块是要被拆的，都有人来测量了，拆的话，我们也散了。

（二）村民与外地人之间的互动

经济边界的开放，吸引了大量的外地人进入朝新村，使该村成为流动人口的聚居区域。外地人进入后，必然会同当地人发生互动，他们带来朝新村的热闹和繁荣，让出租屋有了出租的对象。由于城中村特有的区位优势，在外地租客和本地房东之间关于门面涨房租的博弈中，外地租客永远是败下阵来的一方，他们没有社会关系资本去支撑他们讨价还价，他们只能选择接受或离开，而大部分人往往都是选择接受。城中村中村民与外地人之间的互动一般只限于经济互动。租客与房东是他们仅有的关系，尤其是不住在一起的房东。由于封闭的社会边界，城中村从总体上看是开放的，但村落核心是内聚的，这就是为什么在这儿已住了十多年的外地人，甚至他们在这儿也有了自己的住房，但他们依然是村民眼中“他者”的原因。村民对外地人的态度，一贯是淡漠的，只要对方按时交租，生活中互不干扰。在此，村民建构了一道社会关系网络屏障，外地人始终无法逾越。加之，由于繁忙的日常生活对这种“候鸟型商人”空闲时间的压榨，使他们没有时间和精力去建立新的社会关系网络，而只有转向自己原有的社会关系网络。本研究通过对外地人与本地村民各自对其互动的描述来展现外地人与村民之间的互动。

案例二：陈某，遵义人，45 岁，小餐馆老板，这是他来到朝新村的第 12 个年头，初入朝新村是通过亲戚带进来，一开始帮亲戚打工，后来有了一定积蓄后自己开餐馆。有两个孩子，老大没上学，小的在阳城大学子弟学校读高一，即便是与本地人的孩子在同一个学校上学，甚至是同班同学在私下都互相不怎么来往。在问及其与房东和本地村民的交往时，陈某说：和房东来往最多的就是要交房租和卫生费那几天，平时都不怎么见面，他们对我们还是排斥的，卫生费他们当地人只收 120 元/年，我们要收 1000 元/年，这房租每年都在涨，去年还是两万多元，现在就涨了一万元到三万元，但我们主要的服务对象是学生，价格又不能涨太多，顶多就一块两块，你说不租，但外面其他地方更贵，基本没有和房东讨价还价的余地，特别是这两年生意难做啊！大多数学生已搬到新校区，学生没有以前多。陈某早上五点起床去花溪菜市场买菜，七点回来开始做准备工作，没有请工人，十一二点开始有学生来吃饭，一直忙到下午三点，开始收拾卫生，捡菜、洗菜、洗碗，准备下午饭点的食材，直到晚上九点左右，他们才能真正休息，每天都在重复同样的生活，没有周末，直到寒假到了，才能真正休息回家过年，并没有多余的时间去和村民打麻将、聊天，活动时间和方式都是不一样的。对以后的生活，陈某说走一步看一步，但有一点是明确的，以后是要回家的，这里始终不是家，以后就算孩子留在这儿，他们也是要回家的。

案例三：在第三条街开宾馆的张某，30 岁，父母都住在第一条街，有一栋五层的建筑，下面三层作为宾馆，上面两层作为公寓租出去，价格是附近出租屋的一倍。张某说租我们房子都是有工作的白领和考研的学生，平时都上班，没有多余的时间闲聊，忘记拿钥匙或遇到的时候就打一下招呼聊几句，大家都是年轻人，没什么代沟，到收房租的时候，就去楼上敲门，负责帮租客打扫房间，总体上关系还不错，我们和附近做生意的外地人很少会聚在一起，只是有时候也会去他们那儿吃饭。

（三）外地人和外地人之间的互动

这里的外地人有亲缘、地缘之分。在经济边界的开放与社会边界的封闭下，外地人进入城中村的方式大部分是通过亲缘或地缘关系网络。这种社会关系网络为初来者提供了支持，降低了他们遭受失败的风险，减少了他们对未知世界的担忧。外地人不可能构建新的社会关系网络，而只能重塑自己原有的社会关系网络，并把这种社会关系网络移植到朝新村中，在亲缘、血缘、地缘的社会关系互动中，他们获得了在城中村生存谋利的信息和机会，也得到前人的一些经验，在忙碌的日常生活中得到了短暂的喘息和情感的慰藉，找到了一种心灵的归属感。在具有亲缘、地缘的外地人中，他们的社会边界也是封闭的，嵌入不了对方的社会关系网络中，相同的生活方式和活动的时间轨迹，还有潜在的竞争的存在，致使外地人与外地人之间互动交流少，甚至是邻近做生意的部分外地人都不知道对方的一些基本信息。而除了有亲缘、地缘的外地人之外，外地人互动最多的就是学生，其是朝新村中重要的生活主体，是朝新村运转的重要动力。虽然“候鸟型商人”与学生有长期的经济互动，但互动的短暂性和偶然性，并没有使这种经济互动上升为情感的互动。

案例四：旧书店老板娘，35 岁，湖南新化县人，来朝新村已有十几年，是亲戚从老家带进来的，一开始给亲戚当学徒，后来自己开店。在朝新村中有自己的社会关系网络，朝新村中第一条街开超市的和校园里几家打印店都是她的亲戚开的。晚上关店的时候，他们经常会在一起吃饭聊天，过节也会经常聚在一起，具有较强的群体认同。在城中村中，他们仍然被视为“湖南人”。

案例五：供应美术建筑专业材料的老板，重庆人，45 岁，独身在朝新村开店，前几年是在北方打工，后来通过曾经在阳城大学读书的亲戚介绍进来的。老板说刚来的时候谁也不认识，后来才慢慢认识老乡，找到自己的组织，经常在一起做饭。

在朝新村中，城中村多元行动主体间不管是经济层面上的互动，还是社会交往中的互动，都是在开放的经济边界与封闭的社会边界的共生结构下进行的。他们在开放的经济边界下交往，在封闭的社会边界下各自生活。其中，村民的社会关系网络是重要的存在，而外地人的社会关系网络则经历了从家乡到城中村的断裂与重构。同时，在开放的经济边界与封闭的社会边界结构下交往和生活的城中村主体，其互动行为也建构着这种共生结构。

在现代市场经济的冲击下，传统封闭的村落边界被逐渐打开。经济边界的开放使传统村落发生了巨大的变迁，村落人口结构、生计方式、活动方式都在变化，但村落并没有走向终结，它就像一个巨大的熔炉，将现代化的东西吸纳进去，让现代性嵌入于传统中，并以其特有的逻辑继续运行，而城中村中开放的经济边界与封闭的社会边界的共生，正是这一逻辑特性的彰显。在具有这一特性的共生结构下，城中村主体间的互动有自己的生存理性和社会理性的考量。这种共生结构在为城中村主体间的互动提供机会和限制的同时，也影响着城中村多元主体的互动行为。但同时我们也发现朝新村中已有部分村民搬离城中村进入市区生活，其生活方式和思想意识逐渐融入城市生活，这部分人在市民化过程中，通过与外界的互动不断融入城市生活，也慢慢改变了自己的思想意识，使其去拓展新的领域，而不固化于原有的社会关系网络。这部分人也在影响着其他村民，使其明白城中村是作为过渡状态的一种暂时存在，从而开始与外界有更深入的互动，建立除亲缘、血缘网络之外的社会关系网络，致使社会边界慢慢趋于解体。因此，城中村多元主体在日常生活中的互动行为在建构这种共生结构的同时，也在慢慢解构这种共生结构。在社会结构和微观个体的这种建构与被建构的关系下，村民通过互动使原有基于地缘和亲缘的社会关系网络慢慢松散缩小，业缘关系网络逐渐凸显出来。现在城中村中受过良好教育的年轻一代也在慢慢走出原有的圈子，不断建构自己的“朋友圈”。城中村这一座桥是断裂还是新生，有待时间去检验。

第十五章

城乡社会治理：公共服务供给与农民工需求配置研究[①]

习近平总书记于2016年2月27日在主持召开中央全面深化改革领导小组第十次会议时强调，处理好改革“最先一公里”和“最后一公里”的关系，突破“中梗阻”，防止不作为，把改革方案的含金量充分展示出来，让人民群众有更多获得感。农民工在城市化进程中做出了重要的贡献，然而，农民工有付出感，却没有收获感。基本公共服务供给难问题成为农民工市民化进程中“最先一公里”和“最后一公里”的“梗阻”。消除“梗阻”的关键在于加大基本公共服务供给侧改革，提升农民工服务供给能力，让农民工更多地分享城市建设的成果。

一　市民化的“梗阻”在于服务供给与服务需求不匹配

当前，我国公共服务供给不能满足与农民工日益增长的服务需求矛盾十分突出。基本公共服务供给必须从服务对象（农民工）需求入手，提高服务供给质量，推进公共服务结构调整，扩大有效供给，提高服务供给结构对服务需求变化的匹配性和灵活性，进而增强服务

① 本研究系国家重点社科基金“基本公共服务供给侧改革与农民工需求侧获得感提升研究”（项目编号：17ASH001）阶段性研究成果。

对象的获得感。在城镇公共服务过程中，农民工需求是他们的生活需要和发展追求，在不同时期体现出不同的特点。供给侧结构性改革是公共服务水平提升的必由之路。农民工在共建与共享共发展理念的指引下，迫切需要我们从农民工需求获得感上把握公共服务供给侧改革。因此，公共服务“供给侧”也需在尊重“需求侧”的基础上，进一步调整“供给侧”，服务结构，包括公共服务的方向、内容、对象和发展规律，从而推动公共服务“供给侧改革”。

（一）公共服务供给度是衡量农民工获得感的重要指标

蔡昉用“相对经济地位变化”来解释农民工迁徙的动因，认为城市化绝非单纯的城市空间扩张，也不能简单追求统计数据的城市化率，更为紧迫的任务是实现人口城市化，以存量带动增量，有序推进农民工市民化。尹中卿从城市化质量视角讨论中国特色城市化道路时指出，推动工业化和城市化良性互动、城市化和农业现代化相互协调，有序推进农民工基本公共服务均等，这是加快城市化发展、提高城市化质量的重要标志。农民工对市民的不满情绪和心理受歧视感以及在城市的过路客心理阻碍农民工融入城市。清华大学的全国抽样调查数据显示，农民工选择在城市、城镇买房的比例是21%。“当被问及想在什么地方买房时，大部分农民工想在县或县级以上的城市买房，他们想在城市定居的意愿很明确，就是孩子要上学。”李强认为，学校、医疗等城市提供的公共服务是吸引大量农民工定居城市的主要因素。

依据公共服务事业的属性强弱，公共服务可分为基本公共服务和非基本公共服务，保障型公共服务和发展型公共服务。基本公共服务和保障型公共服务要求政府承担全面供给责任，政府及公共部门是主要生产主体，社会组织和私人部门可以适当方式来参与生产，但必须以保障公益性的实现为前提。非基本公共服务和发展型公共服务是由政府承担一定的供给责任，社会和市场是主要供给者，政府及公共部门发挥引导示范作用，社会组织是重点生产主体，民间力量在实现社会效益的前提下适当参与生产。

（二）供需匹配是农民工基本公共服务改革的目标

依据新公共服务理论以及治理理论，供需匹配决定农民工的公共服务改期的成功与否。当前农民工的公共服务存在着供需失衡的问题，主要表现在：其一，在主体方面，供给者缺位与需求者众多，农民工规模大、数量多，对公共服务的需求强烈，但是在很多情况下，农民工的公共服务被排斥在流出地与流入地之外；其二，在内容方面，供给难以有效满足需求，政府为农民工提供的公共服务呈现出供不应求、供非所求的局面；其三，在方式上，供给路径单向度，政府在为农民工提供公共服务时，是“自上而下”的模式，政府提供什么服务，农民工就只能被动地接受什么服务，不是根据服务对象的需求，而是非正常匹配，结果偏离服务供给的目标。

建构农民工基本公共服务需求和与之相适应的城市公共服务体系，是农民工市民化进程中的新情况、新特点、新需求，农民工特别是新生代农民工的服务需求的变化，要求将农民工服务纳入城市基本的公共服务体系，实现政策创新、制度创新和机制创新，以“公益性、基本性、均等性、常态性”的标准衡量城市基本公共服务体系的建设水平。

通过研究分析，我们发现，农民工对公共服务均等化的需求与城市政府公共服务供给之间的矛盾迫切需要解决。在农民工问题研究中，学界多是将农民工作为一个同质性很强的群体，并且普遍认为农民工作为一个整体在经济层面已经表现出明显的城市适应性，而在社会层面和心理层面则表现出不适应。大多数学者的研究都对现有的农民工管理体制提出了批评，认为以“暂住证”为核心的农民工管理主要局限于治安管理，其苛刻的规章制度虽然保障了管理的高效率，但却漠视或直接损害了农民工的合法权益。同时，在工作方法上一味强调“管”，使得被管理对象不可能自觉加入到统一的社会管理秩序中来。

然而，农民工群体中的相当一部分还没有在城镇站住脚，缺乏稳定的就业和固定的居所。即使一些已经长期生活在城镇的农民工，由于缺乏相应的制度安排，难以得到与城镇居民同等的权益与公共服务，成为被边缘化的、被“城市化”的居民。

二 公共服务供给侧与农民工需求侧重新配置

农民工市民化的关键在于获得感的提升，其实现策略主要有三：第一，扩大农民工基本公共服务的资源供给，提升农民工的期待感；第二，丰富农民工基本公共服务内容，提升农民工的获得感；第三，明确农民工基本公共服务的权利和义务，提升农民工的责任感。

改革的根本目的在于将公共服务的有限资源合理配置。农民工基本公共服务的目的在于供给侧改革，其首要前提是关注服务对象的需求。农民工从一个熟人的农村社会来到一个陌生的城市社会，流入地政府要及时了解他们需求的多样性，尤其要关注低端企业农民工群体的公共服务需求表达。这就需要进一步建立社会与政府间的互动关系，通过建立通畅的需求表达、反馈机制，将自上而下的主动传递与自下而上的一线调查结合起来，确保及时有效地获取农民的公共服务需求信息，提升农民工的获得感。

所谓公共服务供给体系主要是指以政府为主导、以社会团体和民办机构等为补充的供给主体，以为公民提供基本而有保障的公共服务为主要目的而建立的一系列有关服务内容、服务形式、服务机制、服务政策等制度安排。由此可见，农民工基本公共服务体系的建立和完善，对于新型城市化建设、城镇社会和谐稳定，对于企业健康发展、国际竞争力增强，对于提升农民获得感、提高生产效率等都具有非常重要的意义。可以说，农民工基本公共服务发挥着城乡社会“安全网”“减震器”的作用，是消除市民化过程中“梗阻”的一剂“良药”，是农民工获得感的直接“催化剂”。因此，从农民工服务“供给侧”入手，做到问需于农民工、问计于农民工、问政于农民工，切实增强基本公共服务部门的工作能力和水平，有利于提高公共服务资源整体配置效率。

那么，公共服务供给侧结构性改革，就是要根据农民工需求侧的内容，提高服务供给质量，用改革的办法推进结构调整，矫正服务要素配置扭曲现象，扩大有效供给，提高服务供给结构对服务需求变化的适应性和灵活性，提高农民工的获得感，促进农民工市民化道路持续健康发展。30 多年来，伴随着农民工融入城市的过程，我们在公共服务体系供给侧过分依赖传统的公办公共服务事业机构，对正在成长的社会型企业和民办公共服务事业机构重视得不够。大力推进农民工基本公共服务体系供给侧改革，重在推进民办机构参与公共服务体系的建设和发展。首先，鼓励民办机构成为公共服务提供主体之一，使基本公共服务事业生产多元化。从而进一步激发市场活力，让市场在提供公共服务方面也发挥决定性的作用，使得基本公共服务供给侧与农民工需求侧合理配置，并进一步提高农民工基本公共服务体系的绩效。

三　提升农民工获得感与促进公共服务供给良性循环

如何使得农民工获得感与公共服务供给达到良性循环，迫切需要我们从理论与现实、从城市发展与农民工需求多方面综合思考。

（一）农民工服务需求助推公共产品主体多元

基于公共产品理论的经济学分析，农民工基本公共服务事业领域同时存在纯公共产品、准公共产品和私人产品，三类产品的供给责任和生产行为可以有多元组合形式。对民办机构等新型社会力量参与公共服务事业，要给予政策鼓励和支持，允许形成服务供给市场。

（二）农民工服务需求助推公共服务资源整合

基于新公共管理理论的管理学分析，公共服务供给要充分考虑农民工的实际需求，不能“一刀切”、过于追求形式主义。政府要围绕提升农民工获得感，制定相关的法律法规和切实可行的政策措施。公共服务事业领域的公共资源也要注重绩效评估，从而使得农民工在城市建设中提升获得感。

（三）农民工基本公共服务领域具有引进社会力量的需求和空间

第一，对公共服务事业而言：实现又好又快发展，解决社会发展“短腿”问题。一是弥补资金投入不足。社会力量参与公共服务事业，特别是民间资本的进入，将较好地发挥对财政资金的补充作用。二是有利于激发公办机构活力。社会力量参与公共服务事业，一方面增加了政府在公共服务生产主体上的选择面，减少了对公办事业单位作为单一生产主体的依赖；另一方面通过民办机构的专业性和灵活性来增强社会服务生产市场的竞争。三是提升资源利用效率。社会力量参与公共服务事业，将有助于在各个领域、各个环节整合并优化资源配置，通过专业化合作、先进管理技术引进和灵活性制度安排来促进资源利用效率的整体提升。

第二，对社会力量而言：实现健康持续发展，拓展发展空间。一是拓展民间资本投资空间。公共服务事业领域拥有巨大的投资空间，且具有回报稳定、社会效益与经济效益双赢等优势，使其获得大量民间资本的青睐。二是推动社会组织规范有序发展。社会组织进入公共服务事业领域，尤其是通过购买服务、伙伴合作等形式，将一方面推动公办社会组织的民办化，逐步向真正意义上的社会组织转变；另一方面促进民办社会组织的有序发展，成为联结政府与社会公众之间的桥梁与纽带。

第三，对农民工的需求而言：提升农民工获得感。伴随城市化进程，新生代农民工在城市发展和市民化的意愿更加强烈，不仅对基本公共服务保持旺盛需求，对个性化、专业化、潮流化的非基本公共服务也提出了新的要求，从而形成了多方面、多层次、多样化的社会需求体系。这时，社会力量参与公共服务事业，则是满足农民工特别是新生代农民工不断增长的各类需求所必备的选择。社会力量的参与模式和实现形式日益丰富多样。根据产权主体和运营主体的不同，目前社会力量参与公共服务事业主要有三种模式：一是公建民营；二是民办公助；三是民建民营。当前三种模式均不同程度地存在。但在政策实践中，三种模式又分为很多具体的实现形式，围绕政府和社会力量的合作机制，将场所设施建设和运营管理两个主要环节进行分拆，同时将资产转让环节穿插其中，形成了灵活多样的参与形式。

（四）农民工基本公共服务供给侧改革的实施路径

第一，以公共服务事业体制改革为先导。城市政府要加大公共财政投入比例，集中力量搞好基本公共服务，为广大农民工提供基本而有保障的公共产品，着力推进基本公共服务均等化；在非基本公共服务领域，大力推进市场化改革，鼓励社会力量以多种方式进入公共服务事业领域，加快发展相关产业。对于保障型公共服务和发展型公共服务，政府要创新服务提供方式，引入市场竞争机制，强化成本核算和绩效考核，提高服务效率和服务质量。

第二，以规范和完善参与的服务模式为依托。社会力量参与公共服务事业的趋势将以公建民营和民办公助为主，鼓励发展民建民营模式中的非营利形式。公建民营模式下，社会力量通过部分购买、租赁、承包、受托运营等途径参与公办机构的运营管理，引入市场化机制和管理理念，提高资源利用效率。民办公助模式下，社会力量出资举办公共服务事业，全面或部分承担公共服务的提供责任，在开办建设、日常运行等环节接受政府以政府购买、补贴、补助、税费优惠等形式给予的政策支持，这是社会力量参与公共服务事业的主流方向。

第三，以信息公开和360度服务监督为保障。各级政府要积极推进公共服务事业领域的信息公开，将其作为政府信息公开的重点。通过制定《政府信息公开条例》实施细则，在法律层面解决公共服务事业相关信息“公开”与“保密”的界限，加强360度监督，即完善各级政府部门对相关公共服务事业单位的监督，公共服务事业服务对象对公共服务事业服务提供者的监督，公共服务事业服务提供者同行之间的互相监督，司法部门的依法监督，以及理事会、职工大会和监事会的内部监督。

（五）公共服务政策对农民工市民化的影响及其建议

基本公共服务体系供给侧改革的最终目的是让农民工的获得感不断提升。

第一，明确社会力量参与的领域和条件，建立健全准入与退出机制。鼓励民办公共服务事业发展，首先是要破除服务供给侧的“铁门”“玻璃门”和“弹簧门”的障碍，使社会力量对参与公共服务事业这一新事物看得明白、进得来而且稳得住。为充分体现鼓励和引导社会力量准入与退出的法律法规，建议对社会力量参与公共服务事业逐步探索实行动态管理。针对现行法律法规不完备的问题，尽快启动《民办非企业单位登记管理暂行条例》修订工作，完善《中华人民共和国民办公共服务促进法实施条例》等。健全完善的准入退出机制是社会力量参与公共服务事业的“定心丸”。各级政府、各部门必须明确社会力量准入公共服务事业各领域的资质条件，全面清理整合涉及社会力量准入公共服务事业的行政审批事项。同时，建立健全社会力量的退出标准和程序。如果从事营利性活动，允许自由退出；如果从事非营利性活动，并享受政府相关优惠政策，在进行严格的清产核资后，允许撤走所投资产并取得合理回报。

第二，加大对社会力量的资金支持力度，提升其资金筹措能力。针对公共服务事业领域投资外部性强、规模大、周期长和收益率低等特点，建议从公共财政和金融支持两个角度来提升社会力量的资金筹措能力。公共财政方面，各级政府要充分发挥财政资金的保障性和引导性作用，逐步扩大财政资金扶持社会力量参与公共服务事业发展的资金规模，根据社会公共服务发展需要创新财政支持方式，重点支持社会力量从事非营利性或微利活动，提高财政资金的使用效率。同时，通过政府购买、财政补贴、贷款贴息等形式，鼓励和引导社会力量参与基本公共服务生产。金融支持方面，金融监管部门要加快完善社会力量的投融资体制，加强金融机构与社会力量项目的直接对接，积极创新对社会力量参与公共服务事业的授信、审贷、还款模式。

第三，创新政府向社会力量购买服务机制，推动民办公共服务事业产业化发展。建立政府购买服务机制是引导民办公共服务事业起步与快速发展的重要推动力。要鼓励和引导社会力量以兼并、收购、参股、合作等多种形式参与公共服务事业，积极探索公共服务事业服务、管理合同外包、特许经营等公私合作方式，拓宽社会力量进入渠道。探索将一部分建设资金转变为购买服务资金，并完善购买服务资金的使用管理。通过市场机制能够有效购买的社会公共服务，原则上政府不再安排对公办机构的新增建设投入。对于社会力量参与生产的社会公共服务，政府优先购买。

第四，落实对社会力量的各项优惠政策，提升农民工服务保障。除公共财政和金融支持外，税费、土地等方面的优惠政策也是民办公共服务事业可持续发展的重要保障。社会力量参与公共服务事业发展，按国家规定享受税收优惠政策，适当减免行政事业性收费。各地在新增用地规划中预留一定比例的公共服务事业用地，社会力量享有与公办机构、国有企业同等的供地待遇。非营利性公共服务事业用地可以划拨方式提供土地使用权，但不得擅自改变土地用途。鼓励社会力量将拥有使用权的土地和房屋投入公共服务事业，按照社会公共服务的内容和性质，分别给予不同的税费优惠和财政扶持。

第五，推进公共服务事业管理体制改革，增强民办公共服务事业的人力资源保障。改革公共服务事业管理体制尤其是公办社会服务机构管理体制，关系到民办公共服务事业发展的成败。推进公共服务事业单位分类管理，强制推进政事分开和公办社会服务机构的去行政化，建立现代社会法人制度。完善民办公共服务事业财会制度，建立完善的成本核算制度。鼓励社会力量向民办公共服务事业进行捐赠，通过非营利性的社会团体和政府部门向福利性、非营利性民办公共服务事业进行捐赠，允许在缴纳企业所得税和个人所得税前予以全额扣除。社会力量参与公共服务事业发展，不论营利性还是非营利性，其工作人员在职称评聘、科研立项、学术活动、评先评优等方面享受与公办机构、国有企业同类人员的同等待遇，促进公共服务事业领域人力资源的合理流动。将民办公共服务事业的人才培养纳入现代教育体系和技能提升培训体系，选择一批民办公共服务事业单位作为人才培训实训基地。符合条件的民办公共服务事业单位的服务人员可以纳入公益性岗位开发，给予相应的岗位补贴、社会保险补贴和教育培训补贴。

党的十八届三中全会、五中全会提出发挥市场在资源配置中的决定性作用，这包括农民工劳动力市场和公共服务供给市场，只有这些资源配置的市场化、多元化、科学化，才有农民工的市民化。因此，我们不能仅仅是在积分入户问题上做文章，关键是农民工的公共服务供给和需求如何配置。大规模的农民工融入广州，已经促使政府对积分入户政策不断改革，并同时向社会保障等领域扩展，其根本目的在于构建一个身份、待遇、权利同一的新市民制度。

第十六章

新型企业社区治理助推农民工城镇化研究

当前企业为稳定员工队伍，鼓励外来工将家庭安置在企业社区中，给予较好的住房条件与配套生活服务设施，并解决随迁未成年子女就近入学问题。企业社区为农民工城镇化生活提供一个很好的平台，但它与地方社会相隔离，社区社会服务无法延伸到企业社区。由于企业经济理性主义，其对农民工及其家庭社会问题缺乏关注，导致农民工个人与其家庭的社会问题难以得到解决，从而影响农民工及其随迁家庭生活质量的提升。

一　企业社区治理背景与文献评论

“企业社区”是企业办社会的产物。在计划经济时代，大中型企业都有自己职工的生活区或职工相对集中的居住区，负责解决员工生活、教育、医疗、娱乐等方面的需求，是为单位制。现在也有大中型民营企业也为员工提供住房，且配套生活设施齐全，基本上能满足企业员工家庭的生活需求。企业社区内还有食堂、超市、田径运动场、图书阅览室、网吧等娱乐设施，并协助解决企业员工子女就近读书问题。民营企业从稳定员工队伍角度出发，兴办企业社区，提升了外来务工人员的生活质量，承担着推进农民工城镇化的重要任务，但企业社区也出现员工家庭问题，如随迁子女教育问题、早婚早育问题、夫妻关系紧张与家庭暴力问题。针对员工家属与员工家庭问题，企业并没有专门人手负责解决这些问题，影响外来工的生活质量，也影响到社会稳定。本研究在此借助对福建泉州企业社区的实地调查，探讨企业社区的形成机制，厘清企业社区对于农民工城镇化的积极意义及存在的问题。

农民工城镇化是指农民工从农村转移到城镇，并获得一份稳定的职业与职业收入，并将家庭也迁移至城镇，在城镇过上正常的家庭生活。考核农民工城镇化水平的指标，主要是就业、家庭成员整体随迁情况，以及家庭成员在迁入地城镇生活水平、生活时间长短。至于是否拥有流入地户籍并不是很重要的问题。

当前流动人口家庭化流动明显，根据“六普”数据统计，两代户、三代户家庭户分别占全部流动人口家庭户的38.52%、5.04%，表明中国流动人口以家庭为单位已成为常态。人口流动的家庭化过程大致有4个阶段：第一阶段为单个个人外出流动；第二阶段是以夫妻共同流动为主；第三阶段是核心家庭流动为主；第四阶段为扩展家庭化阶段，即核心家庭在流入地稳定下来之后，青壮年流动人口进一步将父母列入随迁的考虑范围。当前农民工城市化受户籍体制的影响，这种城市化是一种“半城市化”。尽管现在很多地方放开户籍，落户条件较宽松，但很多外来工买不起商品房，面对不确定的未来，他们中的大多数人仍然要过着年轻时在外地打工，年老时再回老家定居养老的生活。在这段漫长的外地打工生活期间，他们或居住在工作单位所提供的宿舍里，或是自己租住私人民房。

企业向员工所提供的宿舍属于企业非法定福利，企业可以提供，也可以不提供。但20世纪90年代以来，私营企业兴起后，向职工提供宿舍成为一种普遍现象。从企业人力资源管理角度来看，为员工提供福利，是稳定员工的重要措施。企业福利可分为法定性福利，如社会保险、带薪休假等；非法性福利，如员工宿舍、职工食堂等。从福利形式上来看，企业福利可分为：经济性福利，指除了工资和奖金外企业给员工提供的经济性补助，包括退休金、养老保险等。设施性福利，指为了满足员工的日常生活需要，给员工提供相关硬件的服务设施，包括阅览室、员工餐厅等。娱乐性福利，指为增进员工的社交、促进员工的身心健康而提供的一系列福利项目，包括各类文体活动、员工旅游等。

中西企业史研究表明，英国、日本等国家在工业资本主义兴起时，企业为雇员提供的住宿并非暂时性的，而是一项长期性的制度化措施。近代上海一些外资企业也为工人提供宿舍等。在计划经济时代，作为“全能机构”的国有企业也曾经普遍为其员工提供住房、医疗、教育、养老等全面、长期的福利性设施和保障。20 世纪 80 年代以来，中国私营资本主义兴起，由于企业的大部分务工人员都是外来人口，提供住宿成为职工福利的重要组织部分。在任焰、潘毅看来，厂家给产业工人提供的宿舍体现的是资方对农民工的一种剥削与控制，而不是出于道德理念和企业社会责任。宿舍劳动体制是全球资本的经济逻辑与国家制度的政治逻辑共同作用下所产生的一种独特而具体的生产空间形态，可以将劳动力成本一直维持在较低水平，并具有生产效能高的特点。农民工居住在工厂提供的集体宿舍，宿舍几乎没有任何容纳个人隐私的空间。工厂利用宿舍暂时安置外来劳动力，承担起劳动力日常再生产的宿舍劳动体制将农民工在城市中的临时劳动与其日常生活再生产最大限度地整合在一起。魏万清以珠三角企业调查资料为基础，从全球资本经济逻辑出发，在探究了资本主导型劳工居住方式背后的逻辑后认为，企业为劳工提供住宿，是在面对激烈的全球竞争的情况下，对劳工进行生产控制的竞争策略，是企业经济理性的产物。任焰等通过对珠三角的调查，认为无论是资本主导型还是社会主导型的居住方式，农民工的居住条件都比较差，远不及当地户籍人口的居住条件，甚至比其在农村的居住条件和居住质量还差，农民工所拥有的仅仅是一个恢复劳动力甚至是睡觉的场所，除此以外几乎不具备任何休闲、放松和保护隐私的功能。同时作者认为，在城市打工的农民工的居住方式基本上是资本主导或社会主导，几乎看不到国家或地方政府在解决农民工居住方面的直接贡献。

长期以来，很多企业只注重对员工进行单方面的物质激励，长期忽视员工的精神福利，不关注他们下班之后的生活问题，引发的员工生活问题特别多。2010 年富士康发生的 14 起员工跳楼事件更是引起社会各界的广泛关注。中山大学刘林平课题组对珠三角与长三角地区的企业农民工进行调查发现，10.16%的珠三角农民工有精神健康问题，需要进行心理干预，比长三角高1.26个百分点；有1.21%的农民工精神健康问题较为严重，需要进行重点干预；“90后”农民工的精神健康问题比“80后”稍高。在企业社区中，员工也获准带家属在企业所提供的宿舍里共同生活，员工家庭问题所引发的社会问题也不可忽视。

本研究在此提出企业社区概念，主要是指企业面对劳工短缺与劳工权利意识觉醒，提供更多的非法定性福利，如宿舍以增加员工的稳定性。这种措施客观上提升农民工城镇化生活水平。本研究问卷调查数据来自2011年的泉州与福州企业员工调查，定性调查来自2012年秋季至2013年春季的泉州晋江与南安等地企业的实地调查。

二　企业招工福利竞赛与企业社区的形成

近些年来，中国制造业企业面临日益严重的招工难问题，企业招工难与中国劳动力供给减少有关系，也与劳动者权益意识增强有关系。中国制造业企业员工以外来工为主体，在外来工群体中，青年人占多数，他们求职时除关注企业所提供的工资与工作时间之外，比较关注企业所在的地理位置，位于市区或靠近市区较受青睐，同时也希望企业提供的宿舍等生活设施较齐备。可见，外来工在求职时不仅关注企业的工资水平，也关注其自身劳动与生活环境。在同一个地区，企业提供的工资待遇基本相差不大，但企业所提供的生活环境与企业福利却有一定的差别。此时，求职者更倾向于到那些能提供较好生活环境的企业工作。因此，企业在招工时力求以更好的生活环境，丰富的企业福利来吸引外来工，留住外来工。

福建泉州劳动密集型的制造业非常发达，这里的大中型企业都建有自己的职工宿舍，并以较好的企业福利招揽员工。企业在管理实践中发现，夫妻都在本企业工作的员工，他们的流动性较低，招来容易，也留得住。因此，它们在企业福利待遇上，向夫妻员工提供更好的福利待遇，如为夫妻员工提供套房，内部厨房、卫生间等设施齐全，同时还协助解决随迁未成年子女就近入学读书问题。夫妻双方都在企业工作，他们不仅将自己的子女带来，还将他们的父母接来，这样在企业生活中，就存在很多员工家庭。在多数企业中，夫妻员工数量要占到企业员工总数的1/3，部分可以达到1/2。

泉州JM公司为一家大型水暖卫浴生产企业。公司在2010年的招工广告中就提出十大福利：1. 各种社会保险；2. 带薪年休假；3. 年终绩效奖金；4. 免费住宿；5. 福利性食堂；6. 各种培训及内部晋升机会；7. 工龄工资、技能补贴；8. 互助基金（家庭困难员工可申请）；9. 员工活动室提供台球、乒乓球、羽毛球等活动器械，每天免费适时开放；10. 每月职工生日聚会。

泉州XY公司为一家大型卫浴生产企业。公司在2012年的招工广告中提出12大项福利：1. 国家法定五险一金福利；2. 免费住房福利，宿舍配空调热水器等；3. 平价食堂，提供餐费补贴；4. 假日福利：带薪年假、带薪法定假日、带薪婚假、带薪丧假、带薪产假、节日值班补贴等；5. 春节开工福利：新老员工车费报销、募工奖等；6. 生产型福利：满勤奖、绩效奖、超产奖等；7. 工龄奖、评优奖；8. 员工生日会、结婚祝贺金，丧葬慰问金；9. 互助基金、意外伤害保险；10. 待料轮休补贴、机台补贴；11. 拓展培训晋升。12. 员工活动室提供台球、乒乓球、羽毛球等活动器械，每天免费适时开放；13. 花园式厂房与生活区。

通过以上两个企业的案例可以发现，企业招工广告对于企业工作与生活环境介绍很多，除了标明工种、薪酬，还把生活条件、文化活动等“隐形福利”写得清清楚楚，以吸引务工者。广告上配的图片展示的是这样一番情景：花园式的厂房、井然有序的流水线、干净整洁的食堂和宿舍、丰富多彩的职工娱乐活动等。泉州地区企业的自主福利基本可以覆盖员工工作、生活的基本需求，让员工进厂后处处感受到生活的方便与舒适，企业社区力求打造“厂家合一”的生产与生活氛围。一家企业的人力资源部经理告诉笔者：我们公司的企业福利项目在招工时起了很大的作用，今年不少务工者来应聘时就坦言自己喜欢这样的工作环境。并且我们公司也规定，新员工一进公司就签订正式的劳动合同，这也让他们能更愿意留在这里工作。我们公司今年的招聘量并不大，老员工们在今年节后返工率很高，愿意继续为企业效力。

（一）国家法定五险一金福利

在针对泉州地区调查的529个有效样本中，参加养老保险者为150人，参保率为28.4%；参加医疗保险参保样本229个，参保率为43.3%；工伤保险参保人数为273人，占样本总数的51.6%。根据人力资源和社会保障部发布的《2011年度人力资源和社会保障事业发展统计公报》，截至2011年，我国外来工总数约为2.5亿人，2011年参加养老保险、医疗保险、工伤保险的人数分别是4140万人、4641万人、6828万人，参保率分别为16.56%、18.56%、27.31%。如表16—1所示：和全国数据对比来看，样本的养老保险、医疗保险、工伤保险的参保率均高于全国平均水平。

表16—1　泉州与福州地区社保参保水平和全国平均水平对比　（单位：%）

类别	全国	样本	高于全国
养老保险	16.56	28.4	11.84
医疗保险	18.56	43.3	24.74
工伤保险	27.31	51.6	24.29

泉州与福州地区社会保险参保率较高，也许与我们调查时选择的主要是大中型企业有关系。但即使在大中型企业，企业对于员工参加社会保险也是有选择性的，那些想上市的大企业会积极给员工交纳社会保险，其他企业则没有这种积极性，特别是中小企业。有些员工不愿意与企业签订长期劳动合同，他们希望以一年为一个流动周期，并不希望企业给自己交纳社会保险，他们希望企业发现金更实惠。

（二）住房福利

对福建沿海地区制造业企业员工的调查显示：外来工主要是通过员工集体宿舍来解决住宿问题。如表16—2所示：在调查的529个样本中，住在员工集体宿舍的有369人，占样本总量的71.0%；居住出租屋的有 109 人，占样本总量的 21.0%。

表 16—2　　泉州与福州地区制造业企业员工住宿情况（N＝520）

类别	样本（人）	百分比（%）
员工集体宿舍	369	71.0
出租屋	109	21.0
借住亲友家	9	1.7
借住亲友单位宿舍	5	1.0
临时工棚	5	1.0
自购房	14	2.7
其他	9	1.7
合计	520	100.0

从居住条件来看，样本总体受访者的平均住房面积为 12.47 平方米。其中，居住在出租屋的外来工平均住房面积为 17.82 平方米；居住在员工集体宿舍的外来工平均住房面积为 9.20 平方米。对外来工居住房间基本生活设施数据进行多重相应分析发现：如表 16—3 所示，样本中 50% 以上的外来工居住房间都有卫生间、冲凉房、阳台、热水器、衣柜、空调等基本的生活设施，而冰箱、洗衣机、厨房等设施则拥有率较低。由此可见，企业向员工提供的住房福利能够满足员工的基本生活需要。

表 16—3　　员工宿舍基本生活设施多重相应分析表

居住设施	热水器	冲凉房	厕所	阳台	厨房	洗衣机	电视机	电风扇	衣柜	饮水机	空调	冰箱
百分比（%）	63.5	81.7	97.8	71.4	18.5	15.3	30.0	49.9	46.9	14.2	61.0	4.1

泉州企业提供给工人的宿舍与住房都是免费的，另外员工宿舍水电费还可以减免。XJ 公司工人单身宿舍用水用电都是免费的，公司还负责食堂所有的水电和煤气支出；TG 公司给予工人每个月每人 20 元的水电补助；MF 公司用水是免费的，用电则是给工人每人每月 10 度的补助，超过的部分要自付。

在调查的几家私营企业中，这一点做得较好的是晋江市 LL 公司。该公司提供给工人的工作和生活环境是比较优越的，车间里安装了空调，在适当的位置还安放了饮水机；提供给工人 6 人一间的集体宿舍，宿舍里装有空调，并且有独立卫生间。南安市的几家公司因为是陶瓷加工、铝材加工等企业，工厂车间的环境改善不易，主要着力于改善工人的住宿条件，南安市的几家公司都有职工公寓，XJ 公司除了给工人提供集体宿舍外，还提供公寓，一般是两个人一间，并且公司正在筹划建设新公寓，以解决公司集体公寓拥挤问题。TG 公司给工人提供的全部是三室一厅两卫的套房，根据工人工作时间的长短提供待遇不同的居住条件。而 MF 公司也新建了职工宿舍，并给夫妻职工提供了单间，并安装了有线电视和网络宽带。

TG 公司在招工广告上说，“后勤服务力求营造家的效果”，公司员工宿舍都是套间，分两室一厅一厨二卫与三室一厅三卫两种规格，如果是单身职工，要求四人一间；夫妻员工则可以独立享受一间，厨房与客厅要共用。公司宿舍管理制度还规定，工作满三年的夫妻员工，因为有子女或父母来公司同住，可以申请两室一厅的套间，多申请的一间交 100 元房租即可。因为这项政策，许多外来工夫妻带有子女在公司宿舍同住，有的还把父母接来。

对于外来工家庭，若在外面租两室一厅的房子，租金每月没有千元是拿不下的，现在住在厂里基本上是免费的，另外公司还提供其他方面的福利待遇，如用电，每人每月 6 度免费用电额，超过则要交费。用水也是，每人每月是 1 吨免费自来水额度，超过则交费。

MF 公司创办于 1993 年，企业刚刚兴办时，职工宿舍是 8 人间，配 4 张上下铺床，房间内并没有卫生间。当时员工也没有夫妻房，夫妻员工只能到厂外去租房子住。2004 年后，企业招工出现困难，企业开始为普通员工设置夫妻房，只是将原来的单身职工宿舍改为夫妻房，普通员工宿舍也由 8 人间改为 6 人间。2008 年以后，企业新建厂房，职工宿舍开始改为 4 人间，房间内已有卫生间与阳台了。2012 年后，所有单身宿舍都配有空调。对于企业工龄在三年以上的员工可以申请 2 人间的待遇。MF 公司员工宿舍条件改善快，这与周边其他企业宿舍条件改善快有关系，如果员工宿舍不做改善，招工与留工变得很困难。

（三）职工食堂

泉州企业大多自办食堂，也有采取外包制，但给员工发放伙食补贴，一般每月在150元左右。员工食堂听起来像是计划经济下的产物，只有国有企业才有，实际上，西方发达国家的大中型公司都办有员工食堂，向员工提供优质低价的食品，作为重视员工的生活和个人健康的重要措施。员工食堂也被列为职工福利的重要组成部分，属于企业自愿性福利，不在强制性福利之列，企业可以选择办员工食堂，也可以选择不办。

以MF企业为例，企业按照每餐1.5元的标准给予食堂补贴，员工需每餐自付3元在食堂就餐。如果到企业外的营业性餐厅就餐，每餐则需要5—6元，MF企业通过福利性食堂这一福利项目为员工节省一半的就餐费用。位于南安市仑苍镇的OL卫浴则是直接向员工发放餐费补贴，标准为每月250元。OL卫浴人力资源部的员工表示“公司内部也有餐厅，发放餐费补贴是为了照顾员工不同的就餐方式”。

（四）体育健身、休闲娱乐等设施

各个企业能够提供的设施不同，一般规模越大的企业能够为员工提供的设施越健全。以南安市仑苍镇的ZY建材为例，能够提供包括篮球场、乒乓球室、台球室、图书馆、KTV包房等设施。调查组走访多家大型企业社区，发现很多健身器材多闲置，并没有员工使用。究其原因，员工加班时间太多，没有休闲时间去运动。另外，在智能手机普及的时代，手机也能上网，企业免费网吧对于员工也没有吸引力了。

（五）协助解决子女就近入学读书

在农民工“举家迁徙”进厂打工的大背景下，子女读书成为企业必须面对的问题。尽管政府规定公办中小学要招收外来工子弟，并且像本地生那样，免收学费。但公办中小学在招收外来工子弟时，经常借班级生源已满，或认为外来工子弟难以管教，予以拒收。在这种情况下，企业出面干预是最有效的解决办法。

M 公司为解决员工子弟就近读书问题，与附近中小学保持良好的关系，每年的六一儿童节都要给附近的一所公办小学赞助费，对于附近的公办中学则在每年的教师节给慰问费。企业因此也获得热心支教的美名，也顺利解决了员工子弟读书问题。

当前中小城市的落户政策已比较宽松，但大多数外来工并不期望落户，他们仍然担心自己的工作收入不稳定，也没有自己的住房。现在对他们落户的最大动力是孩子就地上学，还有参加高考。一些打拼到企业中层的外来工比较倾向于将户口转到打工地，他们有能力购买住房，经济收入预期稳定，所以落户比较坚决。但普通员工则没有这方面的动力，他们的孩子学习成绩并不好，通过将户口转到东部打工地，也不能让他们的子女考上一所比较好的大学。

在以上五种法定与非法定福利中，员工对于非法定福利感到最有必要，对于法定福利（主要是社会保险）则认为是可有可无的。企业在招工时也多是打非法定福利牌，以期招募与挽留更多的员工。通过以上企业硬件与软件福利建设，企业社区已具规模，企业社区紧邻生产区而建立。在企业社区内，建有职工宿舍、职工食堂、员工超市、员工娱乐中心。在企业周边则有社会资本开设的超市、饭店、理发店、网吧、菜市场、幼儿园等。这些商业服务所占用房产主要是由企业投资，社会资本承租后经营。对内服务实行低价收费，对外则市场价收费运营。与城市私人出租屋相比，企业社区宿舍具有明显的优势，一位曾经租住过私人出租屋的员工这样介绍他的感受。

我以前与老婆在市区经营露天餐饮大排档，工作较自由，收入还可以，不过因天气影响收入也不稳定。我们一家三口挤在一间私人出租房内，每月房租与水电费、卫生费花 500 多元。我们与当地人很少交流，有时家里还遭贼，感觉生活太奔波。后来经老乡介绍，我们两口子到 TG 公司工作，收入与原来差不多，但住得比前好得多，而且房租不用交，用水用电还有补贴，还有老乡可以串门聊天。公司还帮助孩子在附近公办小学读书，我现在才觉得还是进厂好。我现在的唯一希望就是公司效益好，全家的收入得到增加。（TG 公司 W 姓员工）

从以上农民工企业社区工作与生活来看，农民工城镇化是指农民工从农村转移到城镇，获得一份稳定的职业与职业收入，并将家庭也迁移至城镇，在城镇过上正常的家庭生活。考核农民工城镇化水平的指标，主要是就业、家庭成员整体随迁情况，以及家庭成员在迁入地城镇生活水平、生活时间长短。至于是否拥有流入地户籍并不是很重要的问题。

三　当前企业社区存在的问题与分析

企业员工及员工家属工作、生活在企业社区中，他们的日常生活也面临着很多社会问题。相比较而言，带家属的员工的家庭问题要比单身员工多。这些社会问题是需要企业干预的，但企业目前则没有注意到，或没有人力去干预，而企业所在的社区居委会更是无能为力。

（一）单身员工的社会问题

MF 厂的外来务工者来自五湖四海，但他们往往会因地缘、亲缘关系结合成较紧密的“初级群体”。在公司分配岗位和住宿时，他们更倾向于“团结”在一起。这样吃、住以及工作都在一个区域，让彼此有了较多的情感支持，获得更多的安全感。这种亚群体的长者即来工厂较久、较有资历的老员工会充分发挥“传、帮、带”的作用，将自己好的东西与坏的习惯也影响到新人。小员工不懂选择性吸取，于是抽烟、酗酒、飙车等坏习惯很容易养成。另外，在城市文明的熏陶下，年轻的农民工学着像城里人那样衣着时尚，懂文明讲礼貌，尽量让自己从衣着到言谈举止更加“城市化”，改掉了随地吐痰、乱扔垃圾纸屑等坏习惯，通过仿效城市人的方式来消退自身的乡土气息。尽管 MF 厂中的大部分农民工已经在城市工作多年，可仍然无法与城市人建立起生活交往圈。总体来看，他们依然是游离于城市和农村之间的“边缘人”，是很难融入城市的“陌生人”。青年期是个人生活习惯形塑的重要阶段。青年农民工在学习工厂的现代化技能的同时，也沾染上一些烟瘾、酒瘾、网瘾、赌博等不良嗜好，他们的生活习惯和生活方式比较糟糕，“月光族”不乏少数。

W 是刚进厂几个月的新员工，年仅 18 岁的他平均一天要吸一包烟，问及是否知道抽烟对身体的巨大伤害时，他满不在乎地说，车间里的很多老员工的烟瘾比他大多了，他还算是吸得比较少的。平时工作时间太长，身体受不了，吸烟可以减缓身体的劳累和疲乏。他一般买 7 元到 10 元的香烟，每个月下来吸烟的消费就高达 300 元，加上其他生活花销，以及每个月定期请师父聚餐消费，他一个月的工资几乎所剩无几，成了响当当的“月光族”。

一些青年员工因长期沉迷于网络，被公司辞退。最典型的一个案例是一个 19 岁的男性员工旷工一星期，埋头在员工宿舍里打游戏，被工厂发现后按规定辞退，可见网瘾对其工作和生活影响之大。一些员工下班后选择酗酒的方式麻痹自身，酗酒增加了不少安全隐患。就有一位男性青年员工因酒后骑着摩托车撞向一辆大货车而引发人身伤亡事故，给家庭和社会带来无法估量的损失。据调查，MF 厂每年都有几例员工酒后驾车引发伤亡的事件。除此之外，一些员工养成下班后三五成群赌博的不良嗜好，每个月的工资一发下来就拿去赌博，往往负债累累，入不敷出，几乎没有余钱去谈恋爱。当然，与其确立恋爱关系的女性一旦发现他们有这些不良嗜好，肯定是避之而不及，马上与其断绝恋爱关系。青年员工的不良嗜好，不仅使他们在经济上变成“月光族”，也损害了他们的身心健康，而且也严重影响到他们的恋爱择偶与成家立业。

（二）员工随迁子女教育问题

MF 公司住厂员工以夫妻员工居多，他们将家也安在公司内，大孩子可以在附近的中小学就读，小孩子可以上幼儿园。MF 厂的外围社区就有家私立幼儿园，是有人租用公司场地办的，员工子女与本地儿童一样交学费，没有优惠。孩子入园每人每月需交 400 元的学费，这对单职工家庭而言已是不小的开支，因此一些员工宁可让自己的妻子、父母照看子女，也不愿送孩子去幼儿园。MF 厂附近的村子里有一所小学，镇上有初中和高中学校，随着国家对农民工子女就学问题的日益重视，政策扶持力度不断加大，而且逢年过节，MF 厂都会为附近的学校捐赠数额不等的“赞助费”，因此农民工随迁子女的就学问题也迎刃而解。然而农民工整日忙于工作，很少顾及孩子的学业和精神感受，存在家庭教育缺失现象，不少农民工子女处于“放养”状态，寒暑假期间父母工作，他们就结群玩耍，往往会产生很多安全问题，令家长十分担忧。因为家长大部分文化水平比较低，无法辅导小孩学习，再加上要上班根本没时间来照看小孩。为了防止小孩到处乱跑，有些家长只能将小孩锁在家里，小孩单独在家危险仍不可忽视，但也没办法了，毕竟农民工家长能力有限，没有条件让孩子上寒暑假课外班。有的小孩在家自制力较弱，整天玩电脑、看电视。有的小孩会成群结队地跑到工厂车间去玩，这是相当危险的行为。这不仅给家长带来不少困扰，也让公司管理人员很伤脑筋。

（三）员工家庭关系问题

2004 年，A 家庭夫妻加子女共 4 人，从湖北随州来此务工。丈夫在公司成品库上班，每天的工作就是将加工好的铝型材搬到货车上，妻子今年仅 19 岁，但已经是两个孩子的母亲，没有上班工作，全职带孩子，她老公的父母和亲戚也在这个厂里打工。她与老公是同乡，在打工过程中认识并结婚，夫妻二人的感情基础并不牢固，经常出现矛盾、吵架甚至家暴行为。

“因为我老公知道自己的经济状况不好，担心我出去打工后，跟着别人跑了。因为我们村子里的一些已经结婚了的年轻女人出去打工后，就跟着打工的人好上了，有的再也没回来，有的回来了也是离婚收场。平日里我俩的关系时好时坏，他平常爱喝酒，生起气来特别可怕，有时候还会动手打我呢！”

她向笔者抱怨她和婆婆难以相处。“我老公的父母和亲戚也在这个厂里打工，不过平日里繁重的工作已经让大家精疲力竭，虽说一家人都在一个厂工作生活，但很少联络走动。特别是我的第二胎还是女儿，婆婆一心想抱孙子，一听说是女孩，从孩子出生的那一刻起就很嫌弃，现在孩子 6 个多月了，还没有过来抱过我的小女儿。对于我被老公打骂，他们也不过问。（我觉得）就我的命不好，我妈妈生我们的时候我奶奶可是对她细心照顾，我怎么没有遇到一个像我妈妈那样的好婆婆呀？”

A 家庭的社会问题表现在：早婚，孩子也无法落户；夫妻关系紧张；重男轻女，导致生育两个女儿的儿媳妇被公公婆婆冷落。

D 家庭来自贵州毕节，一家 7 口人挤在工厂一间 10 平方米的宿舍内，成员有四十多岁的父亲与母亲，大儿子一家 3 口，以及未成年的女儿与次子，他们在工厂附近中小学读书。大儿子今年 18 岁，但已当上孩子爸了，属于未婚生子，孩子不到 1 周岁。大儿子两年前一个人在晋江打工时通过 QQ 聊天认识了一个晋江本地的农村女孩，年龄也只有 16 岁，当年他们就未婚同居，女孩怀孕快生产时，女方父母才知道女儿有了男朋友，但坚决反对这桩姻缘，但女孩子坚持，于是孩子生下来，女方父母因此就不过问他们小两口的生活。由于没有达到法定结婚年龄，他们在一起，既没有婚姻登记，孩子也没有上户口。大儿子自老婆生孩子后，就没有再出去找工作。父亲平时爱喝酒玩牌，不怎么往家里拿钱，一家人的日常生活支出都由在挤压车间工作的母亲负担。平日里母亲需要工作 12 个小时，还要照顾只有几个月大的小孙子，生活非常疲惫，苦不堪言。18 岁的大儿子及儿媳整日窝在宿舍，除了带孩子，就是上网打游戏、聊天。父母多次劝告大儿子与儿媳妇要出去找工作，然后搬离这个职工宿舍，孙子可由他们代养。然而五个月过去了，大儿子还是沉溺于网络游戏，不顾家也不照看自己的孩子，令其父母感到无奈无助。儿媳妇也没有找工作，主要任务是带孩子和为全家人做饭，问及丈夫这种不挣钱养家的行为，她表示暂时只能这样，他们一家三口寄居到婆婆的员工宿舍也是没有办法，她和丈夫目前还买不起房子。对于未来的打算，她说还没有想好，可能等孩子大些了会继续打工，或者摆地摊做些小生意。

这个家庭真是问题重重，大儿子没有到法定结婚年龄就未婚生子，孙子也没有登记户口；大儿子还有网瘾，不肯工作，啃老；父亲也喜欢喝酒赌博，没有多少钱养家；一家七口人挤在 10 平方米房子里，过度拥挤。对于该家庭的特殊困难，企业方面提出欢迎其大儿子与儿媳妇到公司就业，如果大儿子能到公司上班，公司就再分配一间夫妻房给他们家，房租全免。如果大儿子不肯来公司就业，企业提出只要每月付 200 元房租也可以分配一间房子给他们家庭。但是大儿子觉得在 MF 公司上班太辛苦，不愿意。母亲觉得每月 200 元的房租太高了，一家 7 口人只好这样挤着过日子。

G家有两代4口人都在MF公司工作，父母与儿子、儿媳分别居住在两间夫妻房性质的职工宿舍，但吃饭都在一起。儿媳妇反映，“刚来到他家，其他人我都喜欢，而且相处得很好，除了我的婆婆。我婆婆经常很懒，吃完的饭碗都不洗干净，夏天衣服穿很久也不换，再加上她听不懂我说普通话，对我这个爱干净的儿媳妇特别不满，就开始耍婆婆的威风，甚至冲我发脾气。还好有我老公在，他站在我这一边，并悄悄告诉他妈，只有对我好，我俩才会在她晚年更孝敬她。结果这招真好使，现在婆婆对我可好啦！饭也主动做，衣服也主动帮助我们洗，我还和婆婆经常一起去逛街呢！”

G家庭存在婆媳不和问题，幸好通过内部协调磨合，解决了问题。但据笔者的研究生在MF企业的调查，这种婆媳关系不和在企业社区中并不是个案。

企业针对有工作问题的员工，例如如果不上班，都是辞退处理。对于员工家庭问题，这不属于生产性问题，企业并不过问。只有发生打架事件，公司保安才过来干预调解，但调解工作很粗糙，不能解决问题，他们需要得到细心的帮助。笔者对于MF企业社区发生的早婚早育、计划外生育等问题征求MF企业所在的镇的村干部时，他们说这些事他们管不了，因为他们是外来人口，流动性强，要管还是归流出地政府管。企业社区外部对于企业社区的管理，仅仅是地方派出所要求外来工要办暂住证、居住证，此外并无其他实质性行动。

四　需要继续研究的问题与思考

（一）企业社区只是临时庇护所

企业社区为员工及其家属的工作与生活提供了良好的空间，提升了农民工城镇化生活的水平。但企业社区对于员工来说，只是一个临时的庇护所，员工与企业之间的关系是依靠劳动关系维系，一旦劳动关系解除，工人就不能再住在企业提供的宿舍里，就必须离开企业社区。如果工人临近退休，他们就会选择回乡养老了。因为他们在城市里没有购房，租房成本太高，回乡安度晚年是很多农民工的归宿。能做到60岁算是很不错了。很多员工觉得自己不能做到60岁，55岁时就要回乡种地去。劳动力生命周期结束就要返乡定居。另一种可能，如果子女孝顺，跟随子女住。但男性老年人没有这么乐观。老母亲可以为子女带孩子做饭，而老父亲跟子女过，显然不受子女欢迎。劳动力生命周期结束，就要回农村，这种城镇化也只是“半城镇化”。面对高昂的房价与生活成本，企业社区的存在降低了农民工的生活成本，提高了他们的适应能力与生活品质。

（二）企业不合理的工作时间规定影响员工生活品质

超时加班问题仍没有解决，员工就是工作机器。每天要加班两个小时以上，每周休息也不到一天。企业认为员工想加班。这也导致企业投资建设的文化体育等娱乐休闲设施利用率不高。社会保险仍存在问题，养老保险与医疗保险也并非人人都拥有。单身员工宿舍条件有待改进，6 人制的宿舍比较拥挤，也缺乏隐私保护。尽管夫妻员工在住房方面的待遇与单身员工好得多，但企业较长的劳动时间使他们也很少有时间照顾随迁的孩子。民营企业工资集体协商制度还没有建立起来，为寻求更高的工资待遇，他们主要通过离职跳槽来实现。

（三）企业社区也需要社会工作干预

民营企业从稳定员工队伍角度出发，兴办企业社区，提升了外来工的生活质量，承担着推进农民工城镇化的重要任务，但企业社区也出现各种员工家庭问题，如随迁子女教育问题、早婚早育问题、夫妻关系紧张与家庭暴力问题。针对员工家属与员工家庭存在的问题，企业并没有专门人手负责解决这些问题，这不仅影响外来工的生活质量，也影响到社会稳定。在中国计划经济时代，国有企业中的工会、青年团、妇联等机构都从事员工辅助类的工作，为本企业员工解决个人问题，如婚恋、家庭纠纷等，其职能如同我们现在所说的企业社会工作。改革开放后，国企改革，经济利益至上，企业工会、青年团、妇联等机构开始虚置。当前学界与政府也看到企业社区所存在的社会问题，往企业社区派驻职业社工，通过社会工作服务来解决员工及其家属所遇到的社会问题，但目前在广东的企业社会工作试点工作只能解决一些员工的个人发展问题。

（四）发挥企业在农民工城镇化过程中的积极作用

促进农民工城市化、市民化，深入推动农村劳动力转移对于促进城乡一体化、遏制城乡收入差距扩大、扭转经济发展的增长方式等具有十分重要的作用。农民工市民化，需要政府、企业协同努力。过去我们更多强调政府责任，如改革户籍管理制度，但如果解决不了农民工的就业保障与住房问题，即使给了农民工城市户籍，他们也无法立足于城市社会。现在许多城市的流动人口户籍管理与居住证制度都与劳动关系挂钩，这在客观上也要求企业在农民工市民化过程中发挥积极作用。民营企业社区的兴起，为农民工城镇化提供了较好的平台。一些企业积极履行企业社会责任，与政府共同分担农民工市民化的成本，为农民工提供稳定的就业岗位，以及收入增长预期，提供养老、医疗等社会保障，以及住房、培训等员工福利，增强农民工在城市的适应性。农民工通过融入就业企业，再融入城市社区，这样农民工市民化才有坚实的经济基础。政府可以通过落实法制、经济与社会等多种手段，积极引导企业在农民工市民化过程中履行企业社会责任。法制手段就是认真贯彻执行劳动法，推动企业工会的组建与形成工资集体协商制度，维护农民工权益。经济与社会手段就是对积极履行企业社会责任的用工企业减免税收或财政补贴，以及表彰宣传等。

第十七章

乡村治理：新时代农民非正规就业的治理逻辑[①]

国内关于非正规就业的研究，大多是以城市为观察视角，忽视了非正规就业人员身后的农村社会经济状况。把农村作为研究的起点，不仅可以纳入更多的非正规就业形式，如农民兼业和个体经营等，更为重要的是，它还能够通过对比“传统部门”内不同程度的乡镇企业发展与农业经营方式变化，从而发现非正规就业的差异化形成机制。作为20世纪20年代就已备受学界关注的农村社会，河北定县有着深厚的学术研究传统。本研究选取了当地两个具有不同特征的村庄，发现附近是否存在乡镇企业很大程度上决定了农民打工的距离远近，即离乡还是不离乡，这也进一步影响农民收入水平的高低。无论是以建筑业为主的离乡务工，还是以作坊式乡镇企业为主的在乡务工，其员工在工资水平、工作条件和福利保障等方面均处于不利位置。与此同时，农村内部经营方式变化也会影响甚至促成新的非正规就业。土地规模经营更大程度上解放了农业劳动力，客观上扩大了农民外出的潜在规模；从种植粮食作物到经济作物的转变，使得农民兼业形式变得更加多样化。最后，我们尝试建

---

① 本研究获得中国人民大学“统筹推进世界一流大学和一流学科建设”专项经费的支持。项目名称：中国农村社会变迁与治理转型——河北定县农村百年演变的调查研究（项目批准号：15XNLG04，主持人：洪大用）。

立一个由村庄内外部环境共同作用形成的经验框架来解释农村非正规就业的变化机制。

一　两个村庄的非正规就业比较

中国的市场化改革产生并推动了庞大的非正规经济和非正规就业群体，这在近些年里引起了国内外学者愈发强烈的关注与讨论。就非正规就业而言，既有研究大多是从特定的时代背景出发，分析其产生发展的根本原因，如跨国资本的全球化与地方政府在招商引资中的非正规行为。一些学者对国内非正规就业现实状况进行了考察，包括非正规就业人员的经济贡献，现有的规模与类型分布以及与正规就业人员相比的工资和福利待遇等方面的差异。这种差异的存在揭示了对经济增长贡献巨大的非正规就业人员所遭遇的不公正，特别是劳动与社会保障、法律保护等方面的缺失。

宏观层面的分析描述呈现了国内非正规就业的整体概况，直接反映出国家对这部分劳工的责任缺位。然而，整体性分析虽然指明了非正规就业的客观现实以及政策转变的需要，但却并不足以说明造成非正规就业人员处于不利地位的内在机制。不同非正规就业形式的具体特征及其背后的复杂面相，需要从更加微观的角度进行探究。在非正规就业的经验研究方面，马流辉探讨了上海城郊接合部中以农民工为主体的底层社会所受到的制度性排斥，杨文谢等人描述了贵阳市农民工背篼群体的低报酬、低保障的生存境遇。以工作场所为研究对象的，还有广州制衣工厂与皮具生产企业中的农民工研究，北京郊区“城中村”个体经营饭店的个案研究等。这些微观层次的研究大致存在两个共同点：一是研究的对象基本是城里的外来农民工，而这只是非正规就业的一种表现形式；二是研究大多选择在农民工的工作地点进行，即城市空间范围，而农民工本身来自农村，他们身上仍然带有农村社会的印记。由此看来，对非正规就业的微观研究，既要考虑到非正规就业的各种可能存在的形式（如乡镇企业就业、农村兼业等），还要兼顾这些就业人员的乡村属性，毕竟中国城市与农村之间本身存在一种特殊的纠缠不清的联系。[①] 所以，寻求一种新的具有更大包容性的非正规就业研究路径显得较为必要。

本研究将采取不同于以往研究的观察视角，即把农村社会作为研究非正规就业的分析载体，尝试在具体的村庄/农户家庭情境中展现非正规就业的起源、延续以至不断扩大的历史变化过程，从而聚焦到当前非正规就业的现实以及不公平状况的生成逻辑。通过对河北定县两个村庄的个案调查，我们试图说明非正规就业的三个方面内容。第一，纵向地考察农村非正规就业的历史演变，这在以往研究中是较为少见的。从可挖掘的历史资料来看，我们最早可追溯到 20 世纪 20 年代，长时间跨度的连续性考察有助于我们更好地理解是什么原因塑造了今天的非正规就业事实。第二，就农村内部而言，不同的内外部条件将会引起村庄之间在非正规就业的人员规模、行业构成与收入水平上的不同。因此，笼统地把农村视为“传统部门”而忽视其内部的差异性存在简化论的危险。第三，对于农民非正规就业未来的走向问题，我们尝试建立一个由村庄内部和外部环境共同构成的解释框架。也就是说，外部经济环境的变化将会通过“收入水平”这一中间变量，系统性地影响各种形式的非正规就业，与此同时，村庄内部农业经营方式的变革也会内生性地推动农民的非正规就业发生变化。两股力量的交织作用决定了农民在城市的生存状况以及他们身后农村家庭的生活水平。

（一）村庄概况与非正规就业历史

1. 翟城村与赵家洼村

翟城村位于河北省定州市[②]城区东 15 公里，属于东亭镇辖区。该村目前共有 1200 余户，近 5000 人口，为华北平原上一个典型的大

① 黄宗智认为，如果按照国际劳动组织（ILO）那样把非正规经济限定为城市现象，会过分隔离中国城镇与农村，过分隔离农民工与农民，这样其实不符合中国实际。我们在使用“非正规经济”这个概念时，需要说明这方面的“中国特色”，明确把“半工半农”的中国农民也纳入其中。参见黄宗智《中国被忽视的非正规经济：现实与理论》，《开放时代》2009 年第 2 期。

② 定县于 1986 年改名为定州市，为县级市，2013 年又升格为省直管市。由于本书主要从历史的角度纵向考察该地的非正规就业变化历程，因而在行文上主要沿用定县。

村。村庄最主要的5大姓氏依次是米、秦、张、李、韩，占总人口的85%左右。该村共有6700多亩地，分地时①人均分得1.47亩，后来的新增人口则不给予土地。翟城村因其悠久的历史和近代村治建设而声名远扬。早在20世纪初，当地的米氏乡绅就在该村推行村治试验，并使该村成为模范村；到20世纪二三十年代，晏阳初等一批知识分子以该村为起点开展了轰轰烈烈的平民教育运动。21世纪初，该村又与中国经济体制改革杂志社等单位联合成立了晏阳初乡村建设学院，推动农民互助合作。虽然历经数次“辉煌”，但该村目前仍是一个典型的华北乡村，从发展程度来看，在定县处于中等水平。但是，目前翟城村已经不是一个纯粹的以种粮为主的村庄，而是发展起了多元种植结构。除玉米、小麦等传统作物外，很大一部分土地都用于种植苗木、辣椒等经济作物。苗木种植范围的扩大引起了村民劳动方式的变化，并出现了以掘树为副业的职业群体。加上翟城村本地缺少乡镇企业，村里年轻人往往选择去往较远的外地寻找就业机会。

赵家洼村位于明月店镇政府驻地正北4公里，紧邻107国道，交通便利。全村620户，共2530人，均为汉族。主要姓氏是赵姓（90%以上），其他的姓氏包括高、贾等，无少数民族。赵家洼村耕地面积约2610亩，人均分地相比翟城村更少，只有1.1亩左右。与翟城村以家户为单位的经营不同，赵家洼村除个别小队的一些零散土地外，其余土地均通过承包流转实现规模化经营，而规模经营的载体就是农民专业合作社。该村目前有3个规模比较大的合作社，其中一家合作社总共承包了近2000亩地（也包括外村的土地），成为国家种植示范基地，是农业部、河北省政府示范改造项目。村里还有一家规模较大的化肥生产企业，以及4家箱包加工厂和1家服装厂等民营企业。由此，该村不但实现了村庄经济发展从传统一家一户的小农种植到规模化、集约化，以至工业化驱动为主，而且还引起了农民职业类型与收入结构的深刻转变。不仅如此，赵家洼村距离石家庄和保定等城市的距离只有100多里，临近消费市场带动了周边的商贸运输业和小商品加工业的繁荣，这些行业的发展同样为该村提供了大量的非正

① 这里指1999年实行的第二轮土地承包。

规就业岗位。

2. 定县（州）非正规就业的历史概况

与非正规就业直接关联的是，改革开放以来城乡流动壁垒的松动，大量农民工进城务工。此外，农村经济体制改革也兴起了一大批乡镇企业，使农民实现就业场所的离土不离乡。无论如何，现在广大农民从事的劳动，无论在类型上还是在收入上，都和计划经济时期相比发生了根本性转变。为了考察这种变化是如何发生的，我们在此以河北定县农村为例，简单地介绍其历史演变过程。

实际上，定县农民外出谋生最早可以追溯到20世纪20年代。根据李景汉等人的调查统计资料，1924—1933年定县每年外出谋生人数基本保持在400人以上，尤其是从1930年至1933年，其人数从443人增长至7849人，增速非常快，并且已经占到全县人口的3.77%①。在外出地点选择上，去往东北的占主体部分，10年总体平均比例为56%，其中占比最大的省份是辽宁（35.58%），其次是吉林（20.40%），而留在河北本省的比例居于第三，为18.01%。职业分布方面，外出谋生的人原先为种地的占90%以上，选择外出以后，近2/3的人从事的是苦力劳动，这和今天在城市从事高体力输出的工作十分相似。还有11%的人依然从事种地劳动，接着是外出经商和当兵的，其比例大致都在8%以内，其余如打鱼、警察、厨师、进工厂等比例都不足1%。民国时期的农民离村现象虽有受到外部经济利益吸引的原因，但更主要的还是被经济贫困、天灾人祸所逼迫。因此，农民离村多以暂谋生计为主要目的，凡是能养家糊口的地方均有其到达的足迹，凡是能糊口果腹的职业均有他们的涉足。如此看来，除了在动机上都是为寻求相对更好的生活条件之外，民国时期的农民离村与当前非正规就业语境下的农民外出并不能相提并论，后者更加强调现代经济部门中处于弱势地位的由农转非的职工，而非无序性的人口迁移。

---

① 另外，1936年中央农业试验所发布的《农情报告》显示：1933年河北农村全家离村的农村占调查各县总家数的3%，而有青年男女离村的农户数，已经占到总农户数的8.5%。可见，定县农民的大规模外出谋生并不是个别现象。资料来源：实业部中央农业试验所：《农情报告》第4卷第7期，1936年7月，第173页。

除了外出谋生，还有乡村内部的工业发展。1931 年的定县从 453 个村庄中统计出纺织、编织、食品、木工、化工、铁工业、杂工业等 7 个大类，120 余小类的家庭手工业，从业人员多达 80800 人，占乡村人口的 1/4。但这不是现代意义上的制造业，仍属男耕女织，因为在当时的工业从业者中男性仅占 19%，家庭妇女却占了 81%。虽然家家都有手工业，但是由此带来的收入却十分微薄，翟城村的手工业收入仅仅相当于种植业的 6.6%。至于规模稍大的作坊工业，定县乡村共有 1587 家，其平均收入也只大致相当于农户种植的收益。可以看出，那时的手工业并不具备较为彻底的农户转移能力，因而未能形成现代经济部门中的劳动职业形态。

定县农民真正意义上融入非正规就业部门是 20 世纪 70 年代中后期。农业生产的低效益迫使个别村民从公社生产中脱离出去，偷偷在外从事建筑工作。由于外出务工具有连带效应，一个人外出获得收入，会带动更多的人出去，如此规模不断扩大。公社与生产队经历了从开始的禁止外逃，到后来感到无可奈何，再到最后默许的态度转变，但底线是要求每个外出劳动力必须交足罚金，以补偿农地上的缺席。按照当时的计算价格，成年男性劳动力每天 10 工分合人民币 1 元，而 20 世纪 70 年代末的每日工资最多可得 5 元，村民外出的收益远大于务农。所以，随着 80 年代户籍政策逐渐松动以后，农村剩余劳动力呈现更大规模地涌入城市。

到了 80 年代，一批乡镇企业或当地私营企业的兴起也吸纳了许多农民就近就业。其中，纺织配件加工业发展最快。[①] 1984 年，全县共有纺织配件加工点 2070 个，分布于 106 个村，从业人数 4756 人，生产 626 个品种的纺织配件。1989 年全市纺织配件生产年总产值 1700 万元，从业人数 6000 多人。然而到了 90 年代中期，乡村手工业开始经历持续 10 年的衰退期。如翟城村在 1980 年曾经兴办了砖厂、印刷厂、纸箱厂、面粉厂等，后来大多倒闭，现在只剩一个面粉厂能

---

① 除了纺织配件加工业以外，当时定县比较发达的乡镇企业还有健身体育器材制造业、纺织业和塑料加工业。它们在 1989 年的从业人员分别有 2400 人、3500 人和 3500 人，相应的年总产值分别为 1500 万元、1500 万元和 2000 多万元。

够勉强维持。而赵家洼村现有的乡镇企业大多也是十年前随着市场需求扩大才办起来的，90 年代至 21 世纪初的时间段内，定县的乡镇企业发展基本上是停滞的。[①] 因此，农民的非农就业更多只能选择较远的外地。[②]

郑杭生主持的“华北农村 80 年的社会变迁——定县再调查”课题组在 2001 年对全县 12 个村 1163 户居民的劳动力使用状况和就业结构进行了调查，表明农民外出就业的目标主要是大城市。其中，流动到北京的占 52.2%，流动到石家庄的占 13.8%，流动到保定市区的占 5.0%，流动到天津的占 7.3%，以上 4 城市合计 69335 人，达到总外出人数的 78.3%。章东辉 2004 年对翟城村农村职业情况进行了专题调查，从统计资料来看，在外出务工的 899 人中，留在本地（县级市域范围内）务工的共有 91 人，占总体非农就业人数的 10.1%。其中，跨省务工的有 661 人，占总体外出务工的 73.5%。较低的本地就业比例说明了乡镇企业吸纳就业能力相对不足。外出务工的职业构成上呈现出明显的行业集中趋势，近 80% 的人都从事建筑业，其余的依次是社会服务业（4.1%）、制造业（4.0%）、批发零售业（3.8%）以及交通运输业（2.7%），这些比例相对而言微乎其微。

二　两村农民的收入比较

在当前的历史时点下，以定县为代表的农民非正规就业，其面貌

① 根据《定州市志》的统计资料，1978 年到 1988 年乡镇企业数量从 2395 家增加到 24833 家，而到了 1989 年，乡镇企业数量开始缩减至 22543 家，降幅约为 9.2%。2001 年《定州统计年鉴》数据显示，该年度该市的乡镇企业数量为 14711 家，相比 1989 年又降低了 34.7%。再到 2002 年、2003 年，乡镇企业数量又开始增加，依次为 15790 家和 15854 家，年增长率分别为 7.3% 和 0.4%，此后的统计年鉴中便没有继续将乡镇企业情况作为单独的统计指标列出。就实地调研的直观感受而言，2003 年以后的乡镇企业数量应该保持总体增长态势。资料来源：《定州市志》，第 368 页；《定州统计年鉴》2001 年，第 192 页；《定州统计年鉴》2002 年，第 183 页；《定州市统计年鉴》2003 年，第 227 页。

② 即便如此，2003 年定县的 15854 家乡镇企业总工容纳了职工 194474 人，而同期定县正规就业人员只有 31279 人，前后相差 6.2 倍之多。可以看到，虽然乡镇企业对就业的吸纳能力不如省外务工，但却远超过正规就业的人员规模。资料来源：《定州统计年鉴》2003 年，第 227、295 页。

相比十多年前是否发生变化？带着这个问题，我们于2016年，在翟城村和赵家洼村各自做了100户关于农民职业的问卷调查。[①] 之所以选择这两个村庄，是因为它们分别可以代表“离土离乡”的外出务工与“离土在乡”的乡镇企业务工这两大类非正规就业形式。并且，这两个村庄的散工与个体户在华北地区也算比较典型，基本涵盖了我们所要考察的所有非正规就业的内容。

首先，从非农就业人员的工资收入来看，以2015年（也就是调查时点的前一年）为基准，翟城村的人均年平均收入[②]为39559元，赵家洼村为32400元，二者相差7159元。其中的原因在于，翟城村非农就业形式主要为外出务工，从事的行业也多为建筑业（这一点后面将做详细说明），工资收入相对较高，而赵家洼村乡镇企业比较发达，并且以轻工业为主，工资水平相对较低。非农就业人员工资水平上的优势并不能表示整个村庄所有居民具有较高收入水平，后者还要取决于非农就业的人数及其占总体比例。翟城村民虽然更倾向于“离土离乡”，但是这只占被调查者的22%，[③] 也就是说，在抽样保证随机的情况下，翟城村只有不到1/4的人外出务工，其余大多数依然在家务农。而赵家洼村的100个被访者中，竟有71人从事非农业工作，其比例远高于翟城村。

当然，这只是两个村庄之间的相对情况，当我们将其与更大范围的统计指标进行比较时，可以发现作为非农就业的不同形式，它们收入所处的位置却是相同的。国家统计局公布的2015年城镇非私营单位就业人员年平均工资为62029元，[④] 比翟城村（离土离乡）高56.8%，比赵家洼村（离土在乡）高91.4%，正规与非正规的差别

---

① 若没有另外说明，文中其他地方所提到的数据均来自本次调查。

② 若没有另外说明，文中所提的人均收入是指农民家庭中作为户主劳动力的年平均收入。因为本书考察的主要是非正规就业，因而有意忽略老人、儿童等非劳动群体。

③ 这个数字可能偏小，因为有些“离土离乡”的农民，他们在调查的时点并不在家，因而可能难以被等概率抽中。对此，我们采取了另一种抽样策略，即以家户为调查对象，从而反映不同家庭成员目前的职业构成。如果家中的男性户主在外打工，那么可以通过其妻子或子女获知其工作的大致情况。

④ 参见国家统计局官方网站：http：//www. stats. gov. cn/tjsj/zxfb/201605/t20160513_1356091. html。

可见一斑。同期河北省与定县城镇非私营单位就业人员平均工资分别为50921元、48834元,[①] 比收入较高的翟城村依次高出28.7%、23.4%，前者的优势依然十分明显。

其次，我们还要关注以农业为主的农民的收入水平。在农村职业分化日益多元的今天，农民在务农之余也能够从事副业或其他经济活动，从而取得一定数量的收入。2015年，翟城村农民按家庭计算的农业方面年平均收入为11483元，另有近50%的农民家庭还从事一份兼业（如掘树），其年平均收入为6397元。在从事一份兼业的农户中还有6户家庭从事了第二份兼业，即他们在同一个农业周期内做了两份非农职业，这第二份非农职业的年平均收入为5000元。[②] 而同期的赵家洼村，由于土地大多流转承包出去，只有19户依然主要从事农业劳动，年平均收入为10053元，比翟城村略低。在土地单产量没有显著区别的情况下，造成这种差异的关键在于人均耕地量与作物种类的不同。翟城村的人均耕地比赵家洼村多0.37亩左右，并且苗木作物的经济效益也高于小麦和玉米轮作的粮食作物。在第一兼业方面，赵家洼村明显少于翟城村，只有10%的农户才有，对应的去年平均收入为5368元；至于第二兼业，赵家洼村只有1户。在两村的背景信息中曾提到，翟城村及其周围的苗木种植形成的掘树以至绿化养护等散工职业提高了其兼业人员的比例，而赵家洼村则只有打理合作社需要少量的人员，兼业发展由此显得不足。

最后，我们简要计算打工距离远近对收入的影响，同时也验证“离土离乡”的收入是否要高于“离土在乡”的收入。问卷数据表明，翟城村跨省务工人员占非正规就业人数的62%，相应的去年人均收入为42846元，而省内打工的平均工资只有30875元。赵家洼村同样表现如此，只是其跨省务工的样本量偏少，这里暂且忽略，省内务工的平均收入是34323元，介于翟城村省内、省外工资收入之间。

---

① 参见河北省统计局官方网站：http：//www.hetj.gov.cn/hetj/tjsj/ndsj/101462762814980.html。

② 这样看来，如果一个农户家庭在一个农业周期（一年）内从事两份兼业的话，那么，其年平均总收入应该是11483元（农业收入）加6397元（第一份兼业），再加5000元（第二份兼业）。

为什么说跨省务工的工资水平更高？一方面，跨省务工多为建筑工人，其高强度体力付出挣得了相应的高工资；另一方面，跨省务工多去往京津等大城市，收入水平自然随着城市等级提升而提升。进一步的，为什么赵家洼村的省内务工收入要高于翟城村？这主要是因为翟城村的散工年工作时间较短（如掘树多在每年的 5 月份前），且缺乏连续性，而赵家洼村的乡镇企业，即使近年来订单量有所减少，但年工作时间也比翟城村更长（平均 8—9 个月），因而年总工资更高。

三　两村非农职业的类型分布

前文已经提到，翟城村由于离市区较远，周边的商贸、运输等服务业发展相对不足，加上村中缺少乡镇企业，导致村民更多向省外寻找机会。这里，我们将更细致地考察村民外出所从事的具体职业构成，从而反映非正规就业在整个外出务工人群中的规模与比重。考虑到不同性别的劳动力所从事的职业有所差异，所以我们以性别作为分类标准，分别描述男女两性劳动力的非农职业情况。

在翟城村的 35 名男性[①]外出劳力中，从事建筑行业的有 12 人，占总体比例的 1/3 以上。其次是专业技术人员（5 人），这主要是教育程度比较高的年轻人。再往后是生产制造、运输业、批发零售与餐饮业（各 3 人）。至于在政府、事业单位以及企业中担任中高级管理层的工作只有 2 人，余下的职业分布较为分散，这里不做更多讨论。从就业结构可以粗略地看到，非正规部门就业的人数占了绝对优势比例。但是，有些职业本身并不能代表工人所从事的部门待遇，如专业技术人员，他们既有可能在低保障的私企或乡镇企业，也有可能在城市正规就业部门。因此，我们尝试从是否有保险与劳动合同来进一步判断。统计结果发现，5 名专业技术人员中有 3 名均没有保险与劳动合同，另外两名都签了用人合同，但其中有 1 名没有买保险。总体来看，所有在外工作的人只有 6 人签了劳动合同，占总体比例的 17%；购买保险的有 15 人，约占总体的 43%，并且从事建筑业的参保率达

① 这里的男性劳力是家庭户主（通常为户主）加上家中其他在外就业的男性成员。

到 2/3，可见高风险行业的安全更加得到重视。至于翟城村的女性劳动力，问卷所包含的 67 人中只有 9 人回答了非农职业，可见多数女性是留在家中。

赵家洼村的 46 名男性外出人员中，有 25 人从事的是建筑行业，比例超过翟城村。可见对于男性，即便周边有乡镇企业，他们还是更倾向于走得更远。其次，有 9 人从事制造业与商贸、零售业，这是离周边城市较近的缘故；剩下的职业分布比较零散，这里不做详细分析。与翟城村的情形相似，赵家洼村的职业结构中非正规就业占据多数。外出就业人员中，有劳动合同的占 39%，购买保险的约占 38%，二者比例大致相当。比较突出的特征是，在建筑业和制造业中，员工拥有劳动合同与保险往往是捆绑在一起的，也就是说，如果雇主跟员工签合同，那么他同样也会给员工买保险，反之两者则都没有。这反映出当前非正规就业中出现的两极分化现象，但员工大多数还是处于合同与保险双无状态。赵家洼村的女性就业情况则显著不同于翟城村，在被调查的 39 名女性非农就业人群中，共有 20 人在附近打工，她们多在乡镇企业或服务业部门，还有 7 人从事的是商贸相关行业。可见，赵家洼村的男女两性非农就业分化现象十分明显，似乎有传统社会“男主外，女主内”的意味。只是这种内外之分突破了家庭的界限，被放置到更广阔的社会大生产中去了。

四 农民非正规就业的不同表现形式

由于非正规经济及其对应的非正规就业所包括的行业与职业群体范畴十分广泛，因此这部分将定县农村的非正规就业人员分为四类。[①]第一类，也是占非正规就业群体比例最大的部分，为外出的农民工，他们几乎完全脱离家乡和土地，一年的大多时间都在本地以外以至省外、海外从事劳动。第二类严格来说也是农民工，只是工作地点相对

① 这里我们需要再次强调本章对“非正规就业”概念范围的界定。由于我们是以村庄为研究载体，因而所有非正规就业人员身上不可避免地带有农民属性，即他们可能以前是或者现在仍然是农村户口，但是他们从事或兼有非农部门的职业。

第一类农民工来说，要离家更近一些，他们中的有些人晚上或在短周期内会回家。至于第三类人，他们既没有离土也没有离乡，这在以往对于非正规就业的探究中往往很少涉及。这部分人虽然还在从事农业活动，但在闲暇时间也会从事一些除耕种自家土地以外的经济活动，尤其是随着生产集约化和机械化程度的不断提高，农民可以获得越来越多的可支配时间去兼顾其他方面的创收。后面我们会用案例详细说明。最后一类人是个体经营户，他们既可能是在农村中经营，同时还种着地，也可能活动在周边的城镇或大城市，其活动地点并不确定。

（一）离土离乡的农民工

“农民工”这个概念很具有中国特色，因为这是一个数量庞大的，但是身份却十分模糊的群体。从农民工就业统计方面来说，我国目前并没有给他们建立一套与城镇正规单位就业职工相同的统计指标，因而我们很难详细地获知这 27747 万人①的经济贡献与就业处境。他们虽然长期在城市务工，但是却很难获得城市居民的同等待遇，显然是“二等公民”。与城镇正规职工相比，他们在工作强度、每周工作时间、工资水平和福利待遇等方面均处于劣势地位。

具体到我们选取的定县农村个案，建筑类工人显然占据了最大比例（69%）。这既是对最早一批外出打工者职业选择的延续，同时也和全国城市化建设进程相伴生。从对村民的访谈可知，从事建筑行业的人大多是 40—50 岁的中老年男性，因为新成长起来的年轻一代更愿意从事一些轻巧的工作，而且像建筑行业这样的耗体力劳动容易留下后遗症。一些中途辍学，尚不到国家法定工作年龄的孩子，由于很难在企业中找到较为固定的工作，所以家长常常把他们送到亲戚好友所在的工地上锻炼锻炼。工地一般不会给他们分配重活，只是让他们在消磨时间的同时积累行业经验，为将来的职业选择打好基础。有些以后即使不从事建筑业，也倾向于从事与建筑相关的行业，比如水电装修、房屋维修等劳动强度稍小的工作。不管怎样，建筑业还是可以

① 参见国家统计局官方网站：http：//www. stats. gov. cn/tjsj/zxfb/201604/t20160428_1349713. html。

维持相对较高的工资水平，因而总体上对农民仍然具有很大的吸引力。

在建筑业之外，农民现在外出务工的工作类型也日趋多样。特别是新成长起来的一代人，他们很多会选择去技校学门技术，如车床工、挖掘机工、汽修工、厨师等，从而谋求技能性更高的职业。与建筑等进入门槛较低的行业相比，技能型工作往往不易失业，工资水平也不会太低，更有甚者，他们还有可能跨出非正规经济部门进入正规就业岗位。比如，厨师可以进行资格考试，帮助其进入高档酒店就业，虽然这种情况并不普遍。对于大多数年轻人而言，他们还是愿意进入企业做一些更加稳定的工作，当然这并不是指拥有“五险一金”的正规就业岗位。

翟城村附近缺少乡镇企业，村里的年轻人多去较远的地方寻找工作。近些年有不少进村招工的企业，小韩（化名）5 年前就是通过这种方式同村里另外几个人一同去了保定的一家制鞋厂。鞋厂位于安新县的一处农村，那里是一个以制鞋为主的私营企业集聚区，离家大概 4 个小时的车程，因此平时很少回来。工作待遇上，刚去的时候每月有 3000 元，等到逐渐提高至 4000 元左右时，由于邯郸、陕川等外部市场的竞争而导致订单减少，工资增长也因此停滞。高工资意味着高强度的劳动付出，据说有订单的时候每天要工作 14—15 个小时，从早上 7 点开始到晚上 11 点，中间只休息两个小时。因为鞋厂规模较小，最大的也就 200—300 人，工厂不会和工人签订合同，并且一般会压 3 个月的工资，到年底才予以清算。如果工人中途离职，那么这 3 个月的工资便不再返还。

对于外地下乡招工，今年春天发生的一件事，让许多村民开始抱有怀疑态度。就在我们调查时点的三四个月前，村里一个女孩随进村招工的企业去了外地，之后便失去了联系。家人报警以后，警方也因没有找到任何线索而无能为力，这件事在周围引起不小的波澜。在有些年轻人看来，企业费尽周折跑到村里招人，是因为他们严重缺人，现场把待遇条件说得十分优越，实际去了才发现完全不是事前描述的那样，工作条件往往十分艰苦。

（二）离土在乡的乡镇企业人员

与“离土离乡”的外出务工相比，“离土在乡”的工作似乎更具吸引力，因为后者不用长期在外奔波。农民既然愿意离乡，并且离乡的人数总体上要远大于在乡的，这其中想必另有原因。关于人口流动，雷文斯坦（E. Ravenstien）的“推拉理论”（push-pull theory）可以说是耳熟能详。简言之，农民之所以采取“舍近求远”的职业选择，在“拉”的方面是由于大城市具有更高的收入与更好的生活条件，京津两个大城市因而成为定县农民外出务工的首选之地，共占外出务工人员总数的59.6%；[①] 在“推”的方面，农民不选择乡镇企业，是因为华北地区乡镇企业并不像长三角那样具有很大的容纳能力，农村剩余劳动力自然要向更外、更远的地方迁移。从翟城村与赵家洼村的对比就可以明显发现，翟城村缺少乡镇企业，农民打工基本都是跨市、跨省（62%），而赵家洼村的许多农民（尤其是妇女）则选择就近上班（69%）。接下来，我们将重点从赵家洼村的乡镇企业讲起，探究它们在农民非正规就业中的作用。

首先需要明确一点，不是所有的农民都愿意在附近的乡镇企业工作，这是因为其工资收入通常没有外出务工来得高。[②] 既然这样，为什么还有人会主动放弃外出的机会呢？调查发现，乡镇企业里的工人以中年妇女居多，还有部分年纪较大的男性。我们大致可以归纳出两方面原因。客观方面，乡镇企业多为劳动密集型的轻工业，劳动强度不算太大，成年女性即可满足这般需求。主观方面，随着家庭男性劳动力外出，家中的日常事务，包括子女养育和老人照料等要求许多妇女留守在家。就近就业既可以兼顾家庭中的大小事务，又能获得收入补贴家用，是一种理性选择的结果。

另外就是一部分岁数偏大的男性，由于年龄的增高，体力输出变得越来越有限，导致他们无法像年轻人一样去外地谋其出路。如果家

---

① 资料来源：翟城村住户调查（2004年1月）、翟城村非典期间摸底调查（截至2003年5月6日）、定州市非典防治办公室摸底调查（截至2003年4月20日）。

② 就翟城村而言，2015年跨省务工比省内务工的年平均工资高11971元。

中还有土地，那么他们只能选择种地。像赵家洼村这样土地基本流转承包的村庄，老年男性可以加入到合作社日常运作的生产活动中，如喷洒农药、施肥、除草等。另外，赵家洼村还有一个大型的化肥厂，这里招收的基本都是男性，岁数不是特别大的劳力一般都可进去。

福利待遇方面，如果以赵家洼村制衣厂为例，实行的是计件工资制，即多劳多得。平均计算下来，每日最多不会超过100元，缝纫工一般70—80元，钉扣、包装要更低，只有60元左右。与之前提到的鞋厂十分相似，赵家洼村制衣厂的运作也是订单式的，这就意味着有单才有活，没有订单则放假休息。可是一旦接了单，必须要加班加点干完，由此呈现一种极不稳定的两极化趋势。如果碰上节假日，那也同平时一样，偶尔会象征性地发一些粮食或水果之类的福利补偿。服装厂，包括村里的箱包厂、镜框厂等作坊式企业，都没有和工人签订劳动合同的。但是由于近邻相互熟悉的原因，很少会存在拖欠工资的情形。工人们认为，工作本身没有风险，厂里没有给大家买保险，大家也不需要买。

（三）农业之外的兼业

与前面两类非正规就业群体不同的是，农业之外的兼业是一个极易被人们忽视的非正规就业形式。这是因为，这类劳动者在从事非农职业以外，还没有彻底放弃家中的土地。他们处于完全离地打工与完全在地务农的中间地带，身份也因此显得模糊。依据全国固定观察点的调查标准，农户家庭兼业类型分为纯农业户、Ⅰ兼农户、Ⅱ兼农户和纯非农业户四类。我们这里着重关注的是Ⅰ兼农户、Ⅱ兼农户。Ⅰ兼农户，又称农业兼业户，是以农业为主、兼营他业。其家庭全年生产性纯收入中有50%—80%来自农业，或者农村劳动力一半以上的劳动时间从事农业。Ⅱ兼农户，又称非农兼业户，它与农业兼业户相反，以非农业为主、兼营农业。其家庭全年生产性纯收入中有50%—80%来自非农业，或者家庭农村劳动力一半以上的劳动时间从事非农业。

兼业在形式上有些类似于封建社会中的短工，哪家有活儿去哪家干。不同的是，非正规就业范畴内所讨论的兼业群体不但具有经济上的相对独立性，即不依靠兼业也能生存，而且所从事的工作也越来越专门化。翟城村的掘树工人可以说是一个非常典型的例子，并且掘树职业也不是翟城村特有的，而是更大范围内苗木种植及其衍生出的庞大职业群体的一个缩影。① 这些掘树工人的职责是围绕挖树、把带土球的树根包好、搬运、装车等系列过程开展的。

那么，卖树的农户为什么不自己掘树，而是要雇人来做呢？一方面，掘树是个技术活，怎么挖、树根带多少土、装车怎么摆放都十分讲究，这些只有在长期的经验实践中获得。另一方面，农户自家仅有的劳力很难在买家限定的时间内完成任务，因而不得不雇人来挖。随着树苗种植面积的扩大，苗木买卖交易也愈发频繁，久而久之便兴起了以掘树为专门职业的人群。现在，于翟城村以北 5 里路的地方，每天凌晨 4 点便陆续有人在那里聚集，他们自带铁锹，等候着前来雇佣的买家，显然成了一个自发的劳动力交易市场。

概括而言，兼业群体具有不完全在土，同时又经常在乡的特征，这里以掘树为例进行详细分析。首先，掘树工人的不完全在土是指他们没有彻底地脱离土地，其中包含两层含义：一是掘树工作的劳动对象是长在土里的作物，但这里的作物不是粮食，而是用于出售的纯经济作物。从经济活动过程的角度看，这和参与工厂车间的劳动过程并没有本质区别。二是掘树工人家里本身也可能种着地，不管他家种的是树苗还是粮食，并且实际情况也是如此。由于家里还有地要照料，这就引出了兼业的第二个特征：经常在乡。既然只有本地才有种树，为什么不是完全在乡，而是经常在乡？这是因为，长期从事掘树的人会学得一整套与树木相关的技能，如浇水、嫁接、修剪、养护等工作，而这也是城市绿化所需要的。翟城村的一位米大爷，他不久前在北京昌平做了一个月栽树和浇水的工作，不仅如此，他们这个队伍也经常在周边如保定这样的城市里从事短期的修树养护工作。

最后我们尝试将以掘树为代表的兼业群体与非正规就业联系起来。其实，掘树群体并不新鲜，传统农业社会中的季节性麦客也很大程度上具备上述特征。只是随着机械化水平的提高，麦客逐渐从历史

① 定县的苗木种植最普遍的是大辛庄镇，翟城村只是受其辐射和影响的外围地区。

舞台上退去，而农业种植结构转变又催生出了新的职业群体。并且这个新的职业群体的适用性更为广泛，他们既能够在农村从事经济劳动，又可以谙熟于城市里的相关工作。如果不限于掘树群体，我们其实可以看到农村很多类似的兼业现象，如修房、打井、机械收割，还有去城市做短期的道路维护、基础设施保养等，他们的工作往往比较分散，并且没有完全脱离家中的农业劳作。无论是以农业为主的Ⅰ兼农户，还是以打工为主的Ⅱ兼农户，由于他们的工作属于一种劳务购买（无论购买的主体是谁），中间发生了经济交换行为，可是这并没有被纳入到国民经济的核算中去，因而他们也是非正规经济的重要组成部分。[①] 此外，工作性质决定了他们处于低福利保障的境况，只是工资收入水平会因兼业工种和专业化程度而存在差别。

（四）个体经营户

作为最后一类非正规就业人群，个体户与前面三类的差别十分明显。第一，个体户是使用自家所拥有的生产资料进行经济活动，因而他们是为自己劳动的自雇者；第二，个体户工作形式的选择空间较大，他们既可以离土离乡，也可以在土在乡，还可以离土在乡；第三，个体户并不是一个新事物，之所以能够与非正规就业关联上，是因为在社会变迁中其工作内容已经发生了深刻变化。这些变化包括：农村个体户种类的消亡、承继与新生以及农民进城发展的个体经营。

在传统农业社会中，农村中存在许多以家庭为载体的商品经营。根据李景汉先生 20 世纪 30 年代的调查，可以发现定县农民那时候从事的个体非农经济活动主要有织布、纺纱、卖布料与小贩，这些活动充分反映了男耕女织背景下的农业生产方式。由于那时的个体经营往往不能彻底脱离农业生产，因此与现代话语下所说的个体户仍然存在根本的差别。按照村里一位老人的说法，现在的年轻人都外出了，不愿意去做木工、铁匠之类的活儿了。与此同时，织布纺纱也脱离家庭

---

① 根据定县农村住户家庭基本情况调查结果：2011 年，百户家庭中的劳动力从事农业兼业的占 24%，从事非农业兼业的占 46%，说明兼业在定县农村已是十分普遍的现象。资料来源：《定州统计年鉴》2011 年，第 196 页。

的空间范畴，被纳入到流水线式的企业批量生产过程中。因此，许多传统的个体经营或职业类型，要么逐渐消失，要么转型。也有些个体经营顺利继承下来了，如早点摊、猪肉摊、理发店，这显然是因为他们提供的都是生活必需品或服务。另外还有一些新兴的个体户，如通信业务营业点、生活超市、农家菜馆和电器修理等，这些经营反映了人们生活方式的现代化。伴随着大城市对服务业的需求增长，还有很多农民选择外出从事各类个体形式的商品经营或劳务提供。下面以翟城村十字街的早点摊为例，以此分析作为非正规就业的个体户的生存状况。

位于翟城村中心十字街的早点摊，开始于20世纪80年代，经营至今未有中断。按照摊主的说法，除了下大雨和过年期间短暂歇业，一年之内不分季度都会开张。按道理，个体户自我经营，一般不与顾客以外的人打交道。实际上，他们仍然要在镇工商所登记，工商所平均每月也会下来检查一次，卫生如果不合格就要罚款，数额在500—1000元不等。虽然小本生意比较艰难，好的是十多年来国家没有再向他们征过税，罚款权当是替代过去的税收。从经营的收支方面来看，每斤面粉做成油条、馒头和包子卖出去以后的利润大概在3元钱，旺季时每天最多可用50斤面，这样利润在150元左右。再刨除必要的煤电、食用油等原料，每天利润不过100元。

个体户收入多少取决于两个因素：顾客数量与竞争对手。翟城村十字街早点摊的顾客构成主要是本村村民与外面来的务工人员。本村顾客属于比较稳定的客源，但是翟城村民收入并不太高，所以多愿意自己在家做早饭，收入的大部分主要依靠外来的务工人员。以前，麦客职业群体盛行的时候，每年麦收那一个月时间会有许多人到村里帮忙，而雇主家里往往也抽不出时间做饭，所以摊位的生意特别好，那一个月能赚1万多元。随着麦客的衰落，掘树工人取而代之成了早点摊的主要客源，可是最近两年本地苗木生意严重下滑，掘树人逐渐开始转行，生意也大不如从前了。竞争对手方面，翟城村现在总共有4个早点摊，本来就不好的生意，利润平均下来更是微薄。不仅是早点摊步履维艰，村里的猪肉摊生意这两年也大不如前（有的甚至退出），以往一天能卖一头猪，现在三天才能卖一头。究其原因，摊主认为还是村民收入少，周边没有工厂，外面打工也越来越困难。

通过对以上四种非正规就业形式的案例分析与讨论，总体上可以勾勒出他们大致的生存状态。低工资、低保障、低福利成为他们工作中最显著的共同特征，基本符合国际劳工组织对非正规经济部门就业人员的定义。① 虽然工资收入与所从事的行业和地域存在关联，但是却远低于同行业的城镇正式职工。而且除了个体户外，其余非正规就业岗位的工作时间经常超出国家规定的每日 8 个小时，更有甚者达到 15 个小时，并且超过的部分没有额外的补偿。至于双休和节假日，对他们而言也是从来没有的，能有活儿干已经算是不错了。对于从事有危险的工作，如容纳人员最多的建筑业，包工头或施工队很少与工人签合同、买保险，一旦出了事，赔付多少几乎完全取决于工头的人品和善心。由于国家对非正规经济部门缺少全面的监管与立法，实际上也不容易做到，在没有劳动合同或用人协议的情况下，用人单位很容易采取不利于工人的躲避或逃跑策略，而不受法律的约束。由此我们提出：广大的非正规就业人群对整个国民经济与社会运转做出了巨大贡献，与此同时，他们本身却是脆弱的，他们做贡献的过程是缺乏充分保障的。这样的后果既不利于保护非正规就业人员的正当利益，又将损害国民经济的健康有序发展。

五　非正规就业的发展趋势

农民在非正规就业部门中的整体状况与个体处境不是一成不变的，他们的工作条件和收入水平既与外部经济环境变化息息相关，还受到农村内部生产方式变革的深刻影响。在接下来的这一部分中，我们尝试从内外部环境变化的角度动态地考察农民在非正规就业中遇到的新情况，以及这些变化将如何影响他们的就业选择。

① 国际劳工组织的表述是：非正规经济部门的人员收入水平很低、工作不稳定……他们中的大部分人没有在官方统计机构登记，几乎不能进入有组织的劳务市场，得不到正规的教育和培训，也得不到政府的承认、支持和管理……他们往往在法律框架之外开展业务，其经营场所几乎不受社会保障、劳动法律即劳动保护措施的约束。

（一）外部环境对非正规就业的系统性影响

农民工进城务工最初源于城市经济快速发展对劳动力的紧迫需求，而农民工进城不仅推动了城市的建设与发展，也反过来引起农村社会的巨大变革。换句话说，外部经济环境促成了以农民工为代表的非正规就业的兴起，后者的生存状况很大程度上取决于前者的变化。如果把外部经济环境作为外生变量，并认为其变化引起农村非正规就业的变化，那么，我们可以建立如下图所示的分析框架。

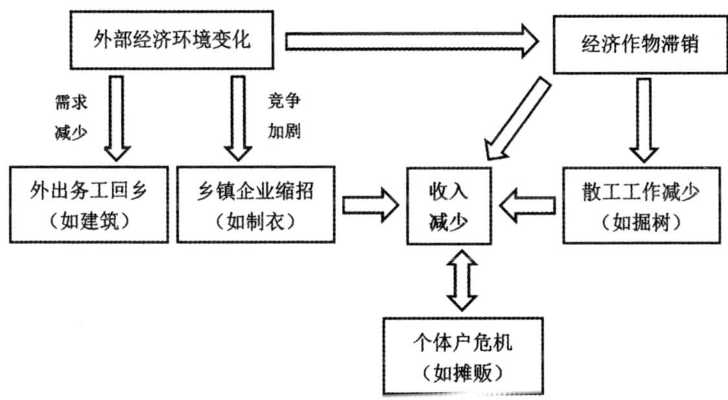

图 17—1　外部环境与农民非正规就业

在这个框架中，我们试图囊括四类不同的非正规就业，并以收入为关键连接点，从而反映外部因素对非正规就业的系统作用机制。我们发现，外生变量变化影响各个非正规就业部门并不是独立发生的，它们之间其实存在一种紧密的共生关系，即所有非正规部门是一个相互关联的系统。

外部经济环境变化明显表现为经济增长速度的放缓，而城市建设首当其冲。作为外出务工的主要职业构成，建筑业这几年的用人需求明显减少。2016 年春天，翟城村及附近村庄有 40 多人随包工头去了山西，没过半月悉数返回。原因是工地没有活儿，吃住都要自己花钱，只好回家。据这些在外搞建筑回家的人说，现在的活儿不比以前了，那时候工地包吃包住，都还招不满人，现在每年最多只能干 5 个月的活儿，大部分时间都处于停工状态或是在四处辗转的路上，吃住、路费还是自己出。建筑工人需求减少导致大量外出人员回乡，这意味着农民的重要收入来源被阻断了。对于乡镇企业，他们同样受到外部市场波动的影响。无论是赵家洼村的制衣厂，还是其他作坊式的乡镇企业，近年来所面临的市场竞争日趋激烈。市场竞争导致订单减少，有些抗风险能力较弱的小厂甚至倒闭，这便使得工厂缩减人员规模，工资增长也几乎停滞。由此观之，“离土离乡”与“离土在乡”的农民工的工作境况都受到了外部环境的制约，并直接导致其收入减少。

农业生产方面，经营种植的多元化使得许多农民放弃粮食种植，转而种植如苗木、药材等经济作物，可是这些作物的销路也不容乐观。经济作物滞销除了直接导致农民收入减少，还造成围绕这些作物发展的相关职业群体处于不利位置，如掘树工人的工作可能变得更少了，收入也随之减少。农民家庭收入减少自然又会影响其日常开支，因此他们可能减少在早点、肉类和水果等生活品上的消费，依靠这些消费存在的个体户又遭受打击。由外部经济与市场变化所带来对非正规就业冲击通过多种途径作用于农民收入，而收入的变化又会带来系统性的连锁反应，进而在整体上拉低农民的生活水平。

可以预测，如果外部经济环境与市场需求重新回到可接受的状态，农民又可以像以往那样外出或在本地找到合适的工作，他们田里的经济作物同样能够以比较满意的价格出售。那么，农民的非正规就业就可以相对稳定下来，只有这样才能去寻求更高层次的福利与同等待遇。

（二）内部经营方式变革对非正规就业的推动

村庄内部的经营基本表现为对土地的利用方式，这在赵家洼村表现为土地流转承包到合作社，在翟城村则表现为种植经济作物。土地流转后的作物栽种仍然是以种粮食为主，而种植经济作物更多是以家庭为单位进行的。在一个村庄内，这两种土地利用方式也可以并行不悖。比如，翟城村既有家户独立种植树苗，也有土地承包出去的现象，前者由于销路不畅而难以扩张，后者则随着年轻劳力外流而呈现逐年扩大的趋势。因此，土地的大规模承包流转可能是未来农村经营方式的主流方向。

土地实现规模经营还得益于农业科技与机械化的推广，尤其是像华北平原这样整片相连的平原地带，用规模化取代家庭分散经营更能发挥集约化的优势。在定县地区，凡是进行土地承包的人，很多会挂一个农民专业合作社的牌子，这更多是为了顺应国家政策。合作社和农民实质上是一种承包合同制关系，合作社承诺每年给农民支付租金（多为1000元/亩），关于土地如何利用与决策管理，农民则鲜有参与。当然，农民与土地仍没有彻底脱离关系，因为合作社的日常运行需要一定数量的人工。这样看来，规模化经营以后的土地吸纳了部分的农民就业，这时候农民虽然还是面对以往熟悉的土地，但是与土地之间的关系已经发生了根本性的变化，他们不再是自耕农，而是雇佣工人，属于非正规就业的范畴。更为重要的是，规模化经营以后的农村，大部分人都处于无土地状态。对老人而言，他们确实可以选择赋闲养老，而对年轻人来说，他们也不必过分牵挂家里的地，可以安心在外打工。由此可以认为，农村土地经营方式的变化实现了农民更加彻底的“离土”，客观上推动了农民外出务工，扩大了非正规就业的潜在规模。

当我们把外部经济环境与内部经营方式的变化并置审视时，发现这二者之间似乎存在矛盾与对立。外部因素的不利条件制约了农民外出，而内部农业结构调整又促使农民外出，张力由此出现。产生的结果是：即使外部环境不利于农业以外的就业发展，可逐渐失去土地的农民又不得不选择“离土”，两股力量的交织作用加剧了农民在城市的生存压力，并降低了背后农村家庭的生活水平。

（三）非正规就业的未来：低收入、低保障的延续

恶化的外部就业环境通过两种途径降低了非正规就业人员的工资收入：年工作时间缩短、工作机会选择减少。一般来说，工人在特定行业的工资水平一旦达到某一高度，即使企业经营状况不佳，也很难通过直接降低工资来进行成本调节，所以通常会采取裁员等方式缩短

总工时。具体到农民工，无论是流动性很强的外出务工行业（如建筑业），还是依靠市场订单运作的乡镇企业（如制衣厂），它们在近期同时受到市场需求降低的冲击，其员工工资虽然能够维持在往常的水平，但停工和非常规休假仍然会让他们的年工作时间缩短，进而使总体收入变少。这实际上是一种摩擦性失业，因为在找到下一份工作之前，工人不仅没有任何“失业”补偿，而且还需要自己承担寻求工作过程中产生的消耗与经济成本。在供大于求的买方劳动力市场中，作为买家的包工头或企业主占据谈判和议价优势，他们即使不会降低工资水平，也会采取其他途径更大限度地为自身谋求利益，如取消包吃包住、提高工作强度等。

劳资双方在非正规就业部门中的力量失衡，或者说，非正规就业人员处于弱势地位，除了受劳动力供需矛盾影响之外，还要归因于法律制度缺失。我国的非正规就业群体一般没有法律保障，而《劳动法》更多只是适用于城镇职工的工作状况。并且，雇主常常并不和农民工签订书面劳动合同，一旦发生劳资纠纷，农民工根本无处说理。特别是近段时间，许多中小企业陆续倒闭，有的雇主卷着工人工资跑路，工人最后只能不了了之。对于那些具有危险性质的工作，雇主也很少给工人买保险。翟城村有个 30 岁左右的年轻人在工地上被轧断几根手指，估计前后的治疗费用需要 30 万元，而包工头只愿意一次性支付不到 10 万元，经过村里与双方的几番斡旋，伤者最后只能无奈地接受工头的处理结果。当问到为什么不去打官司为自己争得合法权益时，受伤者的母亲表示无能为力，他们感到没有可以依靠的对象。

宏观的整体性分析难以揭示非正规就业人员处于不利地位的生成机制，及其内部不同形式的具体特征与复杂面相。而既有的微观研究又大多是以城市农民工为研究对象，不仅没有考虑到更多其他的非正规就业人员，而且忽视了他们的农民属性与背后的农村社会经济背景。因此，本研究尝试另辟蹊径，从具体的村庄入手，详细展现当地非正规就业的历史变迁与当前状态。我们选取了两个具有不同特征的村庄，以期通过对比来发现农村内部非正规就业的差异化表现。

一方面，周围是否发展起充分的乡镇企业是影响农民就业形式的决定性因素之一。赵家洼村周边有较大规模的乡镇企业，因而可以吸纳大量的本地就业，降低了农民离乡务工的可能性。而翟城村由于周边缺乏乡镇企业，其农民更多地选择去往外地，尤其是跨省务工，从而形成一般意义上所说的"离土离乡"的农民工群体。从收入上来看，"离乡"相比"在乡"的工资收入更高，毕竟前者大多从事又脏又累的工作，后者的优势则是可以方便照顾到家庭。但是不管怎样，这两类非正规就业人员的平均收入均低于全国、河北省与定县城镇正规就业职工的平均工资水平。在职业分布上，离乡外出务工以从事建筑业为主，他们通常没有劳动合同和工作保险，一旦出了问题，很难寻求到法律的保障。在本地就业则是以作坊式的轻加工业居多，他们的工资收入低，单日工作时间常常超过规定标准，既无额外的工资补贴，又无法定节假日可言。

另一方面，村庄内部经营方式变化又对非正规人员的就业形式与规模产生巨大影响。翟城村从过去种植粮食开始转向种植苗木等经济作物，围绕苗木行业兴起了以掘树为兼业的新的职业群体，他们不仅在周边农村地区从事劳务活动，而且还去往城里从事修剪、养护一类的工作。赵家洼村由于实现了土地流转的规模化经营，大量土地上的劳动力被释放出来，加速了农民非正规就业的速度。农业经营方式变化同时又影响了其他职业的经营状况，过去农业科技水平低，种植粮食作物需要大量人力，而如今要么完全机械化，要么改种其他作物。这就造成了麦客等传统职业的消失，以此生存的农村个体餐饮业受到冲击。

然而，农民的非正规就业也不是一成不变的。宏观研究往往关注非正规就业总量增长与人均收入水平等变化如何，但是没能把所有非正规就业放置到一个统一的框架下进行考量。实际上，不管"离土"与否、"在乡"与否，外部经济环境变化对非正规就业人员的影响是系统性的。通过作用于收入这一中间变量，所有非正规就业人员都在不同程度上受到近期经济下行的负面影响。与此同时，内部经营方式转变的惯性力量使农民很难再调整到过去的生产模式，更何况事实上很多农民也不愿再继续种地，内部的推力更是加剧了非正规就业遭遇的现实危机。在这样的背景下，如何化解农民面临的内外部张力成了十分棘手的问题，关键之处在于，这是寻求非正规就业的相对公平性与待遇改善的制约前提。这对矛盾若是在短期内解决不了或是无法克服，农民非正规就业中面临的低收入、低保障状况将依然不容乐观。

第十八章

能力与需求的框架：志愿服务在社会治理中的作用[①]

新时代中国社会主要矛盾的解决自然离不开志愿者服务。因此，志愿者作为社会治理主体的角色已经引起了政界和学界的普遍关注。在创新社会治理体系的时代背景下，对社会工作者与志愿者如何构建一种平等合作的关系，社会工作专业与志愿服务如何重新审视对方的价值，真正实现联动与协同的思考就显得尤为重要。“能力—需求”框架为社会工作介入志愿服务提供了新的契机和策略点。在“志愿者能力”“志愿者需求”“服务受众需求”和“服务受众能力”这四个象限内，社会工作能够充分发挥自身的专业特性，为推动志愿服务在社会治理体系内发挥更加积极、有效的作用提供专业支持。

社会工作专业服务的发展离不开志愿者的广泛参与，志愿服务质量的提升也需要依托社会工作专业的方法，这已经成为共识。在民政部印发的《中国社会服务志愿者队伍建设指导纲要（2013—2020年）》中明确指出要建立社会工作者与志愿者联动机制，充分发挥社会工作专业优势，形成社会工作者引领志愿者、志愿者协助社会工作者的服务格局。但社会工作在什么样的服务框架下介入志愿服务依然是一个值得探讨的议题。

---

① 本研究系广州市社会科学界联合会2016年“羊城青年学人”研究项目（项目编号：16QNXR24）、2017年度华南理工大学中央高校基本科研业务费资助项目（项目编号：2DXM111）的阶段性成果。

一 新时代志愿服务诠释与治理问题分析

（一）现代性志愿服务

尽管“志愿服务”这个概念在日常生活与学术研究中已成为十分普遍的话语，志愿服务看似是一种不证自明的概念，但现有的概念并不能清晰地将本文的研究对象——志愿服务，从其他相似的现象中区分出来。为此，在讨论社会工作介入志愿服务之前，有必要用更加清晰的、可辨识的和直接的术语来描述志愿服务的特征。本研究认为，现代意义上的志愿服务是服务提供者基于自由意志而非个人义务或法律责任，以增进社会公共福利为目的，所采取的一种组织化的无偿性劳动。因此，志愿服务与一般的慈善行为相比至少有以下四点显著特征。

1. 无偿的生产性劳动

“志愿服务是一种无偿的生产性劳动。”无私奉献是志愿服务的一个重要特征，大多数研究都将志愿服务视为一种不以获取物质报酬为目的的社会行动或服务。① 然而，志愿服务不应仅仅被视为一种简单的行动或服务，这种行动或服务应当被视为一种生产性劳动。志愿服务从本质上而言是为社会生产公共服务产品，弥补了政府和市场对公共服务产品生产的不足。

公共服务产品本身就是一种创造价值的生产性劳动。公益事业、公益慈善部门的劳动虽然不生产商品，但是这种劳动依然非常重要和复杂，依然有着重要的意义和贡献。首先，志愿者在提供志愿服务的过程中消耗了无差别的人类劳动，每一次服务过程都是这种无差别人类劳动的凝结与消耗。并且，这种劳动以有形产品或无形服务的形式参与到交换的过程中，服务受众获得产品或服务，志愿者获得低于市场价格的物质报酬或精神回报。其次，志愿服务虽然跟传统的市场交换不同，但与马克思所指出“牧师的劳动，不通过市场交换，但同样

---

① ［美］马克·A. 谬其克、约翰·威尔逊：《志愿者》，魏娜等译，中国人民大学出版社2013年版，第9、15、22页。

凝结了人类劳动，具有重要的社会价值”一样，志愿服务也蕴含着社会价值。最后，志愿服务不仅创造出对社会发展有益的经济使用价值，而且还创造出大量满足社会需要的政治、文化等使用价值。因此，志愿服务不是一种简单的行动或服务，而是一种能够创造价值的无偿劳动。

然而，“无偿”的标准并非总是明确的、简单的和直截了当的。一般认为，志愿者服务不以获取经济上的利益或物质报酬为目的，即使有此要求，其付出的成本也会超过报酬。“无偿”更强调志愿服务的动机，而非完全否定志愿者获得任何物质或精神上的回报，“‘真正的’志愿者拥有正当的动机并且只接受正当的激励”①。

2. 组织化的助人行动

志愿服务应当被理解为代表组织或者与组织有关联的行为。虽然传统的慈善救助古已有之，西周的民本思想、儒家的仁义学说、佛教的慈悲观念以及明末清初广为流传的“善书”思想，都构成了我国志愿服务的基础。但是，传统的志愿者均以个体的形式出现，志愿服务都是个人行为。而志愿者作为一种社会角色，志愿服务作为一种社会现象得到承认则都是20世纪70年代以后的事。其主要原因“是因为它是被组织起来的，是一种有组织的活动”②。志愿者组织负责招募志愿者并决定志愿者的角色，制订志愿服务的目标、计划与任务，因此志愿服务已经成为一种科层式的帮助，不能与传统的个人慈善行为混淆。

首先，将现代志愿服务视为一种组织化的助人行动，有利于将志愿服务与一般化的人际互助交换网或互惠关系相分离。其次，将志愿服务视为一种组织化的助人行动，有利于从现代社会乃至后工业社会的历史发展脉络来解释这一社会现象。在前工业社会时期，虽然也存在着大量的助人活动，但它并不是组织化的，而且大都是发生在熟人社会当中，即使发生在陌生人之间，作为助人活动的提供者，“也是

---

① 张康之：《论作为社会治理主体的志愿者》，《中共浙江省委党校学报》2014年第4期。

② 同上。

以熟人的心态去提供”助人活动。“当人类社会出现后工业化迹象的时候，才出现了组织化的、面向陌生人的志愿服务。”再次，从政府的角度看，志愿服务也是有组织的助人行为。例如，《中国注册志愿者管理办法》明确规定了各级、各类志愿者组织的组织机构和日常管理工作的内容。最后，组织化的助人行动是有组织地为了他人利益而采取的行为，强调了组织在现代志愿服务体系中的存在价值。

3. 无直接的义务关系

既然今天的志愿服务发生在陌生人之间，那么它与传统的照顾工作在义务关系上就存在着明显的不同。传统的照顾工作往往是已经存在的社会关系的产物，这意味着，照顾者与被照顾者之间有着一种强烈的义务关系，这种义务关系往往以家庭成员之间的血缘或亲友之间的情感为纽带，照顾过程是一种情感方式的表达。这就决定了照顾者对被照顾负有“无限责任”，照顾工作无论是否出于自愿的目的，这都是一种直接的义务关系。

现代志愿服务则是“无义务的”（non-obligatory），是志愿者基于自身意愿而非个人义务或法律责任所采取的行动。在后工业社会，志愿服务是因为陌生人社会人际关系稠密化而引发的自主行为。对大多数志愿者而言，志愿服务是我们主动选择去做的事情，而不是基于某些特定的强制关系或义务所采取的行为。这也是志愿服务与其他提升社会福利行为之间的差异，是“志愿”性的体现。此外，志愿服务更具有工具性理性，它不带有任何情感或表达方式的言外之意，仅仅是一种无偿性的生产劳动。

4. 明确的责任与权利

志愿服务所体现的无直接义务关系并不意味着志愿服务缺乏必要的责权关系。首先，作为志愿服务的提供主体——志愿者，其权利和义务是明确的。“志愿者参加志愿服务，应通过与志愿者组织或服务对象签订服务协议书等形式，明确服务内容、时间和有关的权利、义务。”其次，所有的志愿服务都具有自身的特定目标，在志愿服务实施的过程中，志愿者与服务对象之间有着较为明确的权责关系，服务受众有权利获得适合且满足自身需要的服务，而志愿者则有责任提供符合组织要求，满足服务受众需要的服务。然而，当志愿服务结束之后，志愿者与服务受众之间的身份关系立刻发生变化，志愿者不再对服务受众负有志愿服务之外的责任和义务。此外，从事志愿服务工作虽然是志愿者自主的选择，它也可以被视为志愿者对组织、社区、社会的一种责任。因此，“志愿服务工作源于对社会实体的义务而非对具体的某些个人”①。

因此，现代意义上的志愿服务可以被理解为，服务提供者基于自由意志而非个人义务或法律责任，以增进社会公共福利为目的，进行的组织化无偿性劳动。

（二）社会工作与志愿服务的耦合关系

“社会工作产生于志愿服务”，其自身的发展也从来没有离开过志愿服务的影响。然而，随着社会工作的专业地位的提升，社会工作者与志愿者的关系发生了根本逆转。在实务工作中，志愿者仿佛只能作为社会工作专业服务的助手。在研究领域，社会工作专业与志愿服务之间的关系依旧没有理顺，虽然已有的政策和研究逐渐开始关注社会工作者和志愿者之间的联动与协同，② 但是这并不意味着现有的政策和研究已经对志愿服务与社会工作之间的关系有了科学的认识。首先，由于受到不同部门管理的制约，不少观点甚至将社会工作看成是民政部门的工作，而将志愿服务看成是共青团等的团体工作，两者之间缺乏必要的支持与协同。其次，由于社会工作与志愿服务的发展路径存在差别，导致两个群体的自我认知互有区别。二者不同的发展路径及自我认知，使得二者之间合作甚少。最后，在已有的研究当中虽然有学者认识到两者协同的重要性，但是社会工作如何介入志愿服务的具体路径依然是鲜有讨论。为此，需要对社会工作介入志愿服务的必要性和意义进行简要阐述。

第一，社会工作介入志愿服务有利于社会治理体系的完善。

党的十八届三中全会明确提出在总体上用社会治理来代替社会管

① 张康之：《论作为社会治理主体的志愿者》，《中共浙江省委党校学报》2014 年第 4 期。

② 陈涛、巫磊、何志宇、谢景慧：《中国社会工作与志愿服务的发展》，《广东工业大学学报》（社会科学版）2012 年第 4 期。

理，并将推进社会事业改革创新、创新社会治理体制作为社会治理创新的重点。社会治理的核心点，“在于由国家力量和社会力量，公共部门与私人部门，政府、社会组织与公民，共同来治理和管理一个社会”。作为第三部门的社会力量、非营利性组织在社会治理体系中，同市场和政府一样都居于主体地位。而志愿服务是社会力量最主要的来源。现代志愿服务作为一种组织化的，发生在陌生人与陌生人之间的无偿性助人劳动。而这种无偿劳动无疑是向社会提供了新的公共产品，增值了社会福利。因此，“志愿服务已经构成了社会治理的一项内容”。与此同时，社会工作在创新社会治理体系中应当发挥着作用，积极介入志愿服务领域则是发挥重要作用的着力点。

第二，社会工作介入志愿服务有利于破解志愿失灵的困境。

传统的理论将志愿部门的存在视为缓解“市场失灵”和“政府失灵”的产物。市场在提供公共产品的时候受到“搭便车”困境的影响，继而导致公共产品有效供给不足，被称为“市场失灵”。而政府可以通过税收所得来生产公共产品，继而克服“市场失灵”。然而，受制于代议制民主政治、官僚体制和执行效率等因素的影响，政府作为公共产品的生产者也会存在不可避免的固有局限，也被称为“政府失灵”，并在部分空间留下了未得到满足的需求。经历了自由经济市场下的市场失灵和福利国家的政府失灵，志愿部门作为一支新兴的力量，在公共产品提供领域扮演着重要的角色，满足市场与政府失灵所留下的未得到满足的需求。如今志愿部门所提供的公共产品不仅能够弥补市场和政府失灵的不足，而且成为继市场和政府之外的一项重要资源。

但是，志愿部门也会存在类似于市场和政府一样的失灵现象。由于志愿部门自身资源的缺乏和组织能力的不充分，从而导致公共产品在覆盖人群上受到严重的限制，产生“慈善的特殊性”。此外，志愿部门自身的家长式作风与慈善组织的业余主义之间的矛盾都会进一步加剧“志愿失灵”。如何充分发挥市场、政府和志愿部门三者的各自优势，形成彼此的良性互动，同时避免和减少市场、政府和志愿失灵的发生已成为一个核心的议题。虽然，萨拉蒙提出了“政府—非营利部门”伙伴关系理论，避免了从单一补充与替代关系的角度理解政府与志愿部门之间的关系，有助于从合作范式的角度考察政府与志愿部门之间的关系。然而，这一合作关系在实践层面是如何运行的，萨拉蒙并没有给出清晰的解释。更为关键的是，政府与志愿部门的合作关系并不能很好地解决志愿部门慈善的业余主义问题。无论政府与志愿部门是否合作，都改变不了志愿部门“用业余的方法来处理人类的问题”。

随着社会学、心理学理论的丰富与完善，以社会工作为代表的专业助人技术已经日渐成熟，社会工作的专业性为缓解志愿失灵提供了新的可能。社会工作可以通过资源的链接与整合方式缓解志愿部门慈善不足的情况，通过同理、平等与接纳的理念和助人自助的服务模式来抵消志愿部门的家长式作风，通过专业的理论、知识、技巧和方法来改善志愿部门业余主义的问题。

第三，社会工作介入志愿服务有利于无偿性劳动的扩大再生产。

志愿服务既然是一种创造价值的无偿性劳动，那么这种劳动本身就具有稀缺性的特点。在市场的框架内，任何稀缺劳动所创造的价值都会被市场机制赋予某一价格，并按照这一价格在市场上进行交换。劳动者通过交换的过程实现自身的价值。然而，志愿服务作为一种无偿性劳动，其价值在市场机制内无法体现。从而导致志愿者提供无偿性劳动的动力缺失、后劲不足等问题，阻碍了志愿服务这种无偿性劳动的再生产过程。

社会工作与志愿服务具有同源性，通过社会工作的介入能够有效保障志愿服务这种无偿性劳动再生产的顺利进行。首先，社会工作的专业价值理念对志愿服务再生产起着推动作用。在宏观层面，社会工作的价值观念以人道主义为基础，强调以人为本，助人自助。在操作层面，社会工作价值由接纳、尊重、个别化、不批判与案主自决等原则构成。社会工作的价值理念与志愿服务精神相契合，强化了志愿者提供服务的内生动力，推动了志愿者自我教育与自我能力的提升。其次，社会工作专业方法改善了志愿服务的成效，提升志愿者的获得感，促进了志愿服务的有效再生产。同时，社会工作专业方法能够帮助志愿者丰富生活经历，学习新的知识，获得个人成长，促进志愿者获得无偿性劳动价值的满足感。此外，社会工作的制度和管理为志愿服务带来了新的视角，为志愿服务常态化、系统化和规范化建设带来了契机，保障了志愿服务再生产的顺利进行。最后，社会工作拓宽了志愿者的服务空间，将志愿服务的再生产纳入社会服务的大平台，“建立‘大社工’的工作模型”，为志愿服务再生产提供专业支持。

综上，现代性重新定义了志愿服务的内容，为社会工作介入志愿服务提供了机遇与挑战，社会工作介入志愿服务是创新社会治理体系的必然要求，是破解志愿失灵的有效途径，是保障志愿服务无偿性劳动顺利再生产的有力手段。然而，现阶段的研究并没有为社会工作如何介入志愿服务提供一个可操作性的框架。为此，本研究基于能力与需求的双向视野，提出社会工作介入志愿服务的“能力—需求”框架。

二 “能力—需求”框架的基本维度与象限

以往的研究或多或少都存在这样两种误区：第一，志愿服务与社会工作二元对立。大部分的研究不是从志愿服务来谈志愿服务，就是从社会工作角度来看志愿服务，这种二元对立的视角导致要么过于强调志愿服务自发性，而忽视社会工作专业在志愿服务领域的必要性。要么过于强调专业性对志愿服务的干预，而忽视了志愿服务的自主性与多样性。第二，能力与需求的二元对立。已有的研究或者集中于服务受众的需求满足，或集中于志愿者的能力提升，而能够将志愿者能力建设与服务受众需求进行匹配的研究较少，而能够同时考察志愿者与服务受众的能力与需求的研究则更是凤毛麟角。

以上误区产生的原因在于没有将“志愿服务与社会工作”和“能力与需求”看作社会工作介入志愿服务的一体两面，没有跳出二元对立的思维局限。事实上，社会工作介入志愿服务是一个复杂的动态过程，志愿者与服务受众之间的关系本质上也应该是一种多维度、多向度的互构过程。一旦在动态互构过程中考察“志愿服务与社会工作”和“能力与需求”之间的关系，二者就不再是简单的谁决定谁或以谁为主，而是相互形塑、互为前提、互为存在条件、不可分割整体。社会工作在介入志愿服务的过程中应当同时考察志愿者与服务受众这两大干预对象的能力与需求，要有一种双重关照的视野。本研究把这样一种双重关照的视野具体化为社会工作介入志愿服务的“能力—需求”的框架。

我们可以通过表 18—1 将这种关系简单地反映出来。如表 18—1 所示，我们可以将“能力”与“需求”的互构关系用横轴加以表示，纵轴则由“志愿者”和“服务受众”这两大干预主体加以表达。这样两组互构关系相互交会就形成了四个象限。他们分别是第一象限：志愿者的能力；第二象限：志愿者的需求；第三象限：服务受众的需求；第四象限：服务受众的能力。

表 18—1　　志愿服务的“能力—需求”框架

维　度	能　力	需　求
志愿者	Ⅰ 志愿者能力	Ⅱ 志愿者需求
服务受众	Ⅳ 服务受众能力	Ⅲ 服务受众需求

第一象限表示，志愿者作为提供志愿服务的行为主体，自身具备一定的助人能力。而这种能力是志愿服务得以顺利进行和实现服务成效的前提条件。志愿者的能力包括其先天的自然禀赋、后天习得的知识与技能、当下掌握的各类资源等内容。此外，志愿者的能力可以通过组织和培训的形式得以提升。作为一种组织化的助人活动，志愿服务将零散的志愿者组织起来以实现规模效应，呈现出整体功能大于部分的效果。通过专业性、针对性的培训，可以有效提升志愿者能力的广度和深度，从而保障志愿服务的成效。

第二象限表示，志愿者在从事志愿服务的过程中有自己独特的需求。现代社会的志愿服务不再基于情感或法律的义务，而是志愿者理性选择后的行为。志愿者参与志愿服务，无偿性地奉献自己的劳动，在服务的过程中其自身的需求理应得到满足。心理学的研究表明，如果志愿者的需求可以通过志愿服务这种行动得到满足，那么志愿者就会主动参与志愿服务。在具体的服务过程中，志愿者需求的表现形式往往是多种多样的，不同的志愿者有着不一样的需求，甚至同一志愿者也会同时存在多种需求。志愿服务功能清单（Volunteer Function Inventory）将志愿者的需求归结为：表达价值观的需求、学习知识技能的需求、社会交往的需求、自我成长与发展的需求等六种不同动机。了解和满足志愿者的需求，有助于提升志愿者开展志愿服务的稳定性，促进志愿服务的良性循环。

第三象限表示，服务受众作为志愿服务的受助对象，自身具备差异化的服务需求。满足服务受众的需求是志愿服务的目标，也是评估志愿服务成效的尺度。根据奥尔德弗（Alderfer）的EGR人本需要理论（简称EGR理论），将服务受众的需求划分为生存性需要、关系性需要和发展性需要三种类型。生存性需要与服务受众的物质生存相关，包括基本的衣、食、住、行和人身安全的满足。关系性需要指服务受众与他人建立、维系、发展良好人际关系的要求。发展性需要表示服务受众有受到他人尊重并谋求自我发展、自我实现的愿望。值得注意的是，三种需要之间的关系并非是按照层次顺序依次递进排列的线性关系，在同一时期有可能同时存在多种类型的需要，不同类型的需要其重要程度也有所不同。因此，精准识别和掌握服务受众的需求是提升志愿服务效力的关键步骤。

第四象限表示，服务受众作为志愿服务的受助对象，其自身并非被动接受服务的“失能”者，而是具备一定优势与能力的潜在“有能”者。与志愿者相比，服务受众处于相对弱势的地位，传统的问题视角往往将服务受众视为志愿服务的被动接受者，忽视了服务受众自身的内在潜能。社会工作乃是一个“助人自助”的专业，助人的最终目标是实现服务受众的“自助”。而服务受众“自助”的基础在于其自身拥有一定的优势和能力。从服务受众自身而言，其拥有改善现状的强烈愿望和信心，拥有改善自身状况的资源条件，拥有包括天赋和知识在内的广泛才能。从服务受众所处的环境而言，其拥有正式或非正式的各种资源，拥有一定的社会关系支持网络，拥有发展自身优势的各种机会与可能。因此，充分认识服务受众的能力有利于促进服务受众从失能者向有能者的转变，同时也有利于引导服务受众从被动的接受者向主动提供者演变，逐步改善其弱势地位。

基于志愿服务的“能力—需求”框架，本研究认为，志愿者的能力和需求以及服务受众的能力与需求都对志愿服务的过程及成效产生影响。一方面，志愿者的能力决定了志愿服务的内容、水平与成效，志愿者的需求决定了志愿者参与志愿服务的动机、类型和次数；另一方面，服务受众的需求决定了志愿服务的目标、类型与评估标准，服务受众的能力决定了“助人自助”理念的实现与达成。“能力—需求”框架为社会工作介入志愿服务提供了新的契机。

三　社会工作介入志愿服务的治理策略

基于以上讨论，社会工作介入志愿服务应当具备双向视野，充分回应志愿者和服务受众的能力与需求，并以此为抓手对志愿服务进行引导和干预，使志愿服务回应创新社会治理体系的要求，弥补志愿失灵的困境，推动无偿性劳动的扩大再生产。

（一）基于志愿者能力的社会工作策略

1. 识别志愿者能力

志愿者的能力是从事志愿服务的先决条件，研究表明具有不同能力的志愿者从事的志愿服务类型有显著的差异。具有较高收入，受教育程度和社会地位较高的志愿者，参与志愿服务的次数较多，工作内容也更具有挑战性。而收入、受教育程度和社会地位相对较低的志愿者更倾向于从事简单的体力性志愿服务。因此，对于社会工作的介入而言，首要的任务便是精准识别志愿者的不同能力，并根据志愿者不同的能力选择不同的志愿服务任务，做到因才分工。对于具有“强能力”的志愿者，社会工作应当加强引导，通过赋权的方式鼓励其运用自身的能力优势，更多地参与复杂多样、高技能、自主性的志愿服务。对于“弱能力”的志愿者，社会工作应当强化技能培训，通过增能的方式培养志愿者新的服务技能，更好地参与简单重复、低技能、指令性的志愿服务。

2. 变“业余服务”为“专业服务”

社会工作与一般志愿服务相比最大的优势在于其专业助人的特

性。志愿者虽然具备各自的能力优势，但是在助人服务领域缺乏相应的知识和技能。因此，社工在链接志愿者资源的过程中，有必要对志愿者的专业技能展开培训。通过培训传授社会工作方面的价值伦理、理论知识、实践技能等，使志愿者能够提升专业化服务水平。鼓励志愿者更多地了解社会工作的相关政策，掌握社会工作的理论知识，合理地运用社会工作方法与技巧，使其更好地协助和配合社工的工作，也能独立完成相关的志愿服务任务。社工在提升志愿者专业能力的过程中可以借鉴服务学习的督导模式，运用自身的专业知识和丰富的社会服务经验，为志愿者提供支持，继而提升志愿服务专业水平，健全志愿服务机制，引导志愿服务积极、有序和有效地进行。继而通过专业化提升志愿者的服务技能，通过专业化树立志愿服务组织的形象，通过专业化评价实现志愿者、志愿组织的良性发展，为志愿服务提供强有力的保障。

3. 变“被动参与”为“主动服务”

现阶段大部分的志愿服务均属于被动参与，志愿者被动地加入到某一组织的服务当中，缺乏话语权和自主意识。社工应当发挥专业特长，引导志愿者从被动服务向主动服务转变。在主动服务的模式当中，志愿者与社工是一种平等的伙伴关系，社工以激发志愿者的自主意识为主要目的，使每一位志愿者积极参与志愿服务的全过程。在社工的引导下，志愿者主动选择服务对象，设计服务方案，制订服务计划，监控服务过程，评估服务成效，反思服务流程。在主动服务过程中，志愿者扮演领导者和执行者的角色。社工扮演引导者和协调者的角色，主要任务是帮助志愿者填补专业上的空白，提供技术上的咨询以及引导志愿服务的方向。

4. 提升志愿组织的综合能力

“20 世纪后期以来的志愿者及其志愿服务活动都是以组织化的形式出现的”，组织是志愿服务开展的基本载体与单位。在志愿组织迅速发展和社会对志愿服务需求不断增长的背景下，志愿组织必须加强自身建设，采取科学规范的管理方式，对志愿者、组织和服务进行有效管理。社会工作者可以在志愿者招募、团队管理、技术培训、团建激励、对外联络、品牌建设等方面协助志愿组织建立有效的规章制度，提升组织的综合能力。以提升志愿组织的筹资能力为例。目前志愿组织的经费主要来源于政府转移支付、组织内部成员捐款和社会募资，筹款渠道相对单一，缺乏自我“造血”的能力。社工可以协助组织采取社会企业的运营模式，为社会提供有偿、低偿服务，获取一定的收益和利润，一方面维持组织自身的运转和发展，另一方面又可以提供更多的社会服务。

通过社会工作的专业干预，志愿服务从“业余”走向“专业”，引导志愿者从“被动参与”走向“主动服务”，志愿者自身的服务理念、助人能力都得到较大幅度的提升，为志愿服务的达成提供了坚实的保障。

（二）基于志愿者需求的社会工作策略

1. 界定志愿者需求

目前志愿组织在志愿者招募、培训、服务和嘉许环节中不能很好地回应和满足志愿者自身的独特需求。继而引发志愿者倦怠情绪高、人员流失率高、服务成就感低等问题。为了积极回应和满足志愿者的诉求，精准界定志愿者的需求就显得尤为重要。志愿者的需求具体地表现为志愿者的行为动机。心理学和行为学的研究表明对志愿者的动机可以有多种划分的方式。美国学者通过志愿服务功能清单将志愿服务的需求归结为六种不同的动机。国内学者根据外在诱因和内在需求的复合影响，将志愿者的行为动机划分为理想型、回报型、学习型等五种类别。有的研究则将志愿者的动机简化为利己与利他的双因素模型。社会学倾向于通过志愿者与他人的互动过程、社会差别来解释志愿者行为的动机。在志愿服务过程中，志愿者参与的需求是复杂的、多样的，既受志愿者心理因素的影响，同时也受社会因素的制约。社工通过制订合理的甄选、选拔程序，面试及问卷调查等方式及时有效地掌握志愿者的个人动机，并通过文书记录或个人档案等形式对志愿者的需求进行界定与分类，为回应志愿者的需求提供支持。

2. 满足志愿者的需求

在清晰界定志愿者需求的基础上，如何满足志愿者的需求就是社工和志愿组织需要考虑的问题。基于双因素理论的观点，志愿者从事志愿服务的动机可以被划分为保健因素和激励因素两种。保健因素可以消除志愿者的不满，但不会带来满足感的提升。在保健因素得不到满足的情况下，志愿者会产生倦怠感和挫败感，甚至终止志愿服务。社工可以通过个案工作，为倦怠感、挫败感较强的志愿者提供心理疏导和情感支持，通过小组工作为志愿者提供成长的机会与搭建支持的网络，通过社区工作为志愿者营造富有志愿精神的社区环境。通过社会工作专业方法的干预，有助于消除志愿者的不满情绪，满足志愿者需求的保健因素。

激励因素保持能够提升志愿者的满足感，激发志愿者的服务热情，提高志愿服务成效。志愿服务领域的激励因素包括志愿服务工作本身的内容和挑战性，志愿者对服务的认可程度，志愿者通过服务过程所获得的成就感等因素。这些因素既涉及对工作的积极感情，又和工作本身的内容有关。社工可以凭借专业知识，帮助志愿组织完善工作内容，强化组织认同。例如，协助志愿者开展需求调查，制订服务计划，设置有挑战性的任务，培养志愿者领袖和骨干，组织志愿者嘉许等。

3. 建立志愿者激励的长效机制

满足志愿者需求的有效措施是建立志愿者激励长效机制，传统的激励方式面临内容单一、形式简单、渠道有限、志愿精神认同不足等一系列困境，一定程度上导致了志愿组织成员流失率较高，志愿者自身权益得不到保障等问题的积累。社会工作可以通过其专业方法协助志愿者组织建立志愿者激励的长效机制。

第一，建立健全志愿者自我激励机制。通过个案、小组工作的方法提升志愿者自我成就感、自我表现提升感、自我认同感和自我满足感。有效运行的自我激励机制可以在志愿者遇到挫折和困难的时候，仍能够保持自己的服务热情。第二，建立健全志愿组织管理体系。明确组织自身的激励制度、组织使命、愿景，确立志愿服务文化，打造一个管理有序、运转顺畅的志愿组织，从而提升志愿者的组织归宿感与认同感。第三，建立多元激励机制。建立和完善物质激励、精神激励和价值激励互为补充、互相协调的多元激励机制。当前志愿者的激励措施依然是以精神激励和价值激励为主，在一定程度上忽视了物质激励。虽然志愿行为不以物质回报为主要目的，但如果能够为志愿者支付其助人过程中的一些必要开支，“无疑会极大地促进志愿者的志愿行为。物质激励形式可以多种多样，既可以是金钱的形式，也可以是实物的形式，还可以是就业岗位等间接的形式”。第四，建立全流程的志愿者激励体系。对志愿者的激励措施应当贯穿整个志愿服务流程，社工应协助志愿组织从项目设计到招募培训，从组织实施到效果评估，都把志愿者的权益和感受放在重要位置，在志愿服务的每一个步骤都对志愿者付出的时间和服务成效进行评价，对突出表现的志愿者予以嘉许。第五，建立健全社会激励机制。通过社会工作研究的方式推动政府、社会对志愿者和志愿组织的认可，推动建设激励志愿事业发展的法律制度体系，推动建设激励志愿事业发展的政府管理模式，推动建设激励志愿事业发展的社会环境。

通过社会工作的介入，志愿者的需求得到了认可和回应，建立起长效的激励机制从而保障了志愿服务的持续性的开展。

（三）基于服务受众需求的社会工作策略

1. 评估服务受众需求

评估服务受众的需求是志愿服务的首要步骤，也是志愿服务任务的目标之所在。社会工作专业在需求调查领域有成熟的理论和方法，将为志愿服务中的需求评估提供专业意见。第一，倡导以需求为本的志愿服务理念。志愿服务作为一种稀缺性劳动，在服务过程中必须考虑劳动力投入的成本和收益，保障服务的有效性。提升服务有效性的根本办法在于志愿服务能够直接针对服务受众的需求，满足服务对象的需求。因此，社工应当大力倡导以需求为本的志愿服务工作方式，从服务受众自身需求出发，强调解决需求问题对服务受众个人、家庭的重要意义。第二，客观、全面地评估服务受众需求。社工可以通过参与式观察与评估的方式对服务受众个人的心理、生理状况进行评估，对服务受众的家庭关系、经济条件进行调查。从第三方的角度全面、客观地反映服务受众的需要，为志愿组织提供需求调查报告。第三，对服务受众的需求进行分层分类。将服务受众的需求按照生存性需要、关系性需要和发展性需要三种类型进行分类。并找出一定时期内服务受众最需要得到满足的需求类型，结合志愿组织自身的能力提供有针对性的服务。

2. 变“粗放式服务”为“精准式服务”

传统的志愿服务模式无论是在服务理念和方式的运用上，还是在内容和目标的设置上都属于“粗放式服务”。所谓“粗放式服务”主要表现在服务理念滞后，服务方式以物质给予为主，服务目标设置缺乏针对性，服务内容设计简单粗暴，难以满足服务受众的差异化需求。反之，“精准式服务”则具备以下特征。第一，服务理念超前。精准式服务强调助人自助的帮扶理念。第二，服务方式多样。精准式服务不仅重视对服务受众物质上的给予，更重视为服务受众提供情感疏导、心理调节、社会资源链接等方式多样的服务。第三，服务目标设置精准。精准式服务认识到每一服务受众有自身不同的差异化需求，服务目标的设置应当反映出这种差异化的需求。在人力、物质和时间条件允许的情况下，鼓励针对每一位不同的服务受众、针对不同类型的服务群体设置不同的服务目标。第四，服务内容设计新颖。精准式服务针对服务受众的需求而设计志愿服务的内容和服务步骤，以服务受众接纳和感兴趣的方式提供服务。

通过社会工作的介入，服务受众的需求得到了准确的识别，志愿服务从“粗放式服务”逐渐转变为“精准式服务”，有利于直接回应服务受众的需求，解决实际问题，同时有利于志愿服务资源的有效运用。

（四）基于服务受众能力的社会工作策略

1. 转变志愿服务视角

传统的志愿服务将服务受众视为存在问题的弱势群体，然而社会工作专业秉持“助人自助”的服务理念认为，服务受众尽管身处困境，仍然有其自身的优势和能力，只是这些优势往往被人们所忽视或被环境所制约。与问题视角对服务受众的贬低、污名和不对等服务关系不同，优势视角强调服务受众有能力发展自身的潜能，服务受众在面对逆境时拥有改善的愿望和复原的能力，因此社工应当引导志愿者去发现服务对象自身的优势和能力，树立服务对象改善困境的信心。

志愿服务被视为提供外部资源和改善机会的手段，服务受众最终将在外部力量的帮助下逐渐走出困境。在优势视角下的志愿服务过程中，志愿者和服务受众之间的关系是平等的互助关系，服务受众只是暂时地陷入困境之中，依然能够有尊严地接受志愿服务的帮助，通过与志愿者的合作，最终依靠自身的潜力走出困境。

2. 变“失能照顾者”为“有能服务者”

既然优势视角承认服务对象自身的能力，那么志愿服务过程中服务受众所扮演的角色就不再是单纯需要被照顾的“失能者”，而是具备优势的“有能者”。志愿服务不再是单纯地帮助服务受众脱贫解困，而是激发服务受众自身优势，引导其从被动接受服务，向主动提供服务转变。

第一，尊重与认同。社工和志愿者应当认识到服务受众也是社会的成员，他们同样希望获得别人的尊重。志愿服务是一种平等的、体面的和易接受的帮助过程。第二，赋权与增能。服务受众困境的根源在于权能的缺失，志愿服务的帮助重点在于对服务受众的赋权与增能，培养其在困境中的抗逆力和面对困境、克服困难的勇气。第三，依托潜能发展优势。充分挖掘服务受众既有的潜能，并将其与环境中的发展机会相结合，鼓励其发展出具备自我调节和超越逆境的自我发展优势。第四，借助行动改善困境。任何的改善都源于行动，在服务受众具备一定权能和信心之后，社工应恰当运用服务受众自我发展的优势，引导其将优势与改善目标联系起来，鼓励其通过行为摆脱困境。第五，服务他人回馈社会。将脱离困境、能力富足的服务受众吸纳为志愿组织的成员，引导其发挥自身特长，参与志愿服务回馈社会。

通过社会工作的专业介入，服务受众实现了从“失能照顾者”向“有能服务者”的演变，为志愿服务实现助人自助的目标提供了新的视野。

现代性的宏大进程赋予了志愿服务不同于传统慈善救助的内涵、意义和使命。志愿者基于自由意志而非个人义务或法律责任，以增进社会公共福利为目的，进行组织化的无偿性劳动。在当今的中国，志愿者作为一种社会治理主体的角色已经引起了全社会的普遍关注。志愿组织也已经从非正式的、初步的、不完善的慈善模式中脱离出来，进入一个更加理性的、正式的、完备的发展阶段。然而，这一过程并非总是一帆风顺的，志愿组织也会面临类似于政府失灵和市场失灵的窘境。在创新社会治理体系的时代背景下，社会工作者与志愿者应当重新回归至一种平等合作的关系，社会工作专业与志愿服务也应当重新审视对方的价值，真正实现联动与协同。在宏观层面，社会工作的专业性能够与志愿组织共同面对志愿失灵所带来的挑战与压力。在微观层面，社会工作的专业性能够有效保障无偿性劳动的扩大再生产。

跳出“志愿服务与社会工作专业”“能力与需求”二元对立的视角，不难发现，社会工作介入志愿服务是一个复杂的动态过程，志愿者与服务受众之间的关系本质上也应该是一种多维度、多向度的互构过程。在这个过程当中，社会工作的专业性与志愿服务行动不断地形塑着对方，志愿者与服务对象各自的能力和需求也互为前提、互为条件，成为不可分割的整体。“能力—需求”框架正是对这样一种现实状况的理论回应。

“能力—需求”框架为社会工作介入志愿服务提供了新的契机和策略点。在“志愿者能力”“志愿者需求”“服务受众需求”和“服务受众能力”这四个象限内，社会工作能够充分发挥自身的专业特性，为推动志愿服务在社会治理体系内发挥更加积极、有效的作用提供专业支持。

第十九章

自治、法治、德治：完善乡村治理体系的三重维度

党的十九大报告首次明确提出了实施乡村振兴战略，它直接回应的是“三农问题”这一全党工作的重中之重，对于我国全面建成小康社会，建成富强、民主、文明、和谐、美丽的社会主义现代化强国意义重大。但是，相较于城市地区，我国广大农村地区在产业发展、社会治理、生态保护等方面存有较大差距，成为“两个一百年”奋斗目标实现征程中的短板。为此，十九大报告表示，要坚持农业农村优先发展，坚持产业兴旺、生态宜居、乡风文明、治理有效、生活富裕的总要求，加强农村基层基础工作，健全自治、法治、德治相结合的乡村治理体系。基础不牢，地动山摇。也就是说，没有乡村社会的善治，就没有农村地区的良序、祖国的稳定繁盛，要达成乡村社会的有效治理，需要发挥自治、法治、德治三重力量的协同治理功用。

一　自治：乡村治理的制度设计与历史维续

村民自治是乡村治理体系中被予以明确的制度设计，是基于我国乡村实践发展而形成的一种有中国特色的基层民主政治制度。“村民自治”的提法始见于1982年我国修订颁布的《宪法》第111条，规定“村民委员会是基层群众自治性组织”，随后1994年民政部在下发

的关于开展村民自治示范活动的通知中确定了“四个民主”原则，1998年第九届全国人民代表大会常务委员会第五次会议通过《中华人民共和国村民委员会自治法》，于2010年第十一届全国人民代表大会常务委员会第十七次会议修订并正式生效。它规定，村民委员会是村民自我管理、自我教育、自我服务的基层群众性自治组织，实行民主选举、民主决策、民主管理、民主监督。

村民自治并非仅仅是国家政治的抉择，在某种意义上，它是广大农民自觉性制度创造与政权国家权威性制度供给的产物。新中国成立后，特别是人民公社的实践，乡村治理是政社合一模式。改革开放初期，以家庭联产承包为主要内容的经济体制改革在广大农村开展起来，去组织化的农业生产经营方式一方面宣示了国家力量逐步退出农村社会的许多领域，另一方面也带来了新旧治理模式更替时期的农村治理真空。为应对基层组织体系功能瘫痪下的农业生产中的矛盾和困难、纠纷等问题的增加，1981年广西壮族自治区宜山县农民组建了全国第一个村民委员会，其他一些地方又创造了村民自治会、村民自治组、村民代表会议等，丰富了村民自治内容。而后经实践总结提升，国家制定了《村民委员会自治法》，将村民自治制度及村民委员会这一组织形式在法律上予以肯定和规范。实践证明，村民自治对政府公共服务提供不足做了有效补充，在维护地方治安、提供社会福利、管理公共设施、调解民间纠纷等方面发挥了巨大作用，也实现了农村社会事务的还权于民。

可以说，自觉创造性和能动性从“村民自治”的诞生之初就是其内在特质，村民不仅是乡村社会的建设者和管理者，更是乡村治理效果的直接体验者和乡村发展的最终受益者，在乡村治理中起着主体作用。着眼于乡村振兴战略的有效实现，不仅需要国家政策的强力支持，更需要发挥村民自治组织在集体经济发展、土地制度改革、产业体系构建、返乡创业等方面的凝聚力和协调力，带动村民以更大的积极性、自觉性、创造性投入到乡村振兴中来。当前，村民自治在村级治理运行过程中的重点和难点就在于解决好民主选举中的非合理操作、民主管理中的“两委”权力交错、民主决策中的协商不足、民主监督中的效度质疑的问题。一要厘清乡村政治中乡镇政府、村党支部和村委会的三维权力，各自做好原则性指导主体、协调主体和自治主体的身份定位。二要加强政策支持，培育壮大集体经济组织来增进村民凝聚力，强化村委会服务性和村民主体性。三要强化村监委会作用，健全“三级”监督体系，以透明化监督下的“小微权力”规范，提升村民参与公共事务的积极性。

不可否认，村民自治是乡村社会治理的最终归属，从某种程度上说，它也是乡村自治历史传统的现代表达。对传统中国而言，中国在乡村，乡村社区是自治的特定场域，村落是融合了经济、政治、文化、生活等内容的共同体。关于传统社会的乡村治理方式，秦晖曾如此论述“国权不下县，县下惟宗族，宗族皆自治，自治靠伦理，伦理造乡绅”①。不难发现，传统社会的乡村秩序主要由士绅和家族来承担，乡风民俗、习惯规约、道德伦理等是乡村社会治理的重要力量，而这些内容的形成与发展都来源于民众的乡村社区生活。中国历史文化先从“道”“德”演进到儒家孔孟仁义之道，而后以“仁义礼智信”为基本框架的儒家思想成为中国传统文化的基本内核，礼治天下，由礼而形成法治（政治体制等），礼法延续至今。“宗法”是礼法结合宗族这一乡村社会最重要组织力量的具体表现，它维持着乡村生活秩序。可以说，家族是传统社会的乡村治理共同体，其承担着农业生产、祭祀、知识传播、生活技能传授等社会功能。

不过，伴随着经济社会变迁，中国乡村社会结构也发生了深刻变化，宗族意识、家族关系持续淡化、分化和裂变，新的生产关系、社会关系、社会风气也在不断形成，乡村社会矛盾、社会问题在不断凸显，礼治式微下的乡村内部治理结构已不能维持全部秩序，而民主法治未能及时跟进下的法治空谷也在一定时期加重了乡村无序。新时代，民主法治这驾马车应当持续发力，在村民自治这一基础性前提下，共同调和乡村生活、维护乡村秩序，推进乡村治理体系完善。

---

①　秦晖：《传统十论——本土社会的制度文化与其变革》，复旦大学出版社2003年版。

二 法治：乡村社会治理变迁的时代彰显

当今中国社会正遭遇传统社会向现代社会、现代社会向后工业社会的双重变迁，多元性、个性化、开放性是其社会表征，而规则意识、法治精神是构建现代社会秩序的内在要求。作为一个有着几千年封建社会历史的国家，我国的民主法制进程相较于西方国家有所滞后，不过回望来路，中国共产党带领中国完成了从“法律体系”到“法治体系”的转变：从党的十五大确立依法治国基本方略，提出建设社会主义法律体系的目标，到2010年年底中国特色的社会主义法律体系形成；从十八大报告深刻阐释了全面推进依法治国重要思想，到十八届四中全会第一次提出建设中国特色的社会主义法治体系的新目标，描绘全面依法治国的蓝图，再到十九大报告明确全面推进依法治国总目标是建设中国特色社会主义法治体系、建设社会主义法治国家，成为中国特色社会主义新时代全面推进依法治国的总纲领。

习近平总书记指出：“法律是治国理政最大最重要的规矩。”要推进国家治理体系和治理能力现代化，实现经济发展、政治清明、文化昌盛、社会和谐、生态良好，必须秉持法律这个准绳、用好法治这个方式。在全面依法治国的时代背景下，乡村社会治理不仅无可逃遁，而且乡村治理体系中的法制程度和法治化方式利用应当大幅度跟进和提升，因为着眼于“建设中国特色社会主义法治体系、建设社会主义法治国家”的总目标，乡村地区法治薄弱的“短板”补齐关系到法治社会、法治国家的实现。

全面推进依法治国的重点在基层，难点突破也在基层。一个方面，乡村治理法治化进程要迎头赶上。上文已有论述，由于历史文化传统，宗法、礼俗制度等维系着乡村秩序，由此而形成的抑讼文化和乡里调处、宗族调处、人民调解等民间调解形式依然深刻影响着民众的日常生活，礼法思想延续至今并保持着生命力。一个事实是，虽然经过几十年的努力，我国已建立健全了法律体系，乡村社会的主要关系和基本问题也纳入到了法律范围内予以规范，但文化惯习、权力、人情、关系、非理性情绪等生活因素下的乡村法治建设仍落后于乡村经济社会发展现实，滞后于现代社会发展进程。具体表现在，基层干部“官本位”思想、任性用权等法治意识不强，民众识法不足、用法不强、守法不够的法律意识淡薄，农村法律法规层次不高与体系待完善，制度化监督制约机制不完善和监督效度难保证。为此，要立足农村发展新情况完善立法，提升农村法律法规层次和体系完善；强化基层干部的法治教育，破除“人治”思想，以基层干部法治意识的提高来带头守法；多渠道加强农村地区的法治宣传工作，构筑民众从识法、懂法到用法、守法的法治意识提升之路，真正地让法治建设落地生根。

此外，新形势下乡村社会问题的化解、乡村社会秩序的保持呼唤法治这一有效手段的补充。新的历史条件下，礼治式微中的乡村内部治理结构已不能有效维持全部秩序，不足以完全应对日益凸显的乡村新现象、新问题，需要以法治规约乡村社会的矛盾纠纷、利益诉求的多元、社会安全的稳定，增强民众的法治精神和秩序意识。伴随时代变化和乡村社会结构深刻变迁，一段时期以来，乡村社会问题层出不穷，道德滑坡、人情冷漠、社会治安、自私自利、失信失约、低俗价值、是非观念颠覆等乱象不断涌现，这不仅是道义沦落下的礼俗约束无力和思想文化建设不足，更是法治缺失下的规则不约、秩序不制，因此，礼治衰退下的法治补位符合乡村现实需要。同时，夹裹于市场经济、城乡融合发展下的乡村社会问题需要法治化裁决。市场经济是法治经济，只有践行契约、实现法治，才能维护公平竞争和市场有序，调适人际关系和多重社会利益。城乡融合发展进程中日益显现的市场诚信、生产安全、土地资源问题、环境问题等，已超出了非正式制度的约束范围，必须借助拥有强力后盾的法律、政策等制度保障来推进社会问题的解决和社会秩序的良性运行，从而规范社会行为、社会生活，助力乡村治理和国家治理。

法安天下，德润人心。法治是规则之治，无规矩不成方圆。但是，如果规则制度不被遵守信仰，无论制度如何先进、规则多么健全，都将无法落地生根。法律制度的有效运转需要全社会信仰法律以营造法治氛围并形成法治文化的价值基础，不单法律需要被信仰，礼法宗约也靠内化于心的文化基因来完成乡村社会的治理日常。文化的深层因素是道德观念和伦理价值，个体的社会化也即社会文化的内化过程，因此，我国将坚持依法治国和以德治国相结合确立为建设社会主义法治国家的基本原则。

三 德治：乡村秩序的文化治理秉持

乡村秩序的良性运行和乡村生活的正常展开是乡村治理的目标指向，而这一状态的实现需要制定一定的行为规则来理顺乡村世界。一般来讲，规则分为两种：一种是正式规则，如法律、法规等成文式的制度安排；另一种是非正式规则，如道德规范、伦理价值、风俗习惯、文化信仰等在日常生活交往中所形成的被普遍认可的约定俗成的非正式准则。正式规则和非正式规则是开展社会治理所不容忽视的两个层面，乡村治理体系完善中的法治与德治亦是如此。其实，在2016年中共中央政治局进行的“我国历史上的法治和德治”集体学习上，习近平总书记就深刻阐述了法治与德治的辩证关系，指出“法治和德治不可分离、不可偏废，国家治理需要法律和道德协同发力”。

不难理解，任何社会里的秩序维持，既需要制度化、法制化的强制作用来保障，也依赖社会成员对公共秩序的自觉践行和遵守。作为成文的道德，法律拥有强力后盾来保护底线道德，而道德则依赖于个体对内心法律的恪守和选择，之后才会有道德行为的呈现。从这个意义上来讲，德治是更深层次上的柔性治理，它以润物细无声的形式来影响个体的思想意识，以文化规则的内化自觉于社会行动，它更贴近于治理所围绕的“人”这一核心，直指人心。

推进乡村治理，必须加强德治建设，一方面要向后看、不忘本来，善于挖掘和弘扬中华优秀传统文化的治理功能。“敬德”一直是中华文明所推崇的精神原则，“修齐治平”“内圣外王”“德才兼备”是“贤能政治”的基本要求，而“道德权威”则是乡村生活秩序中举足轻重的群体。他们一般由村内具有一定文化修养、德高望重的人组成，是以儒家思想“仁义礼智信”为基本框架，融合地域特色文化、民间习俗、民间风俗而形成的主导村民生活秩序的精神支柱。对于传统文化，党的十九大报告也指出要深入挖掘中华优秀传统文化蕴含的思想观念、人文精神、道德规范，结合时代要求继承创新，为此，我们要大力弘扬中华传统美德，引导乡风民俗的时代转向，培育社会公德、职业道德、家庭美德、个人品德，提高全社会的道德文明程度，为乡村治理、国家治理营造良好的文化环境。

另一方面，要向前看、立足时代，用社会主义核心价值观的内化来夯实社会善治的思想基础。党的十九大报告指出，社会主义核心价值观是当代中国精神的集中体现，凝结着全体人民共同的价值追求。推进乡村治理、国家治理体系和治理能力现代化，要不断培育和弘扬社会主义核心价值体系，以此来引领国民教育、思想道德建设、精神文明创建，从而转化为情感认同、社会认同、文化认同，发挥其教化个体、建构价值、导引秩序的治理功用。

社会安定和谐是党和政府的职责追求，也是民众实现美好生活愿景的基础保证。自党的十八届三中全会召开以来，如何创新社会治理、推进国家治理体系和治理能力现代化一直是社会各界讨论的焦点。当前，国内外形势正在发生深刻复杂变化，我国经济社会体制改革也日益深化，乡村社会结构、利益格局、文化生态已发生重大变迁，要推进新形势下的乡村治理结构完善、乡村生活发展、乡村秩序稳定，就必须把握当下乡村实际、直面新问题、研究新态势，健全自治、法治、德治相结合的乡村治理体系，以自治激发乡村主体的治理活力，以法治规约平衡乡村发展中的利益多元，以德治夯实社会善治的思想基础。

村民自治以稳固的基层民主政治制度安排构筑了乡村社会发展的政治基础，保障乡村建设和乡村治理的自主性、创造性和人民性，它是乡村治理的最终目标和归属。法治和德治自古以来就是治国理政的基本方式，法律难以规范的层面，道德可以发挥作用，而道德难以约束的行为，法律则可以惩戒。在乡村社会变迁和全面依法治国的形势下，法律正以其作用力调节着礼治衰退下的乡村社会利益多元，恪守着道德底线和规则意识。卢梭有言，一切法律中最重要的法律，既不是刻在大理石上，也不是刻在铜表上，而是铭刻在公民的内心里。毋庸置疑，在一个人人尊崇道的社会，用道裁决冲突，远比一个弘扬利用法裁决冲突的社会更容易治理。十八大以来，思想道德建设和弘扬优秀传统文化被摆到突出位置，十九大更是明确要坚定文化自信，这不仅是对中华文化的继承发扬，更是要推动中华优秀传统文化创造性转化、创新性发展，更好地构筑中国精神、中国价值、中国力量，为人民提供精神指引。简言之，自治是法治、德治的追求目标，法治是自治、德治的有力保障，德治是法治、自治得以发挥效果的思想基础和文化支持，三者协同于乡村治理体系完善和乡村善治达成。

参考文献

1.《定州统计年鉴》2001、2002、2003、2004、2011 年，定州统计局。

2. 本书编辑组:《习近平谈治国理政》，外文出版社 2014 年版。

3. 毕素华:《社区志愿激励机制探析: 个人和组织的两层面分析》，《社会科学研究》2011 年第 6 期。

4. 毕一鸣、骆正林:《社会舆论与媒介传播》，中国广播电视出版社 2012 年版。

5. 邴正:《“四个全面”战略布局的辩证关系》，《新长征》2015 年第 7 期。

6. 蔡禾:《从利益诉求的视角看社会管理创新》，《社会学研究》2012 年第 4 期。

7. 蔡立辉、龚鸣:《整体政府: 分割模式的一场管理革命》，《学术研究》2010 年第 5 期。

8. 曾凡军、韦彬:《后公共治理理论: 作为一种新趋向的整体性治理》，《天津行政学院学报》2010 年第 2 期。

9. 曾维和:《西方“整体政府”改革: 理论、实践及启示》，《公共管理学报》2008 年第 4 期。

10. 常进雄、王丹枫:《我国城镇正规就业与非正规就业的工资差异》，《数量经济技术经济研究》2010 年第 9 期。

11. 陈姣姣:《浅谈中国女性的“三从四德”道德观》，《金田》2014 年第 5 期。

12. 陈俊达、易露露:《大力发展广东湾区经济，全面建设黄金海岸带》，《中国商贸》2015 年第 9 期。
13. 陈涛、巫磊、何志宇、谢景慧：《中国社会工作与志愿服务的发展》，《广东工业大学学报》（社会科学版）2012 年第 4 期。
14. 崔凤、王启顺：《海洋管理的社会学阐释》，《中国海洋大学学报》2013 年第 1 期。
15. 崔凤、张双双：《海洋世纪的环境社会学阐释》，《海洋环境科学》2011 年第 5 期。
16. 邓小平：《邓小平文选》第 3 卷，人民出版社 1993 年版。
17. 邓小平：《建设有中国特色的社会主义》，中共中央文献研究室编《十二大以来重要文献选编》（中），中央文献出版社 2011 年版。
18. 定州市地方志编纂委员会：《定州市志》，九州出版社 2013 年版。
19. 段成荣、吕利丹、邹湘江：《当前我国流动人口面临的主要问题和对策——基于 2010 年第六次全国人口普查数据的分析》，《人口研究》2013 年第 2 期。
20. 范和生、李三辉：《论乡村基层社会治理的主要问题》，《广西社会科学》2015 年第 1 期。
21. 费孝通：《江村经济》，北京大学出版社 2012 年版。
22. 费孝通：《乡土中国　生育制度》，北京大学出版社 1998 年版。
23. 任焰、潘毅：《跨国劳动过程的空间政治：全球化时代的宿舍劳动体制》，《社会学研究》2006 年第 4 期。
24. 甘满堂：《低成本劳动力时代的终结》，《福建论坛》2012 年第 2 期。
25. 甘满堂：《工荒：高离职率与无声的抗争——对当前农民工群体阶级意识的考察》，《中国农业大学学报》2010 年第 4 期。
26. 甘满堂、筱雨阳：《新生代农民工的不良嗜好及企业社会工作介入策略》，《华南农业大学学报》（社会科学版）2013 年第 1 期。
27. 甘满堂：《“用脚投票”压力下的企业工资调整机制》，《福建行政学院学报》2013 年第 6 期。
28. 刚俐、吴海莲：《社会工作视域下社志联动的思考——以“百灵鸟”志愿者培养项目为例》，《青少年研究与实践》2017 年第 2 期。

29. 共青团中央：《〈中国注册志愿者管理办法〉的通知》，2013 年 12 月 11 日印发，中国共青团网（http：//www. ccyl. org. cn/documents/zqf/201406/t20140625_ 698709. htm）。
30. 顾迁：《尚书》，中州古籍出版社 2010 年版。
31. 郭伟和：《动员与参与？还是志愿与认同？——国外社工与志工的关系对我国社工动员志工的借鉴意义》，《社会工作》2007 年第 8 期。
32. 郝小宝：《公共服务：一种创造价值的生产性劳动》，《西北农林科技大学学报》（社会科学版）2015 年第 2 期。
33. 何可倩：《社会工作机构志愿者管理问题探析——以珠海市社会工作机构为例》，《黑龙江教育》2014 年第 5 期。
34. 贺雪峰：《村庄共同体》，《三农中国》2006 年第 10 期。
35. 胡鞍钢、赵黎：《我国转型期城镇非正规就业与非正规经济（1990—2004）》，《清华大学学报》（哲学社会科学版）2006 年第 3 期。
36. 胡象明、唐波勇：《整体性治理：公共管理的新范式》，《华中师范大学学报》（人文社会科学版）2010 年第 1 期。
37. 黄英忠：《现代人力资源管理》，华泰书局 1998 年版。
38. 黄宗智：《中国被忽视的非正规经济：现实与理论》，《开放时代》2009 年第 2 期。
39. 黄宗智：《中国发展经验的理论与实用含义——非正规经济实践》，《开放时代》2010 年第 10 期。
40. 黄宗智：《中国的非正规经济再论证》，《中国乡村研究》2013 年第 1 期。
41. 黄宗智：《实践与理论：中国社会、经济与法律的历史与现实研究》，法律出版社 2015 年版。
42. 同春芬、韩栋：《建设海洋强国背景下海洋社会管理创新模式研究》，《上海行政学院学报》2013 年第 5 期。
43. 新闻网记者：《开创全面依法治国新局面——党的十八大以来推进全面依法治国述评》，2016 年 6 月 15 日，中国共产党新闻网（http：//theory. people. com. cn/n1/2016/0615/c49154 – 284460

08. html)。

44. 蓝宇蕴：《论市场化的城中村改造：以广州城中村改造为例》，《中国城市经济》2010 年第 12 期。
45. 黎熙元：《香港社会服务供给多元化路径》，《广东社会科学》2014 年第 4 期。
46. 李金龙、王敏：《城市群内府际关系协调：理论阐释、现实困境及路径选择》，《天津社会科学》2010 年第 1 期。
47. 李景汉：《定县人民出外谋生的调查》，《民间》1934 年第 1 卷第 7 期。
48. 李景汉：《定县社会概况调查》，上海世纪出版集团 2005 年版。
49. 李景汉、余其心、陈菊人、郭志高、李柳溪：《定县经济调查一部分报告书》，河北省县政建设研究院印行，1934 年。
50. 李路路、唐丽娜、秦广强：《“患不均，更患不公”：转型期的“公平感”与“冲突感”》，《中国人民大学学报》2012 年第 4 期。
51. 李明欢：《劳动力市场跨国化和跨国的非正规经济》，《开放时代》2011 年第 2 期。
52. 李培林：《巨变：村落的终结——都市里的村庄研究》，《中国社会科学》2002 年第 1 期。
53. 李培林：《村落的终结》，商务印书馆 2004 年版。
54. 李培林：《村落终结的社会逻辑》，《江苏社会科学》2004 年第 1 期。
55. 李培林：《社会建设与我国新发展阶段的战略选择》，《中共中央党校学报》2011 年第 6 期。
56. 李强、唐壮：《城市农民工与城市中的非正规就业》，《社会学研究》2002 年第 6 期。
57. 李强：《社会分层与贫富差别》，鹭江出版社 2003 年版。
58. 李睿：《国际著名湾区发展经验及启示》，《港口经济》2015 年第 9 期。
59. 李实、赵人伟：《中国居民收入分配再研究》，《经济研究》1999 年第 4 期。

60. 李铁映:《关于劳动价值论的读书笔记》,《中国社会科学》2003 年第 1 期。
61. 李延敏:《中国农户借贷行为研究》,博士学位论文,西北农林科技大学,2005 年。
62. 刘建党、张惠:《粤港澳湾区治理结构的演进和优化》,《开放导报》2012 年第 3 期。
63. 刘林平、郑广怀、孙中伟:《劳动权益与精神健康——基于对长三角和珠三角外来工的问卷调查》,《社会学研究》2011 年第 4 期。
64. 马流辉:《底层社会、非正规经济与参与式治理——基于上海城乡接合部桥镇的考察》,《学习与实践》2015 年第 11 期。
65. 马瑞、王国红:《县域"城中村"的包容性治理》,《科学社会主义》2012 年第 6 期。
66. 民政部:《民政部关于印发〈志愿服务记录办法〉的通知》,2012 年 10 月 31 日,中华人民共和国中央人民政府网(http://www.gov.cn/zwgk/2012-10/31/content_2254469.htm)。
67. 民政部:《民政部关于印发〈中国社会服务志愿者队伍建设指导纲要(2013—2020 年)〉的通知》,2013 年 12 月 27 日,中华人民共和国中央人民政府网(http://www.gov.cn/gongbao/content/2014/contcnt_2667619.htm)。
68. 民政部社会工作司编:《社会工作与志愿服务关系研究》,中国社会出版社 2011 年版。
69. 宁波:《关于加强海洋社会建设的思考》,《海洋经济》2012 年第 2 期。
70. 农业部中央农业试验所:《农情报告》1936 年第 4 卷(7)。
71. 彭华民:《论志愿服务的社会工作督导模式》,《中国青年研究》2010 年第 4 期。
72. 綦鲁明:《深圳发展湾区经济监测指标体系建议》,《全球化》2016 年第 6 期。
73. 秦晖:《传统十论——本土社会的制度文化与其变革》,复旦大学出版社 2003 年版。

74. 权小娟、王宏波：《“城中村”：断裂社会的连接带：基于西安市“郝家村”的个案研究》，《中国社会科学研究生院学报》2007年第1期。
75. 任维德：《中国城市群地方政府府际关系研究》，《内蒙古大学学报》（哲学社会科学版）2009年第4期。
76. 任焰、梁宏：《资本主导与社会主导——珠三角农民工居住状况分析》，《人口研究》2009年第2期。
77. 任焰、潘毅：《宿舍劳动体制：劳动控制与抗争的另类空间》，《开放时代》2006年第3期。
78. 沙少海、徐子宏：《老子全译》，贵州人民出版社2009年版。
79. ［美］施坚雅：《市场与中国农村的社会结构》，史建云、徐秀丽译，中国社会科学出版社1998年版。
80. 孙立平等：《改革以来中国社会结构的变迁》，《中国社会科学》1994年第2期。
81. 唐杰：《北京公众参与志愿服务动机研究》，《北京社会科学》2008年第3期。
82. 唐兴霖、马骏：《中国农村政治民主发展的前景及困难：制度角度的分析》，《政治学研究》1999年第1期。
83. 唐增增、张俊、吴天吉：《高校图书馆大学生志愿者激励研究》，《图书情报工作》2012年第23期。
84. ［日］藤田昌久、［美］保罗·克鲁格曼、［英］安东尼·J. 维纳布尔斯：《空间经济学——城市，区域与国际贸易》，梁琦主译，中国人民大学出版社2011年版。
85. 田毅鹏：《地域社会学：何以可能？何以可为？》，《社会学研究》2012年第5期。
86. 童敏：《社会工作的专业地位、基本策略以及与志愿服务的关系：历史回顾与反思》，《华东理工大学学报》（社会科学版）2011年第2期。
87. 童敏：《社会工作者与志愿者关系：一种整合服务框架》，《中国社会工作》2010年第1期（下）。
88. ［法］埃米尔·涂尔干：《社会分工论》，渠东译，生活·读书·

新知三联书店 2013 年版。
89. 王宏彬：《湾区经济与中国实践》，《中国经济报告》2014 年第 11 期。
90. 王思斌：《社会工作机构在社会治理创新中的网络型服务治理》，《学海》2015 年第 3 期。
91. 王轶、杨庆媛、王兆林：《基于微观行为主体博弈的城中村改造模式分析》，《西南大学学报》（自然科学版）2015 年第 6 期。
92. 王智：《国内离婚问题研究综述》，《社会工作》（学术版）2011 年第 4 期。
93. 魏娜：《我国志愿服务发展：成就、问题与展望》，《中国行政管理》2013 年第 7 期。
94. 魏万清：《劳工宿舍：企业社会责任还是经济理性，一项基于珠三角企业的调查》，《社会》2011 年第 2 期。
95. 魏下海、余玲铮：《我国城镇正规就业与非正规就业工资差异的实证研究——基于分位数回归与分解的发现》，《数量经济技术经济研究》2012 年第 1 期。
96. 吴贵华：《中国离婚制度的探析》，《湖北函授大学学报》2017 年第 6 期。
97. 吴力子：《社会转型时期农民的结构性贫困与出路——定县再调查中的普遍性结论》，博士后出站报告，中国人民大学，2007 年。
98. 吴思康：《深圳发展湾区经济的几点思考》，《人民论坛》2015 年第 2 期。
99. 吴要武、蔡昉：《中国城镇非正规就业：规模与特征》，《中国劳动经济学》2006 年第 2 期。
100. 习近平：《在文艺工作座谈会上的讲话》，《人民日报》2015 年 10 月 15 日第 2 版。
101. 习近平：《在哲学社会科学工作座谈会上的讲话》，《人民日报》2016 年 5 月 19 日第 2 版。
102. 习近平：《决胜全面建成小康社会，夺取新时代中国特色社会主义伟大胜利——在中国共产党第十九次全国代表大会上的报告》，人民出版社 2017 年版。

103. 习近平：《在省部级主要领导干部学习贯彻党的十八届五中全会精神专题研讨班上的讲话》，《人民日报》2016 年 5 月 10 日第 2 版。

104. 习近平：《坚持法治国家、法治政府、法治社会一体建设》，《习近平谈治国理政》，外文出版社 2014 年版。

105. 习近平：《推动贫困地区脱贫致富、加快发展》，《习近平谈治国理政》，外文出版社 2014 年版。

106. 谢庆奎：《中国政府的府际关系研究》，《北京大学学报》（哲学社会科学版）2000 年第 1 期。

107. 谢文泽：《拉美的非正规经济》，《拉丁美洲研究》2011 年第 5 期。

108. 谢建社：《八大视角下的新生代农民工研究述评》，《青年探索》2017 年第 3 期。

109. 新华社记者：《中央农村工作会议在北京举行》，《人民日报》2013 年 12 月 25 日第 1 版。

110. 徐道稳：《生存境遇、心理压力与生活满意度——来自深圳富士康员工的调查》，《中国人口科学》2010 年第 4 期。

111. 徐培均：《唐诗名句 300》，汉语大词典出版社 2000 年版。

112. 徐显明：《坚持依法治国和以德治国相结合——学习习近平总书记关于法治与德治关系的重要论述》，2017 年 3 月 16 日，求是网（http://www.qstheory.cn/dukan/qs/2017－03/16/c_1120634439.htm）。

113. 薛德升、林韬、黄耿志：《珠三角外向型制造业非正规部门的形成发展机制——以广州市狮岭镇皮具产业为例》，《地理研究》2014 年第 4 期。

114. 薛进军、高文书：《中国城镇非正规就业：规模、特征和收入差距》，《经济社会体制比较》2012 年第 6 期。

115. 阎海军：《崖边报告：乡土中国的裂变记录》，北京大学出版社 2015 年版。

116. 杨凡：《流动人口正规就业与非正规就业的工资差异研究——基

于倾向值方法的分析》，《人口研究》2015 年第 6 期。

117. 杨宏山：《府际关系论》，中国社会科学出版社 2005 年版。

118. 杨龙、王骚：《政府经济学》，天津大学出版社 2004 年版。

119. 杨文谢、杨文德：《城市农民工非正规就业问题研究——以贵阳市背篼群体为例》，《中国乡镇企业》2011 年第 11 期。

120. 杨晓民、周翼虎：《中国单位制度》，中国经济出版社 2000 年版。

121. 姚士谋、陈振光、朱英明：《中国城市群》，中国科学技术大学出版社 2006 年版。

122. 姚宇：《中国非正规就业规模与现状研究》，《中国劳动经济学》2006 年第 2 期。

123. 于璐：《香港海洋经济演化及其渔业经济》，《现代商业》2010 年第 7 期。

124. 袁艳：《从城中村街头空间看"庶民对抗公共"：以武汉市高王村和吴家湾为例》，《湖北社会科学》2016 年第 7 期。

125. 张劲松、万金玲：《城中村改造中多元主体的互动》，《安徽农业科学》2007 年第 4 期。

126. 张婧、吴情操：《制度规避与文化认同：一种农民工城市化的过程分析——关于一位非正规就业农民工的个案研究》，《中国农业大学学报》（社会科学版）2003 年第 3 期。

127. 张静：《专题：中国非正规经济（下）》，《开放时代》2011 年第 2 期。

128. 张开诚：《绿色思维与绿色海洋社会建设》，《生态经济》2012 年第 3 期。

129. 张康之：《论作为社会治理主体的志愿者》，《中共浙江省委党校学报》2014 年第 4 期。

130. 张庆武：《中美志愿者激励的差异性比较》，《中国青年研究》2008 年第 8 期。

131. 张世文：《定县农村工业调查》，四川民族出版社 1936 年版。

132. 张勖：《大学生参与志愿服务长效机制研究——中美比较的视角》，《中国高教研究》2009 年第 12 期。

133. 张云喜：《中国传统婚姻观的特点与影响》，《理论观察》2013 年第 6 期。
134. 章东辉：《农民职业分化与社会结构转型——以定县实地调查为例的社会学研究》，博士学位论文，中国人民大学，2009 年。
135. 折晓叶：《村庄边界的多元化：经济边开放与社会边界封闭的冲突与共生》，《中国社会科学》1996 年第 3 期。
136. 郑广怀、孙慧、万向东：《从“赶工游戏”到“老板游戏”——非正式就业中的劳动控制》，《社会学研究》2015 年第 3 期。
137. 郑杭生、吴力子：《“农民”理论与政策体系急需重构——定县再调查告诉我们什么?》，《中国人民大学学报》2004 年第 5 期。
138. 郑杭生、杨敏：《关于社会建设的内涵和外延——兼论当前中国社会建设的时代内容》，《学海》2008 年第 4 期。
139. 郑杭生：《“理想类型”与本土特质——对社会治理的一种社会学分析》，《社会学评论》2013 年第 4 期。
140. 郑永年：《保卫社会》，浙江人民出版社 2011 年版。
141. 《中共中央关于深化文化体制改革 推动社会主义文化大发展大繁荣若干重大问题的决定》，《人民日报》2011 年 10 月 26 日第 1 版。
142. 《中共中央关于制定国民经济和社会发展第十三个五年规划的建议（2015 年 10 月 29 日中国共产党第十八届中央委员会第五次全体会议通过）》，《人民日报》2015 年 11 月 4 日第 1 版。
143. 《国家中长期人才发展规划纲要（2010—2020 年）》，2010 年 6 月 6 日，中华人民共和国中央人民政府网（http：//www.gov.cn/jrzg/2010－06/06/content_ 1621777.htm）。
144. 《国家新型城镇化规划（2014—2020 年）》，《人民日报》2014 年 3 月 17 日第 9 版。
145. 《马克思恩格斯全集》第 40 卷，人民出版社 1982 年版。
146. 中共中央党史研究室、中国国家博物馆编著：《中华人民共和国历史图志（下）》，上海人民出版社 2009 年版。
147. 《胡锦涛文选》第 3 卷，人民出版社 2016 年版。

148. 《习近平总书记系列重要讲话读本》，学习出版社、人民出版社 2016 年版。
149. 《中国共产党章程（中国共产党第十九次全国代表大会部分修改，2017 年 10 月 24 日通过）》，人民出版社 2017 年版。
150. 《中华人民共和国村民委员会自治法》，2010 年 10 月 28 日，中央政府门户网站（http://www.gov.cn/flfg/2010-10/28/content_1732986.htm）。
151. 钟涨宝、狄金华：《社会转型与农村社会管理机制创新》，《华中农业大学学报》2011 年第 2 期。
152. 周松峰：《我国志愿者激励体制的研究》，《经济管理者》2009 年第 17 期。
153. 朱东武、朱眉华：《家庭社会工作》，高等教育出版社 2011 年版。
154. 朱汉国、王印焕：《民国时期华北农民的离村与社会变动》，《史学月刊》2001 年第 1 期。
155. 竺乾威：《从新公共管理到整体性治理》，《中国行政管理》2008 年第 10 期。
156. ［美］莱斯特·M. 萨拉蒙：《公共服务中的伙伴——现代福利国家中政府与非营利组织的关系》，田凯译，商务印书馆 2008 年版。
157. ［美］马克·A. 谬其克、约翰·威尔逊：《志愿者》，魏娜等译，中国人民大学出版社 2013 年版。
158. ［英］哈耶克：《自由秩序原理》，邓正来译，生活·读书·新知三联书店 1997 年版。
159. Clary, E. G., Snyder, M., Ridge, R. D., Copeland, J., Stukas, A. A., Haugen, J., Miene, P., "Understanding and assessing the motivations of volunteers: A functional approach", *Journal of Personality and Social Psychology*, 1998, Vol. 74, No. 6.
160. Frisch Michael and Meg Gerrard, "Natural Helping Systems: A Survey of Red Cross Volunteers", *American Journal of Community Psychology*, 1981, Vol. 9, No. 5.
161. Paul Dekker, Loek Halman, *The Values of Volunteering: Cross-Cul-*

tural Perspectives, New York: Kluwer Academic/Plenum Publishers, 2003.

162. Sherr, Michael E. , *Social Work with Volunteers*, Chicago, Illinois: Lyceum Books, 2008.

后　记

推动新时代中国社会变迁与社会治理创新

党的十九大提出了中国特色社会主义进入新时代的重大理论论断，这为中国社会变迁与社会治理若干问题的研究指明了方向。为进一步推动新时代中国社会学、社会工作学等学科中的重大问题研究，由中国人民大学社会学理论与方法研究中心、广州大学公共管理学院、广州市社会科学界联合会主办的“当代中国社会变迁与社会治理”高层论坛于2017年11月12日在广州大学隆重举行。论坛以党的十九大精神为指南，结合中国社会学社会工作学科发展的实际，围绕新时代社会学的重大议题、社会变迁理论、社会治理创新、社会工作服务等重大的理论与现实问题进行诠释。来自中国社会科学院、中国人民大学、中山大学等50多所高等院校和科研院所的专家学者围绕“新时代社会变迁与社会治理创新”这一主题展开深入研讨。

一　新时代中国社会变迁的重大转向

党的十九大报告对中国社会的主要矛盾提出了新的论断，也为社会学理论、方法和研究领域提出了重大命题。中国人民大学洪大用认为，中国社会学正在迈向一个更加注重内涵发展、质量提升、学科体系完善和进一步理论创新的新时代。新时代更加突出地强调社会学的实践自觉，社会学学科和研究要面向巨变的社会实践本身，对研究对象要有自知之明，对巨变的社会实践认知要在方法论上表现出清醒的自觉，对专业工作者的责任感、使命感、价值观要保持清醒的自觉。新时代社会学研究战略也将面临一些重大调整，要更好处理中外、古今、理论和实践等关系。新时代的社会学应当不忘初心、牢记使命，致力于扎根本土实践，创建服务于广大人民，增进人类命运共同体福祉的中国社会学。中国人民大学刘少杰认为，传统社会学偏重对时间的追求和对不平衡问题的淡化，而新时代中国社会发展不平衡不充分的问题，首先是社会发展不平衡的空间差异、空间关系和空间矛盾，只有从空间存在和空间关系视角才能清楚观察和理解社会发展不平衡现象。社会学研究也应当在地理空间、社会空间、网络空间和观念空间这四重空间里开展综合性研究。南京大学童星从新时代社会主要矛盾变化的角度考察了社会变迁的特点，指出中国将进入一个风险社会、开放社会、多元社会和虚拟社会交织并存的新时期，同时政府也将由“建设型”向“服务型”转变。赵旭东从人类学视角对社会变迁过程中的文化转型进行了考察。

二　新时代中国社会治理全新思维

党的十九大报告提出加强和创新社会治理，社会学和社会工作学在此基础上展开了深入的研究与讨论。中国社会科学院张翼从社会分层的视角考察了新时代社会治理的力量基础和治理方式。他认为，改革开放以来，中国社会阶层结构已经发生了巨大的改变，中产阶层的规模日益扩大，对社会治理的依赖基础和方式都产生了深刻的影响。中山大学王宁从价值资源类型的角度考察中国社会治理的价值偏好类型的变化，新时代中国政府的价值偏好从原来单一的依靠“目标型”价值，逐渐变成“调节型”价值和“目标型”价值双重并重。武汉大学周长城基于对生活质量的考察，反思国家治理现代化过程，提出科学化指标对国家治理的重要意义。中央财经大学杨敏从全球化趋势的角度对国家治理进行了阐述，提出了陆海双轴均衡发展的策略。

社区是社会治理创新的根基所在，因此与会学者对社区治理体系表现出高度的关注。中山大学周大鸣认为，城市社区已经从一种“地域型”城市向一种“移民型”城市转变，居民主体日益多样、复杂和流动变化，从而导致社会治理方式发生改变。吉林大学田毅鹏认为，由于社区组织规模的不断膨胀，社区居民的低参与度以及各级政府下沉的事务性工作，导致社区组织呈现出科层化的特征。社区组织科层化容易使得社区组织内容堕入科层化的程式烦琐，造成基础治理的板结化。华东师范大学文军从“人”及其情感的重要维度对社会治理当中的制度和技术进行反思，提出“社区情感治理”的焦点在于通过对社区情感再生产过程的干预来协调社区成员之间的关系，借助对结构性情感、情境性情感和自我关联性情感优化的过程，柔化国家与社会的权力结构关系、重建社区成员间关系并增强成员的社区认同感。华中师范大学江立华从物理空间、社会空间和意义空间三个层面，考察了单位社区解体对社区老年群体的影响，提出建设与老年群体独特的、多层次需求相契合的宜居社区。

此外，南开大学关信平认为，社会工作在加强和创新社会治理过程中应当发挥更加重要的作用。目前，社会工作在外延发展和规模数量上都取得了巨大成就，新时代社会工作应当重视质量发展，培育社会工作专业的不可替代性，提升自身服务价值的性价比，社会工作者应当具备一种综合能力，贴近中国实际，回应中国问题。华东理工大学张昱对社会工作的本质进行了探讨。他认为，社会工作只有在实践对象中才能获得其内在的规定性，而个体关系是社会化社会工作的基本对象，因此，社会工作就是以个体社会关系为对象，遵循助人自助的理念，运用多元方法，达到人与社会和谐的这样一种社会技术。华中科技大学雷洪通过对社会工作服务过程的反思，提出了“情景(定义)”差异、“代沟”、“索引性”短缺、非“同一世界”四种可能存在的实务过程障碍。

三　新时代中国城乡社会建设的现实路径

华中农业大学钟涨宝认为，社会建设落后于经济建设给社会的良性运行和协调发展带来了危机，而“四个全面”的战略布局为加强农村社会建设提供了方向和思路，即全面建成小康是农村社会建设的阶段性目标定位，全面深化改革是农村社会建设的动力保障，全面依法治国则是农村社会建设的制度保障，而全面从严治党则是农村社会建设的组织保障。云南大学钱宁从组织化策略的角度对农村贫困治理展开了讨论，提出以组织化方式推进精准扶贫，以自组织为基础、他组织为媒介，培育贫困人口的主体性，使精准扶贫不再停留在靠外来援助或干预的嵌入式帮扶阶段，而是实现贫困地区和贫困人口的自主发展。梁玉成对“地域—职业”双重变迁过程中的农村流动人口的幸福进行了研究，认为幸福生活的实现道路并非是进城，而是帮助农村人口实现离土不离乡的就业。

综上所述，当代中国社会变迁与社会治理涉及国家、社会和个人三者之间的协调发展，关系到城市、城镇与农村三个层级的良性互动。新时代，社会主要矛盾转化必将引发社会学、社会工作学研究的全新课题，将会产生一批又一批丰硕成果。

本著来自“当代中国社会变迁与社会治理”高端论坛的专家学者的部分论文整理，在此表示衷心的感谢。感谢中国社会学学会会长李友梅教授亲临大会并致辞，感谢中国社会学学会副会长洪大用教授亲临大会并为本书写序。

序一（李友梅，中国社会学学会会长，上海大学教授、社会学博士、博士生导师）

序二（洪大用，中国社会学学会副会长，中国人民大学副校长兼社会与人口学院院长，教授、社会学博士、博士生导师）

第一章　信息化时代的社会变迁与治理创新（刘少杰，中国人民大学社会学理论与方法研究中心主任，博士教授、博士生导师）

第二章　变迁时代“互联网＋”的技术红利与非预期后果（张兆曙，华中师范大学社会学院教授、社会学博士、博士生导师）

第三章　新时代社会变迁最新权威背景话语研究（刘小敏，广东省社会科学院副院长，研究员，广东省社会工作学会会长）

第四章　单位社区解体与老年群体空间意义的变迁（江立华，华中师范大学社会学院教授、社会学博士、博士生导师；王寓凡，华中师范大学社会学院助理研究员）

第五章　中国社会时空变迁下的离婚问题研究（谢建社，社会学

博士，广州大学公共管理学院教授、博士生导师；范银芝，广州大学社会学系助理研究员）

第六章　“后单位社会”基层社会治理及运行机制研究（田毅鹏，吉林大学哲学社会学院社会学系教授、博士生导师；薛文龙，吉林大学哲学社会学院社会学博士研究生）

第七章　新时代主要矛盾转变与社会治理创新（童星，南京大学教授、博士生导师）

第八章　新全球化趋势下陆海双轴政略均衡与国家治理（杨敏，社会学博士，博士生导师，中央财经大学社会与心理学院教授，教育部人文社会科学重点研究基地中国人民大学社会学理论与方法研究中心兼职研究员）

第九章　在“四个全面”布局中推进农村社会治理（钟涨宝，华中农业大学社会学系农村社会建设与管理研究中心教授、博士生导师）

第十章　基层治理与社会风险及其动态监测的理论与实践（陆益龙，社会学博士，中国人民大学社会学理论与方法研究中心教授、博士生导师）

第十一章　社区情感治理中的现实问题与未来挑战（文军，华东师范大学中国现代城市研究中心暨社会发展学院社会学博士、教授、博士生导师；高艺多，华东师范大学社会发展学院博士研究生）

第十二章　城市社会治理的论争及其超越（吴越菲，华东师范大学社会发展学院讲师、社会学博士）

第十三章　城市群协调的治理逻辑：基于整体性治理理论（任维德，内蒙古大学公共管理学院教授，博士，博士生导师；阿拉腾，内蒙古大学公共管理学院助理研究员）

第十四章　城中村治理：经济边界开放与社会边界封闭的共生（马良灿，贵州大学公共管理学院教授，社会学博士；陈淇淇，贵州大学公共管理学院助理研究员；金绍龙，昭通学院职业技术学院副院长，副教授）

第十五章　城乡社会治理：公共服务供给与农民工需求配置研究（谢建社，广州大学公共管理学院教授、博士生导师）

第十六章　新型企业社区治理助推农民工城镇化研究（甘满堂，社会学博士，福州大学社会学系主任，教授）

第十七章　乡村治理：新时代农民非正规就业的治理逻辑（黄家亮，中国人民大学社会学理论与方法研究中心副教授、社会学博士；汪永生，中央财经大学管理科学与工程学院博士生）

第十八章　能力与需求的框架：志愿服务在社会治理中的作用（谢宇，社会学博士，华南理工大学社会工作研究中心硕士生导师）

第十九章　自治、法治、德治：完善乡村治理体系的三重维度（李三辉，河南省社会科学院社会发展研究所究人员）

后记　推动新时代中国社会变迁与社会治理创新（谢宇，社会学博士，华南理工大学社会工作研究中心硕士生导师）

全书统稿：谢建社。

在本著写作的过程中，我们得到了众多学者和专家的指导与支持，中国社会科学出版社刘芳编辑付出了艰辛的劳动，在此表示衷心的感谢！在本书的写作过程中，作者引用了很多专家和学者的研究成果，在此表示深深的谢意；参考文献中如果有遗漏，还请各位专家和学者见谅。在统稿过程中如有出现错误和不足，或有不准确、不全面之处，恳请和欢迎广大专家、学者和读者们批评指正。